JN234652

心理測定尺度集 I

人間の内面を探る〈自己・個人内過程〉

堀　洋道　監修／山本眞理子　編

サイエンス社

監修のことば

　心理学や隣接科学の分野の研究では心理（測定）尺度と呼ばれるものが非常に多く使われている。その意味で，研究の進歩に占める心理尺度の比重は大きい。心理尺度は個人の心理的傾向（意識，感情，状態，態度，欲求，行動など）の程度を測定しようとして工夫された道具であり，言い換えれば，"ある心理的傾向について，それと関連する複数の項目から作られた一つの物差し（尺度）"である。たとえば，ある個人の共感性の程度は，それを測るのにふさわしい項目群を用意し，その合計点によって示される。ただしその場合，測ろうとする心理傾向の内容（概念）が明確であること，反応が安定していること（信頼性），測ろうとするものが測られていること（妥当性）が満たされていることが望ましい。このような条件を満たした尺度を作成するまでにはかなりの時間と労力が費やされることが多い。

　しかし，安易に作成された尺度も散見される。また，安易ではないが，研究者の目的や，着眼点の違いによって，同様な概念であっても異なった尺度があったり，研究の進展によって，新しい概念が提案されると新しい尺度が開発されている。このようにして，非常に多くの玉石混淆の心理尺度が存在することになるのである。そこで，社会心理学を中心に関連分野において使われている心理尺度を収集し，いくつかの基準で尺度を選定し，尺度集として世に問うことは有意義であると考えた。そして1994年に『心理尺度ファイル』（垣内出版）を発刊した。

　本書は前書を発展させたものとして企画された。現在，前書の作業時点から10年を経過し，この間に多くの尺度が開発されたことと，各方面の要望を考慮して，社会心理学にとどまらず，適応・臨床関係の尺度を大幅に増やし，執筆者もその領域の専門家に加わっていただいた。

　尺度の選択の手順であるが，まず各執筆者は担当領域について，1990年から1999年までの期間に公刊された学会誌，学会発表論文集，紀要，単行本にあたり，心理尺度を扱っている論文を集めた。

　そして次のような選択採用の基準を設け検討した。その基準は（1）日本語の質問形式であること（翻訳も含む），（2）信頼性と妥当性の両方またはいずれか一方のチェックをしていること，（3）尺度構成に使われた回答者が50人以上であること（多いほど良い），（4）中学生以上を対象にしていること，（5）現在および将来において有用と判断されること，（6）市販されていないこと，であった。

　採用の候補となった尺度は作成者（著作権者）の掲載許可を得るとともに，その後の展開や関連研究について教えていただいた。さらに版権所有者に転載許可の手続きをとった。1990年以前の尺度とあわせ検討した結果，最終的には150を超える心理尺度が採択されることとなった。量が多いことや，利用者の便宜を考えて次のような3巻仕立てとした。

監修のことば

第Ⅰ巻　山本眞理子編　「人間の内面を探る〈自己・個人内過程〉」では自己概念，自己知識，自己評価，自尊感情，自我同一性，自己開示・自己呈示など自己に関するもの，ジェンダー・性役割，認知判断傾向，感情・気分に関するものが含まれる。最後の章に「心理尺度の使い方」についての解説がある。

第Ⅱ巻　吉田富二雄編　「人間と社会のつながりをとらえる〈対人関係・価値観〉」では他者の認知・他者への好意，動機づけ・欲求，対人態度，対人関係，対人行動，社会的スキル，集団・リーダーシップ，産業・職業ストレス，進路選択，価値観・社会的態度，ライフスタイルなどが含まれる。最後の章に「信頼性と妥当性」についての解説がある。

第Ⅲ巻　松井　豊編　「心の健康をはかる〈適応・臨床〉」では，ストレス，適応とライフイベント，ソーシャル・サポート，抑うつ・不安，人格障害と問題行動，看護と心理，学校・教育・学習などが含まれる。最後の章に「心理尺度の作成方法」についての解説がある。

本書の編集上の特徴を以下に述べよう。
(1) 尺度の紹介に際しては，尺度の内容だけでなく，①測定概念・対象，②作成過程，③信頼性・妥当性，④尺度の特徴，⑤採点法，⑥出典論文・関連論文には必ずふれた。
(2) 各尺度の紹介の後に，作成者（著作権者）の連絡先を示した。
(3) 読者が検索しやすいように，人名索引，事項索引を用意した。
(4) 「コラム」欄には伝統的な尺度を中心に，その他の尺度について簡単に紹介・解説し，広範囲の情報を提供できるように心がけた。

本書は心理学の研究者や学生のみならず教育関係者，医療・看護・介護関係者，カウンセラー，マーケティング調査関係者，企業の人事担当者などの実務家も対象としている。ただし，利用に際しては，次のようなことに留意願いたいと思う。営利目的で利用される場合は，作成者（著作権者）に是非許可を得てほしいし，非営利目的の場合でも，臨床尺度の利用に際しては，背景にある概念や理論をよく承知したうえで使ってほしい。背景となる理論や概念は，各紹介の後に一覧されている出典論文で確認してほしい。

前著で尺度を紹介させていただいた研究者（作成者）から「論文も読まずに，問合せをしてくる読者がいて，対応に苦慮している」とのご指摘をいただいたことがある。掲載尺度を使用される場合には，作成者にご迷惑のかからぬように，くれぐれも十分なご配慮をお願いしたい。

また，尺度を使った結果は作成者に知らせていただくと良いのではないかと思う。このような形で研究交流や情報交換がなされるのも意義のあることと考える。本書が研究の進展や社会の現場でのリサーチや問題解決に，ささやかながらお役に立てば望外の喜びである。

本書の完成は多くの方々の大きな尽力のお陰である。各巻の編集者は内容の充実のための他の巻との調整，尺度の選択，執筆者との連絡などでご苦労をかけた。執筆者は中堅および新進

監修のことば

気鋭の研究者と大学院生で，執筆だけでなく尺度の収集・整理から作成者への連絡まで，手間のかかる作業をもお願いした。作成者の先生方には掲載のお願いに対し快諾をいただき，そのうえ，こちらからの問合せにも丁寧にご教示いただいた。皆様のご協力に対し心から感謝する次第である。

　本書が読者にとって有益であるよう最善の努力をしたつもりであるが，行き届かなかった点も少なからずあるかと思う。これらの点に関しては読者の建設的なご意見と叱正をいただき今後の改善を期したいと思う次第である。

　企画の段階から細かい編集作業まで筑波大学心理学系松井研究室が中心になって進めたが，院生の宇井美代子さんには編集幹事役として大変ご苦労をかけた。

　最後になるが本書の企画に深い理解を示し，出版を快く引き受けていただき，完成まで励ましていただいたサイエンス社と担当の清水匡太さん，谷藤隆子さん，小林あかねさんに感謝の意を表したい。

監修者　堀　　洋道

はじめに

　本書では，個人内で起きるさまざまな意識を扱った心理（測定）尺度を紹介する。取り扱った尺度は合わせて48であるが，自己に関するものから認知判断傾向，感情・気分に関するものなどを，以下の7つの章にまとめて紹介している。

　自己に関する心理尺度は，第1章，第2章，第7章と3章にわたって紹介されており，本巻で扱っている尺度のもっとも大きな領域となっている。

　まず，第1章では自己に関する領域を，自己概念・自己知識，自己評価・自尊感情，自己への関心の3つに分けて扱っている。最初に扱っている自己概念・自己知識とは，自分に関する知識の総体である自己概念をさすが，これに関連する4つの尺度が紹介されている。自己評価・自尊感情とは，自分で自分自身を評定する自己評価や自己評価の結果をどの程度受容するかに関する自尊心の高さを表しているが，これらを測定する4つの尺度をコラムの形式もまじえて紹介している。最後の節では，自分に注意を向け，自分を意識しやすい程度を測定する3尺度が紹介されている。

　第2章では，エリクソンの発達理論に焦点を当て，自我同一性の形成を測定する尺度を中心として取りあげている。「自分は～である」とはっきりいえる何かを自分でつかんでいる感覚が自我同一性の感覚であるが，これは青年期には大変重要な問題であるといえる。この章では，この自我同一性を測定する5つの尺度とエリクソンの発達理論の第I段階で問題となっている基本的信頼感を測定する合わせて6つの尺度が紹介されている。

　第3章では，性格に関する3つの尺度が紹介されている。人の性格をどう測定するかは，心理学における大きな問題の一つであり，その研究の歴史も大変古い。また，これまでに性格を測定する多くの有名な尺度，測定方法が作成されてきている。それらのほとんどは特定の個人の心理的特徴を把握する目的で特別に製品化され，心理診断のために広範に使用されている。著作権の関係で，本書ではそれらの心理尺度や心理診断の測定方法を紹介することはできないが，ここで紹介している3つの尺度は，従来使用されていた尺度の問題点を改善したり，最近新たに開発された性格尺度である。

　第4章は，男らしさ，女らしさに関係する心理尺度を紹介した章である。ジェンダー・性役割に関する尺度は海外でも多くのものが開発されているが，本章では海外で頻繁に使用されているベムが開発した尺度をその代表として選び，日本語版に作成しなおされた尺度を紹介した。この章で紹介されているそれ以外の尺度のほとんどは日本で新たに開発された尺度である。また，性役割観は，現実の日本社会においても女性の就労や社会進出に関連する重要な問題であると認識されており，多くの世論調査で定型化された質問が繰返し使用されているので，それ

はじめに

らのうちの代表的なものをコラムで紹介した。

　第5章は，認知判断傾向を扱ったものである。社会的環境に関する私たちの判断は，同じ状況におかれても必ずしも同一であることはなく，個人差が認められる。本章で扱うのは，このように外的刺激や状況の影響を越えて，ある個人に一貫したものの見方や考え方を表す，認知判断傾向である。帰属傾向，発話傾向，時間的展望，認知的熟慮性，曖昧さへの耐性，認知欲求，楽観主義に関する7つの心理尺度が紹介されている。

　続く第6章では，感情・気分の問題を，孤独感・シャイネスに限定した領域と気分・感情を全般的に扱った領域の2つに分けて紹介している。孤独感やシャイネスは，感情を扱った尺度の中でもとくに多くの尺度が開発されているが，これらの感情は日常生活の中で頻繁に体験しやすい感情であり，これらを慢性的に感じていると日常生活に支障を生じがちな可能性が高いものである。本章では，代表的な2つの孤独感尺度と3つのシャイネス尺度を紹介している。また，ある時点で生起している気分・感情を測定する尺度として2つのものが紹介されている。第I巻で紹介している感情・気分以外の尺度は個人の中で比較的安定的で一貫した心理的特徴を表しているものである（特性尺度）。それに対して，この気分・感情に関する尺度が測定しているものは，個人の中で状況によって変動するもの（状況尺度）である点が注目される。

　第7章は，ふたたび自己に関連した尺度を紹介している章である。しかし，第1章，第2章と異なり，他者とのかかわりの中で自己を示す行動に関係する尺度がここでは取りあげられている。本章では，自己を表す行動のうち，自己の内面を示す自己開示の問題と他者が抱くであろう自己への印象を操作しようとする行動全般を扱った自己呈示に関する領域に加えて，自己呈示行動のうち自己の印象に深く関わる被服行動に焦点を当てた領域との2つの領域に分けてこれらに関連する尺度を紹介する。本章の前半では，自己開示に関する2つの尺度と自己呈示に直接的，間接的に関連する3つの尺度を紹介している。また，本章の後半では，被服行動に関連する尺度がコラムを含めて5つ紹介されている。本章では，被服行動を自己呈示と関連するものとして位置づけて紹介しているが，被服行動はそれ自体被服心理学として，社会心理学や社会学，マーケティング，家政学などの多くの領域にまたがる広い研究領域に関連している。ここでは，自己呈示行動だけに限定せず，被服行動に関わる重要な尺度を紹介した。

　最後の章では，心理尺度の使い方について簡単に紹介している。心理尺度をすでに十分使い慣れている人は，この章のうちの「読者へのお願い」に目を通していただければ，それ以外は読み飛ばしいただいてかまわない。しかし，初めて心理尺度を使う人や，本文中の心理尺度の説明を読んでもよく理解できない人は，実際に心理尺度を使用する前に本章を読んでいただくことをお勧めしたい。

第I巻編者　山本眞理子

目　次

監修のことば　堀　洋道　　　　　　　　　　　　　　　　　　　　　　i
はじめに　山本眞理子　　　　　　　　　　　　　　　　　　　　　　　iv

1　自　己　　　　　　　　　　　　　　　　　　　　　　　　　　　1

自己概念・自己知識　上瀬由美子　　　　　　　　　　　　　　　　2
　自己認知の諸側面測定尺度（山本・松井・山成, 1982）　5
　相互独立・相互協調的自己観尺度（木内, 1995）　10
　自己肯定意識尺度（平石, 1990b）　16
　コラム　自己概念測定尺度　23

自己評価・自尊感情　清水　裕　　　　　　　　　　　　　　　　　26
　自尊感情尺度（山本・松井・山成, 1982）　29
　自己受容測定尺度（沢崎, 1993）　32
　特性的自己効力感尺度（成田・下仲・中里・河合・佐藤・長田, 1995）　37
　コラム　自己嫌悪感　43

自己への関心　上瀬由美子　　　　　　　　　　　　　　　　　　　44
　自意識尺度（菅原, 1984）　47
　自己認識欲求尺度（上瀬, 1992）　52
　没入尺度（坂本, 1997）　58

2　自我同一性の形成　　　　　　　　　　　　　　　　　　　　　　65

自我同一性の形成　佐藤有耕　　　　　　　　　　　　　　　　　　66
　基本的信頼感尺度（谷, 1996）　72
　ラスムッセンの自我同一性尺度日本語版（宮下, 1987）　76
　多次元自我同一性尺度（谷, 1997a；1997b；1998；2001）　86
　アイデンティティ尺度（下山, 1992）　91
　同一性地位判定尺度（加藤, 1983）　95
　青年期の自我発達上の危機状態尺度（A水準・B水準）（長尾, 1989）　101

目　次

3　一般的性格　　109

一般的性格　泊 真児　110
- 新性格検査（柳井・柏木・国生, 1987）　114
- Big Five 尺度（和田, 1996）　123
- 個人志向性・社会志向性 PN 尺度（伊藤, 1993；1995）　129
- コラム　性格特性の Big Five モデルと対人認知次元　134

4　ジェンダー・性役割　　137

ジェンダー・性役割　宇井美代子　138
- BSRI 日本語版（東, 1990；1991）　142
- M−H−F scale（伊藤, 1978）　148
- 平等主義的性役割態度スケール短縮版（鈴木, 1987；1991；1994）　153
- 性差観スケール（伊藤, 1997；1998；2000）　158
- ジェンダー・アイデンティティ尺度（土肥, 1996）　163
- コラム　世論調査で使用される項目　170
- コラム　ジェンダー・スキーマの認知相関指標　172

5　認知判断傾向　　173

認知判断傾向　岩男征樹・宮本聡介　174
- （成人用一般的）Locus of Control 尺度（鎌原・樋口・清水, 1982）岩男征樹　180
- 発話傾向尺度（岩男, 1995；岩男・堀, 1996；1998）岩男征樹　185
- 時間的展望体験尺度（白井, 1994；1997）岩男征樹　190
- 認知的熟慮性−衝動性尺度（滝聞・坂元, 1991）岩男征樹　195
- 心理的健康と関連する曖昧さ耐性尺度（増田, 1994；1998）岩男征樹　199
- 認知欲求尺度（神山・藤原, 1991）岩男征樹　203
- 楽観主義尺度（中村ら, 2000）宮本聡介　208

6　感情・気分　　213

孤独感・シャイネス　宮本聡介　214
- 孤独感の類型判別尺度（落合, 1983）　217
- 改訂版 UCLA 孤独感尺度日本語版（諸井, 1991 ほか）　222
- 特性シャイネス尺度（相川, 1991）　226

シャイネス尺度日本語版（桜井・桜井, 1991） 230
早稲田シャイネス尺度（鈴木・山口・根建, 1997） 235

気　分　原奈津子　　240

多面的感情状態尺度（寺崎・岸本・古賀, 1992 など） 242
気分調査票（坂野ら, 1994） 249

7　自己開示・自己呈示　　255

自己開示・自己呈示　菅原健介　　256

開示状況質問紙（遠藤, 1989） 258
セルフ・ハンディキャッピング尺度（沼崎・小口, 1990） 262
ユーモア態度尺度（上野, 1993；宮戸・上野, 1996） 266
セルフ・モニタリング尺度（岩淵・田中・中里, 1982） 271
コラム　自己開示尺度　276

被服行動　田中　優　　280

被服関心度質問表（神山, 1983a） 284
被服行動尺度（永野, 1994） 291
知覚されたファッション・リスク評定尺度（神山・苗村・高木, 1993） 297
服装によって生起する多面的感情状態尺度（西藤・中川・藤原, 1995） 303
コラム　衣類の廃棄選択における評価基準項目　309

心理尺度の使い方　山本眞理子　　311

人名索引　317
事項索引　319

1 自己

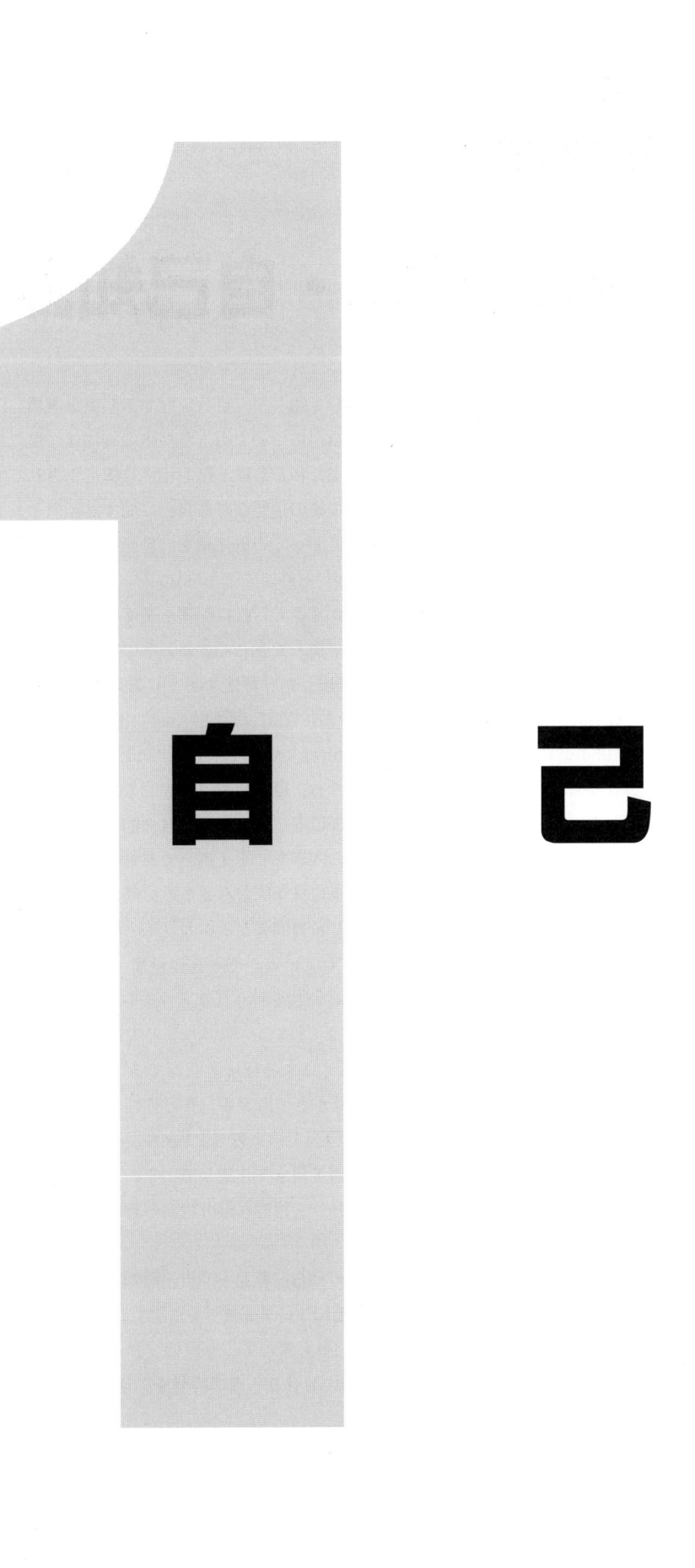

この領域について

自己概念・自己知識

　私たちはさまざまな社会的な経験を通して，自分に対する知識を蓄積し，また構造化していく。こうして人が自己についてもった知識の総体は，自己概念（self-concept）と呼ばれている。また私たちは，概念化され構造化された内容以外にも，過去の思い出や，将来の姿の予想なども自己に関する記憶として保持している。このため自己に関してもっている知識を，自己概念よりも包括的な意味で自己知識（self-knowledge）と呼ぶことも多い。

　この自己概念・自己知識の内容が実際の行動に影響を及ぼすことから，それを客観的に測定しようとする試みが多くなされてきた。その一つの方向として，自己について自分自身の言葉で表現したり評定するやり方がある。たとえばQ-sort法（Rogers, 1951），「Who Are You?（WAY）test」（Bugenthal & Zelen, 1950），「20答法／Who Am I？ test」（Kuhn & Mcpartland, 1954）などが挙げられる。さまざまな研究の結果から，自己概念は多面的で人格などに限定されない広いものであることが明らかになった。これら自発的に自己概念を回答させる方法は，本人が考える自己の内容をとらえる上で有効であるが，内容を数量化したり他者と比較したりするには手間がかかるとの問題がある。

　それに対し，質問内容をあらかじめ質問者が設定し，その問について回答評定する形式の尺度も数多く開発されている。たとえば長島ら（1967）はＳＤ（Self-Differential）形式で自己概念の測定を行う尺度を作成している。ここでは「鈍感な―敏感な」「短気な―気長な」「強い―弱い」などの形容詞対が提示され，回答者はそれぞれに自分があてはまる程度を回答する。また加藤・高木（1980）は，「誠実さ」「きちょうめんさ・清潔さ」など性格の6側面を取り上げ，個人が自分について「誠実と考えている程度」「きちょうめんと考えている程度」などを測定する自己概念測定尺度を作成している。これらの研究は，青年期研究の視点から行われており，人格的な部分の自己評価に重点を置いている。

　一方，山本・松井・山成（1982）は自己概念を，自己認知の側面と自己評価とに分けて整理し，自己認知の側面について「スポーツ能力」「容貌」「経済力」「学校の評判」など人格的な部分以外も含めて広く評価できる尺度を作成している。また平石（1990）は青年期における心理学的健康に注目し，「自己への

態度の望ましさ」である自己肯定性次元を測定するために自己肯定意識尺度を作成している。この尺度は，「自己受容」「自己実現的態度」「被評価意識・対人緊張」など6つの下位尺度から成り，自分についてどの程度肯定的に考えているかを測定できるようになっている。

　ところで，最近では文化的な視点を含めて自己をとらえようという研究も盛んである。人は自分を今生きている社会の価値観で理解し評価するため，自己概念の内容や評価の枠組みにはその人をとりまく文化が大きな影響を与えることになる。マーカスと北山（1991）はその枠組みとして，「相互独立的自己観（independent construal of the self）」と「相互協調的自己観（interdependent construal of the self）」という2つの概念区分を提出している。前者は欧米文化に多くみられる自己観で，後者は日本を含むアジア文化や非西洋文化に多くみられる自己観である。この自己観が個人の動機や感情などさまざまな側面の心的活動に影響を与えていることが指摘されている。

　マーカスと北山（1991）の知見は文化という側面から自己をとらえたものであるが，木内（1995）はこれを発展させ，1人の人間の中に相互独立的自己観と相互協調的自己観の2つが存在するが，相対的に優勢なものが活性化され，その活性化された表象が個人の行動を決定するとの仮説的モデルを提出した。木内はこのモデルにもとづき，どちらの表象が相対的に活性化されやすいか，その個人差を測定するための尺度を開発している。

【引用文献】

Bugenthal, J. F. T., & Zelen, S. L.　1950　Investigations into the self-concept. I : The W. A. Y. technique. *Journal of Personality*, **18**, 483–498.

平石賢二　1990　青年期における自己意識の発達に関する研究（I）――自己肯定性次元と自己安定性次元の検討　名古屋大学教育学部紀要――教育心理学科, **37**, 217–234.

加藤隆勝・高木秀明　1980　青年期における自己概念の特質と発達傾向　心理学研究, **51**, 279–282.

木内亜紀　1995　独立・相互依存的自己理解尺度の作成および信頼性・妥当性の検討　心理学研究, **66**, 100–106.

Kuhn, M. H., & Mcpartland, T. S.　1954　An empirical investigation of self-attitudes. *American Sociological Review*, **19**, 68–76.

この領域について

Markus, H., & Kitayama, S. 1991 Culture and the self : Implication for cognition, emotion, and motivation. *Psychological Review*, **98**, 224-253.

長島貞夫・藤原慶悦・原野広太郎・斎藤耕二・堀 洋道 1967 自我と適応の関係についての研究 (2) ―― Self-Differential の作製 東京教育大学教育学部紀要, **13**, 59-83.

Rogers, C. R. 1951 *Client-centered therapy: Its current practice, implications and theory.* Boston: Houghton.

自己認知の諸側面測定尺度

山本・松井・山成（1982）

測定概念・対象者

　本尺度は，山本真理子・松井　豊・山成由紀子（1982）によって作成された，自己の11側面に関する意識を測定する尺度である。

　人が自分についてもっている知識の総体は自己概念と呼ばれている。山本ら（1982）はこの自己概念を，自己認知の側面と自己評価とに分けて整理している。自己認知の側面とは，「自分は社交的だ」「特技がある」などさまざまな側面から構成される自己の認知像の部分である。一方，自己評価とは「自分に自信がある」といった，自己に対して漠然と全体としてとらえられる評価の部分である。自己認知の側面の中には，その認知の仕方によって自己評価が決定されてしまうような重要な側面と，逆に自己評価にはあまり影響のない側面がある。

　山本ら（1982）は，全体的自己評価の高低が自己認知のどの部分に強く関連しているのかを明らかにするために，自己認知の諸側面の構造を検討するとともに，自己評価との関連を分析した。大学生を対象にした調査の結果，自己認知の中に主な11の側面があり，さらにどの側面の自信が全体的自己評価に大きく影響しているのかは男女で異なることが明らかとなった。

　本尺度はこの分析の際に開発された，11の側面ごとに個人が自己をどのようにとらえているか，自己認知のあり方を測定するものである。

　対象は大学生を想定しているが，「学校の評判」など項目の一部の表現を変更すれば高校生〜成人までの広い年代を対象にして使用できる。

作成過程

　始めに，心理学専攻者6名が大学生30名を対象とした面接を行い，「自分の自信のあるところ」などを尋ね，自己認知の側面に関する表現や文章を収集した。さらに加藤・高木（1979）などこれまでの研究で得られている自己認知の領域や，使用された質問項目を収集した。これらの資料にもとづいて，仮説的に自己の12側面を設定した。この側面に準拠し，自己の特徴や評価を表す短文を，側面に偏りがないよう78項目作成した。

　この予備段階をふまえ，都内国公立・私立大学，計4大学の学生644名（男性400名・女性244名）を対象とした質問詞調査を行い，上記78項目それぞれが自分にどの程度あてはまるか

5段階評定で回答させた。回答を因子分析（主因子法）によって解析し，得られた21因子についてバリマックス回転を行い，固有値1.0以上の11因子を解釈した。11因子は負荷量の高い項目の内容から，「社交」「スポーツ能力」「知性」「優しさ」「性」「容貌」「生き方」「経済力」「趣味や特技」「まじめさ」「学校の評判」と命名された。

この結果をもとに，各因子に負荷量が高い項目を2～4項目ずつ選び，自己の各側面を測定する尺度項目とした。

信頼性

信頼性に関する記述はみられない。

妥当性信頼性

尺度作成の過程で，男女別に因子分析を行っている。その結果，抽出された因子の順番は異なるものの，その内容は共通しており，基準関連妥当性（因子的妥当性）が確認されている。

尺度の特徴

本尺度で示された自己認知の構造やその中に含まれる下位項目の内容はさまざまな自己研究で，参照・応用されている。たとえば，自己認識するための社会的比較のあり方を側面別に検討したり（高田，1986），自己への関心のあり方を側面別に検討する際に用いられている（上瀬，1992）。

採点方法

各項目について，「あてはまる」「ややあてはまる」「どちらともいえない」「ややあてはまらない」「あてはまらない」の5段階評定法で回答を求める。「あてはまる」を5点，「あてはまらない」を1点として各項目の回答を得点化する。さらに，各側面ごとに項目の合計点を合計し，それを項目数で割り，側面ごとの平均値を算出する。

都内国公立・私立大学の計4大学の学生を対象にして行った調査（山本ら，1982）の結果，側面ごとの平均値・標準偏差は**表1**に示すようになった。

自己概念・自己知識

項目内容 自己認知の諸側面測定尺度

教示
次の特徴のおのおのについて，あなた自身にどの程度あてはまるかをお答えください。他からどう見られているかではなく，あなたが，あなた自身をどのように思っているかをありのままにお答えください。

項目

	あてはまらない 1	ややあてはまらない 2	どちらともいえない 3	ややあてはまる 4	あてはまる 5

【社交】
1．社交能力に自信がある
2．交際範囲が広い
3．同年輩の異性と楽しく話しができる
4．異性の誘い方がうまい

【優しさ】
1．人に対して思いやりがある
2．人に対して寛大である
3．おおらかな人柄である

【生き方】
1．自分の生き方に自信がある
2．個性的な生き方をしている
3．自分に自信がある

【まじめさ】
1．きちょうめんな性格である
2．自分に厳しい
3．責任感が強い

【スポーツ能力】
1．体力・運動能力に自信がある
2．運動神経が発達している
3．スポーツマンタイプに見える
4．得意なスポーツがある

(p.9へ続く。)

表1 男女別にみた大学生の各側面の尺度得点の平均と標準偏差 (山本ら, 1982)

	男			女		
	N	平均	標準偏差	N	平均	標準偏差
社　　交	398	3.00	(1.04)	244	3.22	(1.08)
スポーツ能力	400	3.04	(1.11)	242	2.60	(1.10)
知　　性	400	2.99	(0.92)	243	2.56	(0.89)
優 し さ	395	3.49	(0.86)	243	3.43	(0.80)
性	397	2.19	(0.96)	244	1.63	(0.87)
容　　貌	399	2.76	(0.95)	243	2.58	(0.94)
生 き 方	399	3.21	(1.06)	244	2.84	(1.08)
経 済 力	399	2.54	(0.93)	242	2.70	(1.00)
趣味や特技	399	3.30	(1.11)	244	3.02	(1.19)
まじめさ	400	3.44	(0.82)	243	3.41	(0.86)
学校の評判	400	3.12	(1.08)	244	3.37	(1.10)

出典論文・関連論文

上瀬由美子　1992　自己認識欲求の構造と機能に関する研究——女子青年を対象として　心理学研究, **63**, 30-37.

高田利武　1986　自己概念に対する社会的比較の影響：青年期と成人期の比較 (2)　日本心理学会第50回大会発表論文集, 531.

加藤隆勝・高木秀明　1979　青年期における自己概念の発達的研究 (1), (2)　日本心理学会第43回大会発表論文集, 410-411.

山本真理子・松井　豊・山成由紀子　1982　認知された自己の諸側面の構造　教育心理学研究, **30**, 64-68.

著作権者連絡先

松井　豊

筑波大学人間系気付

〒305-8572　茨城県つくば市天王台1-1-1

自己認知の諸側面測定尺度

項目内容

	あてはまらない	ややあてはまらない	どちらともいえない	ややあてはまる	あてはまる
	1	2	3	4	5

【性】
1．性的テクニックに自信がある
2．性的能力に自信がある
3．性的経験が豊富である

【経済力】
1．自由に使えるお金が多い
2．家庭が裕福である
3．経済的な面で自信がある

【学校の評判】
1．社会的に評判のよい大学に在籍している
2．出身校が有名である
3．家や大学などの社会的背景に自信がある

【知性】
1．知的能力に自信がある
2．人よりいろいろなことを知っている
3．頭の回転が速い

【容貌】
1．目鼻立ちが整っている
2．自分の外見に自信がある
3．自分の顔に気に入っているところがある

【趣味や特技】
1．趣味・特技に自信がある
2．特技がある
3．熱中している趣味がある

相互独立・相互協調的自己観尺度
(SII; Scale for Independent and Interdependent construals of the self)

木内 (1995)

測定概念・対象者

　この尺度は「相互独立的自己観」「相互協調的自己観」という2つの区分から自己観の個人差を測定するものであり、木内（1995）によって作成された。

　マーカスと北山（1991）は「相互独立的自己観（independent construal of the self）」と「相互協調的自己観」（interdependent construal of the self）」という2つの概念区分を提出している。前者は欧米文化に多くみられる考え方で、自己は他者から独立したものととらえられる。この文化で重視されることは、自律的であることや独自の特性を見つけ表現することである。自己定義において他者は重要な意味をもたず、自己は他者なしでも完全な存在と理解されている。一方、相互協調的自己観は日本を含むアジア文化や非西洋文化に多くみられる考え方である。人間相互の基本的なつながりを重視し、関係のある他者と協調的関係を維持することが大切にされている。特定の文脈における他者との関係が自己を定義し、自己は適切な社会的関係の中に位置付けられたときに意味をもち、完全になると理解されている。

　マーカスと北山（1991）の知見は文化という側面から自己をとらえたものであるが、木内はこれに、自己を複数の側面からとらえ各側面の相対的な優位性から社会的行動をとらえる視点を加えた。そして個人の中に相互独立的自己観と相互協調的自己観の2つの表象が存在するが、相対的に優勢なものが活性化され、その活性化された表象が個人の行動を決定するとの仮説的モデルを提出した。本尺度はこのモデルにもとづき、どちらの表象が相対的に活性化されやすいか、その個人差を測定するために開発されたものである。

　本尺度の対象者はとくに限定されていないが、青年期以降の男女と考えられる。

作成過程

　まず木内（1995）は予備調査1において、マーカスと北山（1991）の記述等を参考にして、相互独立的自己観と相互協調的自己観にもとづくとされる行動や意見に関する項目をそれぞれ20項目ずつ独自に作成した。この項目について6件法で回答を求める形式で、大学生男女201名を対象に調査を行った。回答を因子分析した結果、項目の1次元性が示され、さらに相互独立的自己観と相互協調的自己観の記述がその次元において正と負の対立する関係となっている

自己概念・自己知識

項目内容　相互独立・相互協調的自己観尺度

教示

下記にAとBの二つの文があります。どちらが，あなたの現実の姿に近いですか？　AとBは必ずしも，正反対のことがらを表しているとは限りませんから，両方当てはまることも，両方当てはまらないこともあるかもしれませんが，あなたに，よりぴったりとすると思うものを選んで，該当する文字に○をつけてください。

項目

		Aにぴったりとあてはまる	どちらかといえばA	どちらかといえばB	Bにぴったりとあてはまる

1．A：まわりの人の意見に合わせる。
　　B：自分の意見を主張する。　　　　　　　　　A……a……b……B

●2．A：個性を発揮する。
　　B：協調性を尊重する。　　　　　　　　　　　A……a……b……B

3．A：まわりの人の期待にそうように，自分の考え方を合わせることが多い。
　　B：自分の考え方は，まわりの人に批判されても，簡単には変わらないことが多い。　A……a……b……B

●4．A：自分の気持ちに正直な態度をとる。
　　B：まわりの人に合わせた態度をとる。　　　　A……a……b……B

5．A：どのようにしたら，まわりの人から期待された役割を果たせるかを，第1に考える。
　　B：どのようにしたら，自分の能力を生かせるかを，第1に考える。　A……a……b……B

●6．A：まわりの人の反対を受けても，自分の望むことは実行する。
　　B：まわりの人の反対を受ければ，自分の望むことは抑える。　　　A……a……b……B

●7．A：まわりの人の反対を受けても，自分の志は貫くことが多い。
　　B：まわりの人の反対を受ければ，自分の志をあきらめることが多い。　A……a……b……B

(p.13へ続く。)

ことが示された。続いて予備調査2では、マーカスと北山（1991）の記述を参考に、「相互独立的自己観に基づく行動」と「相互協調的自己観に基づく行動」を対にした、強制選択形式の44対の項目を作成した。これらの項目について4件法の回答形式を設け、大学生男女69名に実施した。分析の結果、1因子構造が再確認されたため、因子負荷量の低い項目と項目の内容が重複する項目を削除し、残り25対の項目を次の調査で用いる尺度項目とした。

そして、この25項目について、大学生402名（男子154名・女子248名）、社会人92名（男子26名、女子66名）を対象として調査を行った。共通性の推定値としてSMCを用いて主因子法による因子分析を行った結果、1因子構造が再確認された。そこで因子負荷量が0.40に満たない5項目を除き、残りの16項目を最終的な尺度項目とした。

信頼性

クロンバックの α 係数は、0.87。スピアマン・ブラウンの公式によって修正された信頼性係数は0.90である。

妥当性

木内（1995）では、当該尺度の構成概念妥当性を検証するために、相互独立的自己観の高いものに得点が高いと考えられる独自性欲求尺度、相互協調的自己観の高いものに得点が高いと考えられる集団主義尺度、公的自己意識尺度との関連を検討している。相互独立・相互協調的自己観尺度と各尺度との相関を算出したところ、集団主義と 0.53（$p<.001$）、独自性欲求と -0.71（$p<.001$）、公的自己意識と 0.36（$p<.001$）と有意な相関がみられた。この結果は、木内の自己観モデルと一致したものであり、相互独立・相互協調的自己観尺度の構成概念妥当性を示している。

また木内（1996）では、欧米在住経験のある大学生や一般の大学生等に尺度への回答を求めている。その結果、欧米在住経験のある日本人大学生は、相互独立的自己観がもっとも優勢であり、一般の大学生は相互協調的自己観がもっとも優勢であることが確認された。この結果は、相互独立・相互強調的自己観が文化的影響を受けることを明らかにすると同時に、尺度の基準関連妥当性を示すものでもある。

尺度の特徴

本尺度は、マーカスと北山（1991）の自己観をふまえながら、個人に存在する相互独立的自己観・相互依存的自己観のどちらが活性化されやすいか個人差に注目した尺度である。信頼性・妥当性の検証を数多く行っており、項目表現も分かりやすく使いやすい。

なお高田（1993）でも、マーカスと北山（1991）にもとづく相互依存的自己―独立的自己理解尺度が作成されている。この尺度は、8因子39項目から成る。

自己概念・自己知識

項目内容 相互独立・相互協調的自己観尺度

	Aにぴったりとあてはまる	どちらかといえばA	どちらかといえばB	Bにぴったりとあてはまる

●8. A：まわりの人が望むことよりは，自分らしさを発揮する。
　　B：まわりの人が自分に望むことをする。
　　A────a────b────B

9. A：自分の才能を発揮することよりは，まわりの人から期待された役目を果たす。
　　B：自分の才能を発揮する。
　　A────a────b────B

10. A：どのようにしたら，まわりの人に喜んでもらえるかを，第1に考える。
　　B：どのようにしたら，自分の能力を最大限に発揮できるかを，第1に考える。
　　A────a────b────B

11. A：まわりの人と利害の対立は避けることが多い。
　　B：自分の権利や利益は，できるだけはっきり主張することが多い。
　　A────a────b────B

12. A：まわりの人がどのように思うかを考えて，自分の意見を言う。
　　B：自分の意見は，いつも自信をもって発言する。
　　A────a────b────B

13. A：まわりの人の価値判断を考慮に入れて行動する。
　　B：自分の価値判断に基づいて行動する。
　　A────a────b────B

14. A：何をするにも，人に一歩譲ることが多い。
　　B：何をするにも，自分を押し通すことが多い。
　　A────a────b────B

●15. A：日ごろ，物事を決めるときは，自分1人の判断と責任によって決めることが多い。
　　B：日ごろ，物事を決めるときは，まわりの人に相談してから決めることが多い。
　　A────a────b────B

●16. A：会議では，遠慮なく討論する。
　　B：会議では，できるだけ控えめにしている。
　　A────a────b────B

（●は逆転項目。）

採点方法

　AとBの2つの回答選択肢が用意された16対の項目より形成されている。ここでAは「相互協調的自己観」にあたる項目，Bは「相互独立的自己観」になっている（逆転項目では，Aが「相互独立的自己観」，Bが「相互協調的自己観」）。回答方法は，「Aにぴったりとあてはまる」を4点，「どちらかといえばA」を3点，「どちらかといえばB」を2点，「Bにぴったりあてはまる」を1点として得点化する4件法である。各項目の得点を単純加算した値を尺度得点とするため，得点が高いほど相互協調的自己観が強いことを示している。

　木内（1995）大学生および社会人に尺度を実施した際の平均値・標準偏差を以下のように報告している（**表1**）。

表1　尺度得点の平均と標準偏差（木内，1995）

	学　生		社　会　人	
	平均	標準偏差	平均	標準偏差
男　子	38.60	(7.48)	37.88	(8.41)
女　子	41.14	(6.77)	42.18	(7.39)

出典論文・関連論文

木内亜紀　1995　独立・相互依存的自己理解尺度の作成および信頼性・妥当性の検討　心理学研究，**66**，100-106.

木内亜紀　1996　独立・相互依存的自己理解——文化的影響，およびパーソナリティ特性との関連　心理学研究，**67**，308-313.

木内亜紀　1997　女子大学生とその母親の相互独立・相互協調的自己観——質問紙法による形成要因と葛藤状況の比較検討　教育心理学研究，**45**，183-191.

Markus, H., & Kitayama, S.　1991　Culture and the self : Implication for cognition, emotion, and motivation. *Psychological Review*, **98**, 224-253.

高田利武　1993　青年の自己概念形成と社会的比較——日本人大学生にみられる特徴　教育心理学研究，**41**，339-348.

高田利武　1994　独立的・相互依存的自己理解の発達的変化と環境要因　日本グループ・ダイナミックス学会第42回大会論文集，142-143.

高田利武・松本芳之　1995　日本的自己の構造——下位様態と世代差　心理学研究，**66**，213-218.

著作権者連絡先

木 内 亜 紀

玉川大学教育学部

〒194-8610　東京都町田市玉川学園6-1-1

自己肯定意識尺度

平石（1990b）

測定概念・対象者

　平石（1990b）は，青年期（中学生から大学生）における自己意識の発達を，自己肯定性次元と自己安定性次元の二点から注目して検討している。本尺度は，このうちの自己肯定性次元の個人差を，対自己領域と対他者領域の2つに分けて測定するものである。

　平石（1990a）は青年期における心理学的健康を問題とし，彼らの自己意識に存在する，健康—不健康，対他者—対自己という2つの軸から心理学的健康を分析している。ここでは臨床事例研究にもとづき広範囲に項目を収集し，また心理臨床家の吟味を経て，自己意識に関する4つの尺度（健康—対他者・健康—対自己・不健康—対他者・不健康—対自己）が提出されている。さらに後続の研究（平石，1990b）では，「自己への態度の望ましさ」である自己肯定性次元を明らかにする目的から，上記の4尺度に用いられた項目を再解析している。このとき，自己肯定性次元測定のために作成されたのが，ここで紹介する自己肯定意識尺度である。

　自己肯定意識尺度は，対自己領域と対他者領域に大きく二分され，それぞれが3つの下位成分から成立している。対自己領域の下位成分は「自己受容」「自己実現的態度」「充実感」，対他者領域の下位成分は「自己閉鎖性・人間不信」「自己表明・対人的積極性」「被評価意識・対人緊張」である。

　本尺度は，中学生から大学生までを対象とした調査で使用されており，項目の内容からも青年期を想定した尺度と位置付けられる。

作成過程

　まず平石（1990a）の調査データを再解析し，自己肯定性次元の測定するための尺度項目選定を行った。平石（1990a）の調査は，大学生351名，高校生416名を対象として実施・解析されたものであり，対他者・対自己関係における健康性の測定を試みた165項目（4段階評定法）が含まれている。再解析にあたっては，まず項目を対自己領域と対他者領域に二分し，それぞれ別に主成分分析（主成分解；プロマックス回転）を行った。その結果，対自己領域では5つの主成分，対他者領域では4つの主成分が抽出された。次に，抽出された主成分の示している自己意識の内容をもとに，各領域とも3つの成分を選択した。対自己領域の3成分は「自己受

自己概念・自己知識

項目内容　自己肯定意識尺度

教示
以下に41個の質問項目があります。それぞれの文章をよく読んで，それが現在の自分にとってどのくらいあてはまるかを考え，最も適していると思われるところに○印をつけてください。やり残しのないように，41個すべてについてお答えください。

項目　（●印のついた項目は，逆転項目である。）

1．対自己領域

【自己受容】
- 自分なりの個性を大切にしている
- 私には私なりの人生があってもいいと思う
- 自分の良いところも悪いところもありのままに認めることができる
- 自分の個性を素直に受け入れている

【自己実現的態度】
- 自分の夢をかなえようと意欲に燃えている
- 情熱をもって何かに取り組んでいる
- 前向きの姿勢で物事に取り組んでいる
- 自分の良い面を一生懸命伸ばそうとしている
- 張り合いがあり，やる気が出ている
- 本当に自分のやりたいことが何なのか分からない●
- 自分には目標というものがない●

【充実感】
- 生活がすごく楽しいと感じる
- わだかまりがなく，スカッとしている
- 充実感を感じる
- 精神的に楽な気分である
- 自分の好きなことがやれていると思える
- 自分はのびのびと生きていると感じる

(p.19へ続く。)

選択肢：あてはまる／どちらかといえばあてはまる／どちらともいえない／どちらかといえばあてはまらない／あてはまらない

容」「自己実現的態度」「充実感」，対他者領域の3成分は「自己閉鎖性・人間不信」「自己表明・対人的積極性」「被評価意識・対人緊張」である。各成分について，主成分負荷量の高い項目を8項目ずつ計48項目選択した。

この計48項目について，若干の修正を加えた後，中学3年生247名（男子135名，女子112名），高校2年生292名（男子126名，女子166名），大学1～2年生341名（男子179名，女子162名）に調査を実施した。

回答を各領域ごとに，中学・高校・大学別および全体での主成分分析（プロマックス回転）を行った結果，各領域とも3つの主成分が抽出され，その内容は当初設定した3成分に一致していた。ただし，中学・高校・大学別の分析を比較すると，対自己領域における「自己受容」にかかわる項目で主成分負荷量の値にばらつきがみられ，負荷量自体が低いものがあった。

その後平石（1993）では，上記分析で主成分負荷量の値が低いものを除いた計41項目を，各成分を測定する最終的な尺度項目として使用している。本書では，この41項目を尺度項目として掲載した。

信頼性

各尺度の α 係数は以下に示すとおりである。対自己領域の「自己受容」が 0.69,「自己実現的態度」が 0.85,「充実感」が 0.87。対他者領域の「自己閉鎖性・人間不信」が 0.86,「自己表明・対人的積極性」が 0.80,「被評価意識・対人緊張」が 0.85（平石，1993）。

妥当性

妥当性に関する記述はみられない。

尺度の特徴

本尺度は，青年期における自己肯定意識の発達のあり方を検討するために作成されたもので，項目の内容も青年期特有の心性を反映させたものになっている。提出された下位尺度についての概念的説明が十分になされていないが，自己評価や適応感を測定する尺度の一つとして，青年期の生活意識の調査等で活用可能である。

なお，平石（1990b；1993）では，自己肯定意識尺度と同時に自己安定性尺度も提出されている。これはローゼンバーグ（1979）の Stability of Self Scale（New York State）を参考にして作成されたもので，「あなたの自分自身についての見方はよく変わる方ですか。それとも同じままで変わらない方ですか」など4項目について，4段階評定法で回答を求める形になっている。

項目内容 — 自己肯定意識尺度

自己概念・自己知識

	あてはまる	どちらかといえばあてはまる	どちらともいえない	どちらかといえばあてはまらない	あてはまらない
満足感がもてない●					
こころから楽しいと思える日がない●					

2．対他者領域

【自己閉鎖性・人間不信】

他人との間に壁をつくっている					
人間関係をわずらわしいと感じる					
自分は他人に対してこころを閉ざしているような気がする					
自分はひとりぼっちだと感じる					
私は人を信用していない					
友だちと一緒にいてもどこかさびしく悲しい					
友人と話していても全然通じないので絶望している					
他人に対して好意的になれない					

【自己表明・対人的積極性】

相手に気を配りながらも自分の言いたいことを言うことができる					
自分のなっとくのいくまで相手と話し合うようにしている					
疑問だと感じたらそれらを堂々と言える					
友だちと真剣に話し合う					
人前でもこだわりなく自由に感じたままを言うことができる					
人前でもありのままの自分を出せる					
自主的に友人に話しかけていく					

(p.21 へ続く。)

採点方法

41項目それぞれについて、「あてはまる」「どちらかといえばあてはまる」「どちらともいえない」「どちらかといえばあてはまらない」「あてはまらない」の5段階評定で回答する。得点はそれぞれ順に5点、4点、3点、2点、1点の配点とする（逆転項目は、反対に1点から5点までの配点）。各尺度ごとに項目の回答得点を単純加算し、尺度得点とする。

平石（1993）では、大学生・高校生・中学生を対象に調査を実施し、以下の平均値（標準偏差）を得ている（表1）。

表1　自己肯定性尺度得点の平均・標準偏差（平石，1993）

		中学生					
		男子		女子		全体	
		平均値	（標準偏差）	平均値	（標準偏差）	平均値	（標準偏差）
対自己領域	自己受容	16.51	(2.86)	15.23	(3.24)	15.92	(3.10)
	自己実現的態度	25.12	(6.13)	22.60	(6.10)	23.95	(6.23)
	充実感	27.89	(7.28)	25.73	(7.74)	26.89	(7.56)
対他者領域	自己閉鎖性・人間不信	16.06	(6.72)	17.92	(6.74)	16.92	(6.78)
	自己表明・対人的積極性	23.78	(5.98)	23.19	(5.43)	23.51	(5.73)
	被評価意識・対人緊張	19.53	(6.58)	20.36	(6.72)	19.92	(6.64)
		高校生					
		男子		女子		全体	
		平均値	（標準偏差）	平均値	（標準偏差）	平均値	（標準偏差）
対自己領域	自己受容	16.02	(3.05)	15.69	(2.78)	15.83	(2.91)
	自己実現的態度	22.62	(6.40)	20.80	(5.93)	21.60	(6.20)
	充実感	25.51	(7.04)	23.56	(6.54)	24.42	(6.82)
対他者領域	自己閉鎖性・人間不信	19.25	(8.01)	20.40	(6.77)	19.89	(7.35)
	自己表明・対人的積極性	22.73	(5.70)	22.47	(5.29)	22.58	(5.46)
	被評価意識・対人緊張	20.89	(6.33)	21.95	(6.35)	21.48	(6.35)
		大学生					
		男子		女子		全体	
		平均値	（標準偏差）	平均値	（標準偏差）	平均値	（標準偏差）
対自己領域	自己受容	16.07	(2.98)	16.44	(2.48)	16.25	(2.75)
	自己実現的態度	21.76	(6.40)	23.34	(5.64)	22.52	(6.09)
	充実感	23.98	(7.14)	26.90	(6.11)	25.38	(6.82)
対他者領域	自己閉鎖性・人間不信	19.01	(6.73)	16.84	(5.73)	17.97	(6.35)
	自己表明・対人的積極性	22.32	(5.55)	24.25	(5.28)	23.25	(5.50)
	被評価意識・対人緊張	21.75	(5.92)	19.34	(6.25)	20.60	(6.19)

出典論文・関連論文

平石賢二　1990a　青年期における自己意識の構造――自己確立感と自己拡散感からみた心理学的健康　教育心理学研究，**38**，320-329．

自己概念・自己知識

自己肯定意識尺度

項目内容

【被評価意識・対人緊張】

項目	あてはまる	どちらかといえばあてはまる	どちらともいえない	どちらかといえばあてはまらない	あてはまらない
人から何か言われないか，変な目で見られないかと気にしている					
人に対して，自分のイメージを悪くしないかと恐れている					
自分が他人の目にどう映るかを意識すると身動きできなくなる					
他人に自分の良いイメージだけを印象づけようとしている					
無理して人に合わせようとしてきゅうくつな思いをしている					
自分は他人よりおとっているかすぐれているかを気にしている					
人に気をつかいすぎてつかれる					

選択肢

「あてはまる」「どちらかといえばあてはまる」「どちらともいえない」「どちらかといえばあてはまらない」「あてはまらない」の5段階評定である。

平石賢二 1990 b 青年期における自己意識の発達に関する研究 (I) ——自己肯定性次元と自己安定性次元の検討　名古屋大学教育学部紀要——教育心理学科，**37**，217-234.

平石賢二 1993 青年期における自己意識の発達に関する研究 (II) ——重要な他者からの評価との関連　名古屋大学教育学部紀要——教育心理学科，**40**，99-125.

平石賢二 2000 青年期後期の親子間コミュニケーションと対人意識，アイデンティティとの関連　家族心理学研究，**14**，41-59.

諸井克英 1999 青年期における心理学的健康の基本的構造　静岡大学人文学部論集，**49**，1-28.

Rosenberg, M. 1979 *Conceiving the Self*. New York：Basic Books.

著作権者連絡先

平石 賢二

名古屋大学大学院教育発達科学研究科
　〒464-8601　愛知県名古屋市千種区不老町

コラム　自己概念測定尺度

測定概念・対象者・作成過程

　本尺度は長島ら（1967）によって開発された，「鈍感な―敏感な」など複数の修飾語対から成る自己概念測定尺度である。

　オズグッドら（1957）は，複数の修飾語対への回答をもとに，一般的に安定した意味判断の次元があることを明らかにしている。長島ら（1967）は，これを自己概念の安定した意味次元抽出に用い，自己概念測定尺度の作成を試みた。

　作成に際しては，まず中学生・高校生・大学生の3つの年代を対象として自己記述語（形容詞・形容動詞などの修飾語）のサンプルを抽出した。この結果をもとに暫定尺度として，各対象者別に複数の修飾語対を作成した。項目選定の後，中学生50名・高校生50名・大学生50名を対象とした調査を行った。ここでは上記の修飾語対について，5つの自己概念（現在の私・父親からみた私・母からみた私・理想の私・友だちからみた私）それぞれについて，どの程度あてはまるか回答を求めた。年代別に回答結果を因子分析（セントロイド法・バリマックス回転）し，意味のある次元を抽出した。ここで各次元に負荷量の高い修飾語対を残す形で，中学生用（FormM；37対）・高校生用（FormH；37対）・大学生用（FormA；47対）の3パターンの尺度が作成された。

信頼性・妥当性

　信頼性に対する記述はとくにみられない。各年代別に因子分析を行ったところ，項目の数や内容は若干異なるが，各尺度の構造はほぼ対応し基準関連妥当性（因子的妥当性）が示されている。

採点方法

　ここでは，大学生版の一部（47対）を紹介する。それぞれについて，自分のもっともあてはまるところに○をつけるようになっている。

出典論文・関連論文

長島貞夫・藤原慶悦・原野広太郎・斎藤耕二・堀　洋道　1967　自我と適応の関係についての研究（2）――Self-Differential の作製　東京教育大学教育学部紀要，**13**, 59-83.

Osgood, C. E., Suci, G. J., & Tannenbaum, F. 1957 *The measurement of meaning.* Urbana；Ill., University of Illinois Press.

1 自　己

教示

以下に，性格をあらわした様々な特徴が，対になって示されています。それぞれの対について，「現在のあなた」に最も近いところひとつに○をつけてください。

項目

	とても	かなり	やや	どちらでもない・わからない	やや	かなり	とても	
1. 鈍感な								敏感な
2. 短気な								気長な
3. 強い								弱い
4. 陽気な								陰気な
5. 物覚えのよい								忘れっぽい
6. 不正確な								正確な
7. 勤勉な								怠惰な
8. 感情的な								理性的な
9. 派手な								地味な
10. 厳しい								やさしい
11. 感覚的な								理知的な
12. 強気な								弱気な
13. 孤独な								社交的な
14. 無口な								おしゃべりな
15. まじめな								ふまじめな
16. かたい								やわらかい
17. にぎやかな								静かな
18. 角のある								丸い
19. 素直な								強情な
20. 臆病な								勇敢な
21. 頼りない								頼もしい
22. 不誠実な								誠実な
23. 親切な								いじわるな
24. 無責任な								責任感のある
25. 無能な								有能な

自己概念・自己知識

		とても　かなり　やや　どちらでもない・わからない　やや　かなり　とても	
26.	消極的な	├─┼─┼─┼─┼─┼─┼─┤	積極的な
27.	信じ易い	├─┼─┼─┼─┼─┼─┼─┤	懐疑的な
28.	外向的な	├─┼─┼─┼─┼─┼─┼─┤	内向的な
29.	ひかえめな	├─┼─┼─┼─┼─┼─┼─┤	でしゃばりな
30.	不安定な	├─┼─┼─┼─┼─┼─┼─┤	安定な
31.	小心な	├─┼─┼─┼─┼─┼─┼─┤	大胆な
32.	おだやかな	├─┼─┼─┼─┼─┼─┼─┤	激しい
33.	個性のない	├─┼─┼─┼─┼─┼─┼─┤	個性的な
34.	大人っぽい	├─┼─┼─┼─┼─┼─┼─┤	子供っぽい
35.	冷静な	├─┼─┼─┼─┼─┼─┼─┤	情熱的な
36.	内面的な	├─┼─┼─┼─┼─┼─┼─┤	外面的な
37.	不潔な	├─┼─┼─┼─┼─┼─┼─┤	清潔な
38.	暖かい	├─┼─┼─┼─┼─┼─┼─┤	冷たい
39.	慎重な	├─┼─┼─┼─┼─┼─┼─┤	軽率な
40.	きちんとした	├─┼─┼─┼─┼─┼─┼─┤	だらしのない
41.	不注意な	├─┼─┼─┼─┼─┼─┼─┤	注意深い
42.	開放的な	├─┼─┼─┼─┼─┼─┼─┤	閉鎖的な
43.	元気な	├─┼─┼─┼─┼─┼─┼─┤	病弱な
44.	無気力な	├─┼─┼─┼─┼─┼─┼─┤	意欲的な
45.	たくましい	├─┼─┼─┼─┼─┼─┼─┤	弱々しい
46.	自分勝手な	├─┼─┼─┼─┼─┼─┼─┤	思いやりのある
47.	気持良い	├─┼─┼─┼─┼─┼─┼─┤	気持悪い

【選択肢】

　各形容詞対を両極として,「とても」「かなり」「やや」「どちらでもない・わからない」「やや」「かなり」「とても」の7段階評定である。

この領域について

自己評価・自尊感情

　私たちは普段,「自分は運動神経がいい」「もう少し社交的な性格だったら」「私は個性的だ」などと自己の行動,性格,能力などを自分自身で評定している。このように,自分で自分を評定することを自己評価という。ここでは,自己評価に関する尺度をとりあげる。

　自己評価の結果をどの程度受容するかに応じて自尊感情(自尊心とも呼ばれる)が規定される。自尊感情とは自信の上位概念であり,自分自身を価値のある優れた存在とみる態度に伴う感情である。たとえば,自己のさまざまな側面に関する自己評価の結果,「私は物事を人並みには,うまくやれる」と感じる人もいれば,「何かにつけて,自分は役に立たない人間だ」などと感じる人もいる。自己評価が高ければ自尊感情の上昇に,自己評価が低ければ自尊感情の低下に結びつくが,自尊感情は自己評価に比べ,ある程度永続的で変化しにくい。

　ローゼンバーグ(1965)は,自己に対して「非常によい」と感じる面と「これでよい」と感じる面のうち,「これでよい」と感じる程度が高いほど自尊感情が高いと考えて自尊感情尺度を作成した。本節において紹介されている山本ら(1982)の自尊感情尺度は,ローゼンバーグが作成した尺度の邦訳版である。なお,わが国における自尊感情尺度には,山本ら(1982)のほか,根本(1972),遠藤ら(1974),瀧野ら(1986)などの尺度がある。

　自己のさまざまな側面に関する自己評価の結果,私たちは自分に関する知識やイメージである,自己概念をもつことになる。ある人は,「私は心配性だ」という自己概念を,別の人は「私は楽天家だ」という自己概念をもっているかもしれない。しかし,どちらの人も「自分はそれでかまわない」と評価した場合,それは自己の姿をそのまま受け入れることになる。自己の現実の姿を正確に知覚し,その自己を肯定的にそのまま受け入れることを自己受容という。

　本節において紹介されている沢崎(1993)の自己受容測定尺度は,評価対象の自己領域を「身体的自己」「精神的自己」「社会的自己」「役割的自己」「全体的自己」の5領域とし,①直接に受容のあり方を問う,②トータルな自己を対象とする,③生涯発達的な変化に対応できる,という3つの点を考慮して作成された。なお,沢崎(1993)のほか,沢崎・佐藤(1984),佐藤・沢崎(1985),

川岸（1972），宮沢（1988），板津（1989），大出・澤田（1988）などの尺度もある。

「挑戦したことは最後まであきらめない」「突然起こった問題でもうまく処理できると思う」など，自分の行動を自分が統制し，必要な行動を効果的に遂行できるという可能性の認知および信念のことを自己効力感という。そして，自己効力感により，後の行動の選択や努力量などが影響を受けるとされている。自己効力感とは，ある状況において必要な行動を自分で効果的に遂行できるという信念のことである。

自己効力感には，課題や場面に特異的なかたちで行動に影響を及ぼす自己効力感と具体的な個々の課題や状況には依存せずに，より長期的に，より一般化した日常場面における行動に影響する自己効力感の2水準がある（Bandura, 1977；坂野・東條，1993）とされており，成田ら（1995）は，後者の自己効力感をある種の人格特性的認知傾向とみなし，特性的自己効力感と命名している。この特性的自己効力感の個人差を測定することは，人の行動を予測し，制御するうえで非常に重要と考えられるが，これまで有用な尺度が存在しなかった。本節において紹介されている，成田ら（1995）の特性的自己効力感尺度は，日本人のサンプルで尺度の有用性を検討するために，シェラーら（1982）が作成した尺度を邦訳したものである。

【引用文献】

Bandura, A. 1977 Self-efficacy: Toward a unifying theory of behavioral change. *Psychological Review*, **84**, 191–215.

遠藤辰雄・安藤延男・冷川昭子・井上祥治 1974 Self-Esteem の研究 九州大学教育学部心理学部門紀要, **18**, 53–65.

板津裕己 1989 自己受容尺度短縮版（SASSV）作成の試み 応用心理学研究, **14**, 59–65.

川岸弘枝 1972 自己受容と他者受容に関する研究——受容尺度の検討を中心として 教育心理学研究, **20**, 34–43.

宮沢秀次 1988 女子中学生の自己受容性に関する縦断的研究 教育心理学研究, **36**, 258–263.

成田健一・下仲順子・中里克治・河合千恵子・佐藤眞一・長田由紀子 1995 特性的自己効力感尺度の検討——生涯発達的利用の可能性を探る 教育心理学研究, **43**,

306-314.

根本橘夫 1972 対人認知に及ぼすSelf-Esteemの影響（I） 実験社会心理学研究, **12**, 68-77.

大出美知子・澤田秀一 1988 自己受容に関する一研究──様相と関連要因をめぐって カウンセリング研究, **20**, 128-137.

Rosenberg, M. 1965 *Society and the adolescent self-image*. Prinston Univ. Press.

坂野雄二・東條光彦 1993 セルフ・エフィカシー尺度 上里一郎（監修） 心理アセスメントハンドブック 西村書店 Pp.478-489.

佐藤純子・沢崎達夫 1985 大学生の自己受容に関する研究（1） 日本教育心理学会第27回総会発表論文集, 410-411.

沢崎達夫 1993 自己受容に関する研究（1）──新しい自己受容測定尺度の青年期における信頼性と妥当性の検討 カウンセリング研究, **26**, 29-37.

沢崎達夫・佐藤純子 1984 大学生の自己受容測定尺度作成の試み 日本教育心理学会第26回総会発表論文集, 366-367.

Sherer, M., Maddux, J.E., Mercandante, B., Printice-Dunn, S., Jacobs, B., & Rogers, R.W. 1982 The self-efficacy scale: Construction and validation. *Psychological Reports*, **51**, 663-671.

瀧野揚三・加藤隆勝・斉藤誠一 1986 青少年のSelf-Esteemの特質とその規定要因について（1）──尺度構成 日本心理学会第50回大会発表論文集, 574.

山本真理子・松井 豊・山成由紀子 1982 認知された自己の諸側面の構造 教育心理学研究, **30**, 64-68.

自尊感情尺度

山本・松井・山成（1982）

測定概念・対象者

　自尊感情とは，人が自分自身についてどのように感じるのかという感じ方のことであり，自己の能力や価値についての評価的な感情や感覚のことである。

　質問紙法による主要な自尊感情測定尺度としては，ローゼンバーグの尺度，クーパースミスの尺度，ジャニスとフィールドの尺度がある。それぞれ自尊感情のとらえ方は異なっており，ローゼンバーグ（1965）は，他者との比較により生じる優越感や劣等感ではなく，自身で自己への尊重や価値を評価する程度のことを自尊感情と考えている。また，自身を「非常によい（very good）」と感じることではなく，「これでよい（good enough）」と感じる程度が自尊感情の高さを示すと考えており，自尊感情が低いということは，自己拒否，自己不満足，自己軽蔑を表し，自己に対する尊敬を欠いていることを意味するとしている。

　本尺度はローゼンバーグ（1965）が作成した尺度の山本ら（1982）による邦訳版である。

　対象者は，大学生以上の成人であるが，質問項目の内容から判断すると，高校生も回答可能であると考えられる。

作成過程

　ローゼンバーグ（1965）により作成された，自尊感情尺度の10項目を，山本・松井・山成が邦訳した。

信頼性

　記載されていないが，大学生644名（男子400名，女子244名）のデータを主成分分析した結果，第1因子の寄与率が43％あることから，尺度の内的一貫性は高いと推測される。

妥当性

　大学生644名（男子400名，女子244名）のデータによる主成分分析の結果，第1因子の寄与率は43％であるのに対し，第2因子の寄与率は13％と低いため，単因子構造であると考えられる。したがって，構成概念妥当性の中の因子的妥当性は確認されているといえる。

ローゼンバーグ（1965）による既存の尺度の邦訳版であり，邦訳された項目の内容から，内容的妥当性も高いと判断される。

尺度の特徴

質問項目数が少なく実施が容易であるうえ，1次元性が確認され，信頼性・妥当性ともに高いと考えられる。わが国で使用できる有用な尺度の一つである。

採点方法

あてはまる…5点，ややあてはまる…4点，どちらともいえない…3点，ややあてはまらない…2点，あてはまらない…1点として10項目の評定を単純加算する。ただし，逆転項目は，5点←→1点，4点←→2点に換算してから（3点はそのまま）加算する。得点可能範囲は，10点から50点までである。

出典論文・関連論文

遠藤辰雄　1992　セルフ・エスティームの視座　遠藤辰雄・井上祥治・蘭　千壽（編）　セルフエスティームの心理学——自己価値の探究　ナカニシヤ出版

遠藤辰雄・井上祥治・蘭　千壽　1992　セルフ・エスティームの心理学——自己価値の探求　ナカニシヤ出版

井上祥治　1992　セルフ・エスティームの測定法とその応用　遠藤辰雄・井上祥治・蘭　千壽（編）　セルフエスティームの心理学——自己価値の探究　ナカニシヤ出版

Rosenberg, M.　1965　*Society and the adolescent self-image.* Prinston Univ. Press.

山本真理子・松井　豊・山成由紀子　1982　認知された自己の諸側面の構造　教育心理学研究，**30**, 64-68.

著作権者連絡先

原著作者及び翻訳者死去のため，著作権を設定しない。

自己評価・自尊感情

項目内容 自尊感情尺度

教示

次の特徴のおのおのについて，あなた自身にどの程度あてはまるかをお答え下さい。他からどう見られているかではなく，あなたが，あなた自身をどのように思っているかを，ありのままにお答え下さい。

選択肢

あてはまる…5，ややあてはまる…4，どちらともいえない…3，ややあてはまらない…2，あてはまらない…1

項目

	あてはまる 5	ややあてはまる 4	どちらともいえない 3	ややあてはまらない 2	あてはまらない 1
1．少なくとも人並みには，価値のある人間である。					
2．色々な良い素質をもっている。					
●3．敗北者だと思うことがよくある。					
4．物事を人並みには，うまくやれる。					
●5．自分には，自慢できるところがあまりない。					
6．自分に対して肯定的である。					
7．だいたいにおいて，自分に満足している。					
●8．もっと自分自身を尊敬できるようになりたい。					
●9．自分は全くだめな人間だと思うことがある。					
●10．何かにつけて，自分は役に立たない人間だと思う。					

（実施時には，逆転項目を示す●マークを削除する。）

自己受容測定尺度

沢崎（1993）

測定概念・対象者

「ありのままの自分をそのまま受け入れている状態」である自己受容の個人差を測定する尺度である。

沢崎（1984）は，自己受容と自己認知との関係について，自己受容が可能になるためには正確な自己認知がなされていることが必要で，自己受容が深まるほど防衛的心性が減少するため，自己認知も深くなると考えており，両者は相互依存的で密接な関係にあるが，概念的には区別されなければならないとしている。しかし，自分のある属性に対する認知が肯定的であれ，否定的であれ，その属性に対して受容がされているかどうかが問題になるため，本尺度は，自己認知を問わない形式になっている。対象者は，大学生以上の成人である。

作成過程

①直接に受容のあり方を問う，②トータルな自己を対象とする，③生涯発達的な変化に対応できるなどの点を尺度作成の基本的な考え方とし，自己に関して先行研究から「身体的」「精神的」「社会的」「役割的」「全体的」の5領域を設定した。

質問項目は，自己認知や自己受容に関する先行研究を参考に37項目を選出し，一般の大学1年生653名（男子467名，女子181名，不明5名）（学生群）と神経症症状をもったクライエント42名（男性29名，女性13名）（臨床群）の2群に尺度への回答を求めた。学生群におけるIT相関は，全項目が有意（$p<.01$）で，各下位尺度得点のIT相関もすべて有意であった（$p<.01$）。G-P分析の結果，全項目で上位群が下位群よりも高得点であり（$p<.01$），得点分布は，ほぼ正規分布に近い。

信頼性

スピアマン・ブラウンの公式による信頼性係数（奇数項目と偶数項目で折半）は，.943と非常に高く，本尺度の内的一貫性は十分に高い。

自己評価・自尊感情

項目内容　自己受容測定尺度

教示

　人間はだれでも自分自身について，満足できる面と満足できない面とをもっています。あなたは以下に示された「今のあなた自身のこと」について，現在どのように思っていますか。下に示された例のように，当てはまるところに○をつけて下さい。なお回答は他人からどう言われているかにかかわらず，あなた自身がどう思っているかで行ってください。また，あまり考えすぎないで，なるべく第一印象で答えてください。

選択肢

　それでまったくよい，そのままでよい……5
　それでまあまあよい，それでかまわない……4
　どちらでもない，わからない……3
　それでは少しいやだ，少し気になる……2
　それではまったくいやだ，気に入らない……1

回答例

「それでは少しいやだ，少し気になる」という場合	5	4	3	②	1

項目

A 1．年齢	5	4	3	2	1
A 2．性別	5	4	3	2	1
A 3．体力	5	4	3	2	1
A 4．健康状態	5	4	3	2	1
A 5．顔立ち	5	4	3	2	1
A 6．体つき	5	4	3	2	1
B 7．知性（学力）	5	4	3	2	1
A 8．運動能力	5	4	3	2	1
C 9．服装	5	4	3	2	1
C10．職業（学生・主婦・無職などの場合も含む）	5	4	3	2	1
C11．経済状態	5	4	3	2	1
A12．性的能力（魅力）	5	4	3	2	1

(p.35 へ続く。)

妥当性

　学生群と臨床群の尺度得点は，「身体的自己」以外の領域においては，学生群のほうが臨床群よりも高得点で，自己受容的であった。自己受容が高い者ほど精神的に健康であるという仮説と一致したことから，内容的妥当性が確認されている。

　学生群では自己受容が低い者ほどGHQ（General Health Questionaire；健康状態の質問項目）の得点が高かった（神経症的な訴えが多い）。臨床群においても「社会的活動障害」以外に同様な有意差が存在した。

　自己受容尺度の合計得点および5つの下位尺度とGHQの合計得点および4つの下位尺度間には，有意な負の相関が存在した。したがって尺度の併存的妥当性は確認されているといえよう。

尺度の特徴

　尺度の信頼性は十分に高く，内容的妥当性と併存的妥当性も確認されている。自己認知に関する質問項目がないため，調査対象者への負担は非常に軽減されている。

採点方法

　それでまったくよい，そのままでよい（積極的受容）…5点，それでまあまあよい，それでかまわない（消極的受容）…4点，どちらでもない，わからない（不明）…3点，それでは少しいやだ，少し気になる（消極的拒否）…2点，それではまったくいやだ，気に入らない（積極的拒否）…1点とし，各領域ごとに単純加算する。また，各領域ごとの下位尺度得点を合計し，全体の尺度得点とする。

　大学生の平均得点は，表1のとおりであり，性差が存在する（沢崎，1994）。また，加齢に伴い得点が上昇する傾向がみとめられている（沢崎，1995）。

表1　自己受容の各領域ごとの得点の性差（沢崎，1994）

領域	男子	女子	t値	有意水準
身体的自己	26.56（ 5.61）	24.40（ 4.75）	4.89	**
精神的自己	49.02（10.85）	46.74（ 8.74）	2.78	**
社会的自己	24.11（ 4.74）	24.12（ 4.41）	0.03	n.s.
役割的自己	10.26（ 2.68）	9.17（ 2.30）	5.19	**
全体的自己	5.95（ 2.01）	5.65（ 1.70）	1.91	†
合計得点	115.93（21.56）	109.75（16.78）	3.81	**

注）　t検定の自由度は欠損値の有無により項目によって異なるが，623〜645の範囲にある。
　　（　）内の数値は標準偏差である。
　　† $.05 < p < .1$　　* $p < .05$　　** $p < .01$

項目内容 — 自己受容測定尺度

項目	5	4	3	2	1
C13. 家族	5	4	3	2	1
C14. 住居	5	4	3	2	1
C15. 人間関係	5	4	3	2	1
B16. 生き方	5	4	3	2	1
C17. 社会的地位（立場）	5	4	3	2	1
B18. やさしさ	5	4	3	2	1
B19. まじめさ	5	4	3	2	1
B20. 明るさ	5	4	3	2	1
B21. 積極性（自分から進んで行動すること）	5	4	3	2	1
B22. 協調性（人との関係がうまくやれること）	5	4	3	2	1
B23. 情緒安定度（気持ちがいつも落ち着いていること）	5	4	3	2	1
B24. 忍耐力（がまんする力）	5	4	3	2	1
B25. 指導力（リーダーとして人をひっぱる力）	5	4	3	2	1
B26. のんきさ	5	4	3	2	1
B27. 決断力（迷わないで物事を決める力）	5	4	3	2	1
B28. 思いやり	5	4	3	2	1
B29. 責任感	5	4	3	2	1
B30. やる気	5	4	3	2	1
D31. 男または女としての自分	5	4	3	2	1
D32. 親に対する子どもとしての自分	5	4	3	2	1
D33. 兄弟の一員としての自分（一人子の場合も含む）	5	4	3	2	1
E34. 過去の自分	5	4	3	2	1
E35. 現在の自分	5	4	3	2	1

注）項目番号についているアルファベットは，以下に挙げる各自己領域を表しているが，実施時には削除する必要がある。

身体的自己項目：A　　精神的自己項目：B　　社会的自己項目：C

役割的自己項目：D　　全体的自己項目：E

出典論文・関連論文

沢崎達夫　1984　自己受容に関する文献的研究（1）──その概念と測定法について　教育相談研究，**22**，59-67.

沢崎達夫　1993　自己受容に関する研究（1）──新しい自己受容測定尺度の青年期における信頼性と妥当性の検討　カウンセリング研究，**26**，29-37.

沢崎達夫　1994　自己受容に関する研究（2）──大学生における自己受容の様相を中心として　カウンセリング研究，**27**，46-52.

沢崎達夫　1995　自己受容に関する研究（3）──成人期における自己受容の特徴とその発達的変化　カウンセリング研究，**28**，163-173.

著作権者連絡先

沢崎 達夫
目白大学心理学部
〒161-8539　東京都新宿区中落合4-31-1

特性的自己効力感尺度

成田・下仲・中里・河合・佐藤・長田（1995）

測定概念・対象者

本尺度は，特性的自己効力感を測定するために，シェラーら（1982）が作成した自己効力感尺度（SE尺度）の邦訳版である。原尺度は，①「行動を起こす意志」，②「行動を完了しようと努力する意志」，③「逆境における忍耐」などから構成されている。

作成過程

シェラーら（1982）のSE尺度（23項目）を邦訳し，サンプリングした首都圏Y市の住民1,641名（13～92歳）に回答を求めた。分析には欠損値のある117名を除く1,524名（男性663名，女性861名，平均年齢46.3歳）のデータを用いた。

シャピロ・ウィルクのW統計量では得点分布の正規性は棄却されたが，尖度・歪度ともに1には達しておらず，ほぼ正規分布に近かった。また，男女別の分析ではいずれも正規性は棄却されなかった。

信頼性

23項目のα係数は，.88と非常に高い（性別および年齢群別のα係数は**表1**参照）。IT相関の値は，r=.27～.61で，平均はr=.46であった。性別や年齢別の場合もほぼ同様な値であった。

別のサンプル67名を対象に2週間間隔で実施した場合の得点間の相関は，r=.73とやや低めであるが，再検査信頼性としては実用上問題はないと考えられる。

妥当性

主因子法の因子分析を性別に行った。因子の内容と固有値の変化の観点から，因子軸の回転を行わない1因子解を採用した。因子構造は男女で一致していた。また，すべての年齢群（**表1参照**）において第1因子の固有値が非常に高く，1因子解が採用された。年齢群別でも因子構造は一致していた。全対象者のデータを用いた因子分析の結果も，第1因子の固有値の高さと各因子解の因子の内容の点から，1因子解が採用されている。したがって，本尺度は，性や年齢によらず安定した1因子構造であるといえる。

抑鬱性尺度（CES-D；Radloff, 1977；矢富ら, 1993）との間に有意な負の相関が，自尊心尺度（Rosenberg, 1965；星野, 1970），性役割尺度（BSRI；Bem, 1974；下仲ら, 1991），主観的健康感尺度（芳賀ら, 1984；Maddox, 1962）との間には有意な正の相関がみとめられ，構成概念妥当性を有している（**表1**）。

表1　他尺度との相関（成田ら, 1995より筆者が作成）

		パーソナリティ測定尺度			主観的健康感	
	α	CES-D	R-SE	BSRI-M	Absolute	Relative
全体	.88	−.30 ***	.56 ***	.43 ***	.18 ***	.21 ***
性別						
男性	.88	−.37 ***	.59 ***	.41 ***	.21 ***	.23 ***
女性	.87	−.25 ***	.52 ***	.43 ***	.16 ***	.21 ***
年齢群						
13〜17	.88	−.26 *	.44 ***	.31 **	.11	.35 ***
18〜24	.86	−.31 ***	.54 ***	.25 **	.15 †	.12
25〜34	.88	−.37 ***	.51 ***	.48 ***	.22 **	.29 ***
35〜44	.89	−.25 ***	.55 ***	.49 ***	.23 ***	.22 ***
45〜54	.88	−.26 ***	.55 ***	.47 ***	.19 **	.29 ***
55〜64	.88	−.28 ***	.63 ***	.40 ***	.14 *	.23 ***
65〜74	.87	−.30 ***	.59 ***	.42 ***	.17 *	.17 *
75歳以上	.88	−.35 ***	.56 ***	.37 ***	.19 *	.17 †

注）　　　　　　　　　　　*** $p<.001$　　** $p<.01$　　* $p<.05$　　† $p<.10$
CES-D　：抑鬱性尺度
R-SE　　：自尊感情尺度
BSRI-M　：性役割尺度
Absolute：主観的健康感尺度―絶対評価
Relative：主観的健康感尺度―相対評価

尺度の特徴

わが国のコミュニティ・サンプルを対象としても，パラメトリックな検定に耐え得る尺度であり，性別や年齢にかかわらず信頼性・妥当性をもつ尺度である。

採点方法

そう思う…5点，まあそう思う…4点，どちらともいえない…3点，あまりそう思わない…2点，そう思わない…1点として各項目の評定を単純加算する。ただし，逆転項目は5点←→1点，4点←→2点に換算してから（3点はそのまま）加算する。得点可能範囲は，23点から115点までであり，年齢群別・性別の平均得点は，**表2**のとおりである。

自己評価・自尊感情

特性的自己効力感尺度

項目内容

教示
この文章は一般的な考えを表しています。それがどのくらいあてはまるかを教えて下さい。

選択肢
「そう思う」「まあそう思う」「どちらともいえない」「あまりそう思わない」「そう思わない」の5件法。

項目

	そう思う	まあそう思う	どちらともいえない	あまりそう思わない	そう思わない
1．自分が立てた計画はうまくできる自信がある。					
●2．しなければならないことがあっても，なかなかとりかからない。					
3．初めはうまくいかない仕事でも，できるまでやり続ける。					
●4．新しい友達を作るのが苦手だ。					
●5．重要な目標を決めても，めったに成功しない。					
●6．何かを終える前にあきらめてしまう。					
7．会いたい人を見かけたら，向こうから来るのを待たないでその人の所へ行く。					
●8．困難に出合うのを避ける。					
●9．非常にややこしく見えることには，手を出そうとは思わない。					
●10．友達になりたい人でも，友達になるのが大変ならばすぐに止めてしまう。					
11．面白くないことをする時でも，それが終わるまでがんばる。					
12．何かをしようと思ったら，すぐにとりかかる。					
●13．新しいことを始めようと決めても，出だしでつまづくとすぐにあきらめてしまう。					

(p.41へ続く。)

表2 年齢別・性別の平均得点（成田氏からの私信による）

年齢群	男性 得点	（標準偏差）	女性 得点	（標準偏差）
13〜17	74.08	(14.61)	73.55	(12.15)
18〜24	73.66	(14.00)	76.42	(10.57)
25〜34	80.43	(11.61)	74.18	(13.21)
35〜44	80.35	(13.20)	75.33	(13.40)
45〜54	80.03	(13.62)	76.87	(13.44)
55〜64	81.52	(13.09)	76.53	(14.39)
65〜74	77.30	(14.13)	75.68	(13.96)
75歳以上	71.86	(15.24)	72.37	(14.87)
全体	77.93	(13.93)	75.31	(13.42)

出典論文・関連論文

Bandura, A. 1977 Self-efficacy: Toward a unifying theory of behavioral change. *Psychological Review*, **84**, 191–215.

Bem, S. L. 1974 The measurement of psychological androgyny. *Journal of Consulting and Clinical Psychology*, **42**, 155–162.

芳賀 博・七田恵子・永井晴美・須山靖男・竹野下訓子・松崎俊久・古谷野 亘・柴田 博 1984 健康度自己評価と社会・心理・身体的要因 社会老年学, **20**, 15–23.

星野 命 1970 感情の心理と教育（二） 児童心理, **24**, 1445-1477.

Maddox, G. L. 1962 Some correlates of differences in self-assessment of health status among the elderly. *Journal of Gerontology*, **17**, 180–185.

成田健一・下仲順子・中里克治・河合千恵子・佐藤眞一・長田由紀子 1995 特性的自己効力感尺度の検討——生涯発達的利用の可能性を探る 教育心理学研究, **43**, 306–314.

Radloff, L. S. 1977 The CES-D scale: A self-report depression scale for research in the general population. *Applied Psychological Measurement*, **1**, 385–401.

Rosenberg, M. 1965 Society and the adolescent self-image. Princeton University Press.

Sherer, M., Maddux, J.E., Mercandante, B., Printice-Dunn, S., Jacobs, B., & Rogers, R.W. 1982 The self-efficacy scale: Construction and validation. *Psychological Reports*, **51**, 663–671.

下仲順子・中里克治・本間 昭 1991 長寿にかかわる人格特徴とその適応との関係——東京都在住100歳老人を中心として 発達心理学研究, **1**, 136–147.

矢富直美・Liang, J., Krause, N., & Akiyama, H. 1993 CES−Dによる日本老人のうつ症状の測定——その因子構造における文化差の検討 社会老年学, **37**, 37–47.

自己評価・自尊感情

項目内容 — 特性的自己効力感尺度

	そう思う	まあそう思う	どちらともいえない	あまりそう思わない	そう思わない
14. 最初は友達になる気がしない人でも，すぐにあきらめないで友達になろうとする。					
●15. 思いがけない問題が起こった時，それをうまく処理できない。					
●16. 難しそうなことは，新たに学ぼうとは思わない。					
17. 失敗すると一生懸命やろうと思う。					
●18. 人の集まりの中では，うまく振る舞えない。					
●19. 何かしようとする時，自分にそれができるかどうか不安になる。					
20. 人に頼らない方だ。					
21. 私は自分から友達を作るのがうまい。					
●22. すぐにあきらめてしまう。					
●23. 人生で起きる問題の多くは処理できるとは思えない。					

（実施時には，逆転項目を示す●マークを削除する。）

著作権者連絡先

成田 健一

関西学院大学文学部
　〒662-8501　兵庫県西宮市上ヶ原一番町1-155

コラム　自己嫌悪感

　人は失敗経験をしたときなどに，「自分がいやだ」「自分がきらいだ」などと自分に嫌気がさしたり，怒りを感じたりする。このように，自己を対象にして，好き・嫌いという次元で抱く評価的感情は，自己嫌悪感と呼ばれる。

　自己嫌悪感に関する近年の研究としては，水間（1996）がある。水間は，自己嫌悪感を「客観的事実はどうであれ，否定的な感情や事象が自分自身に由来するとし，自分が自分自身のことをいやだと感じること」と定義し，自己のどこが嫌なのかではなく，自己全体に関して，どの程度嫌悪方向の評価的感情を抱いているのかを測定する尺度の作成を試みている。

　具体的な尺度項目（抜粋）は以下のとおりであり，実感として意識される自己嫌悪感を特徴づける，「自己への怒り」「無力感と意気阻喪感」のほか，自己嫌悪感の自己破壊性へのつながりを考慮し，「自己滅亡感」の要素も含められている。

1．自分が全くダメだと思う事がある。
2．自分がいやになる事がある。
4．消えてしまいたくなるときがある。
5．自分をきらいになる事がある。
6．自分に怒りを感じる事がある。
8．死にたくなる事がある。
15．生きているのが罪だと感じる事がある。
17．自分に嫌気がさす事がある。
19．自分を腹立たしく思う事がある。
21．自分にあきらめを感じる事がある。

　現時点において尺度の内的一貫性や妥当性は確認されているが，さらなる改良が試みられており，最終的な尺度の完成が期待される。

【引用文献】

水間玲子　1996　自己嫌悪感尺度の作成　教育心理学研究, **44**, 296-302.

この領域について

自己への関心

　普段，私たちの意識は外界のさまざまなものに向けられている。たとえばゲームをしているときはゲームを進めることに，テレビを見ているときは画面に注意が向いている。しかし，ビデオカメラを向けられたとき，電車の窓に映る自分の顔に気づいたときなどは，「自分は人からどうみられているのか」「自分は普段こんな表情をしているのか」など，意識が自分に向けられることになる。

　このように自己に注意が向けられた状態を，デュヴァルとウイックランド（1972）は「客体的自己意識（objective self-awareness）」と命名している。これは「自覚状態」と表現されることも多い。この自覚状態において自己の特定の次元・側面について意識が向かうと，自己評価的な認知活動が生じる。そしてその次元についての理想の基準と現実の自己の比較が行われる。多くの場合，現実の自己は理想の基準に達せず，不一致が生じる。そこで自尊心の低下や自己非難が行われる。現実の自己と理想の基準が一致する場合もあり得るが，多くの場合は現実が追いつかず，自覚状態には不快感情が伴いやすい。

　その後カーヴァーとシャイアー（1981）は，デュヴァルとウイックランドの理論をさらに発展させた，自己制御理論（self-regulation theory）を提出している。ここでは，基準を満たすための行動をするかどうかを決定する予期過程を想定している。自覚状態で不一致を感じたとき，基準に達することができると評価されれば不一致低減の努力がなされ，満たせないと評価されたときには注意を他に転化するように動機づけられる。

　自覚状態理論や制御理論は状況によって変化する自己意識について分析したものであるが，自分に注意を向け自分を意識しやすい傾向には個人差のあることが知られている。個人差を初めて測定したのは，フェニングスタインら（1975）である。彼らはさまざまな自覚状態に関する質問を因子分析した結果，自己に向けられる意識には私的自意識と公的自意識の2つがあることを明らかにした。私的自意識（private self-consciousness）は自分の感情や内面など他者から見えない部分に向けられた意識，公的自意識（public self-consciousness）は仕草やふるまいなど他者からみえる部分に向けられた意識である。フェニングスタインら（1975）は，私的自意識・公的自意識の強さを測定する尺度を作成し，

これに対人不安尺度を加えた自意識尺度を開発している。その後，わが国でも自意識特性を測定する日本語版の尺度が開発されているが，本章ではこの中から菅原（1984）を紹介する。

一方，自覚状態が不快感情を伴うとの指摘は，その後，さまざまな臨床事例に応用されている。たとえば，アルコール依存の研究では，依存症の背景には酒によって自意識から逃避しようとする心理がはたらいていることが指摘されている。

また自覚状態が抑うつにみられる現象と類似した点があるとの指摘もある。これらの研究をふまえ坂本（1997など）は，自己注目と抑うつの関係を，自己注目の始発（抑うつが生じるきっかけ），自己注目の作動（抑うつの発生），自己注目の持続（抑うつの維持）の3段階からとらえるモデルを提起している。そして，自己に注意が向きやすく自己に向いた注意が持続する特性として自己没入という概念を提起し，その強さを測定する「没入尺度」を作成している。

上記の研究は，自己へ関心が向けられた状態やその個人差に注目したものであるが，その一方で，自己に注意を向け自己関連情報の収集を促すことの動機的側面に注目した研究もある。上瀬（1992）は「自己認識欲求」という仮説的構成概念を提出し，自己への関心や自己情報収集行動を包括的にとらえる試みを提出している。この自己認識欲求とは，自分を知りたいとする欲求で，さまざまな不適応状況やライフスタイルの変化，あるいは意志決定場面などにより自己概念が不明確になったときに生じると考えられている。上瀬（1992）は，この自己認識欲求の強さを測定する尺度を作成し，この得点の高いものが自己に関する情報収集に積極的であることを確認している。また一般に自己への関心は青年期に高いといわれているが，上瀬（1999；2000）では自己認識欲求が中高年でも存在することを明らかにしている。

【引用文献】

Carver, C. S., & Scheier, M. F. 1981 *Attention and self-regulation: A control-theory approach to human behavior.* New York: Springer-Verlag.

Duval, S., & Wicklund, R. A. 1972 *A theory of objective self-awareness.* New York: Academic Press.

Feningstein, A., Scheier, M. F., & Buss, A. H. 1975 Public and private self-consciousness:

この領域について

Assessment and theory. *Journal of Consulting and Clinical Psychology*, **43**, 522-527.
上瀬由美子　1992　自己認識欲求の構造と機能に関する研究――女子青年を対象として　心理学研究, **63**, 30-37.
上瀬由美子　1999　中高年期における自己認識欲求　心理学研究, **70**, 195-202.
上瀬由美子　2000　自己認識欲求の発達的変化　江戸川大学紀要＜情報と社会＞, **10**, 75-81.
坂本真士　1997　自己注目と抑うつの社会心理学　東京大学出版会
菅原健介　1984　自意識尺度（self-consciousness scale）日本語版作成の試み　心理学研究, **55**, 184-188.

自意識尺度

菅原（1984）

測定概念・対象者

　本尺度は，自分自身にどの程度注意を向けやすいかの個人差（自意識特性）を測定するもので，菅原（1984）が開発した。

　他者に見つめられたときや，鏡に自分を映したとき，人は多少なりとも自分自身を意識する。また状況以外にも，個人のパーソナリティも自意識の高まりを規定する。フェニングスタインら（1975）は，自意識の強さに関する質問項目を収集し因子分析を行った結果から，自己に向けられる意識には，私的自意識と公的自意識の2つがあることを示した。私的自意識とは，自分の内面・気分など，外からは見えない自己の側面に注意を向ける程度の個人差を示すものである。公的自意識は，自分の外見や他者に対する行動など，外から見える自己の側面に注意を向ける程度の個人差を示すものである。フェニングスタインら（1975）は，私的自意識・公的自意識の強さを測定する尺度を作成し，これに対人不安尺度を加えた自意識尺度を開発している。

　これまでの研究から，私的自意識・公的自意識の高い人にみられる特徴が明らかになっている。たとえば私的自意識の高い人は態度と行動の一貫性が高いこと（Scheier, 1980），公的自意識の高い人は他者からの評価的態度に敏感であること（Feningstein, 1979）などである。

　わが国においてこれらの自意識を測定するための尺度は，フェニングスタインら（1975）を日本語訳する形でいくつか作成されている（たとえば押見ら，1979；岩淵ら，1981）。その一方，菅原は，抽象度の高いフェニングスタインらの尺度をそのまま翻訳することの難しさを指摘し，独自の立場から自意識尺度の日本語版を作成することを試みた。

　本尺度の対象者はとくに限定されていないが，中学生以上に使用可能と考えられる。

作成過程

　フェニングスタインら（1975）の自意識尺度の項目を参考として，26項目を独自に作成・編集した。これらの項目について，国立大学・私立大学計3校の大学生に7件法で回答を求めた。まず男女別に（男性272名・女性162名），回答を因子分析（主因子解）し，固有値1.0以上の6因子についてバリマックス回転を行った。男女別の構造差がみられなかったため，男女を合

わせて同様の手続きで因子分析を行い，第2因子までを解釈した。その結果，第1因子に負荷量の高い項目は公的自意識に対応するもの，第2因子に負荷量の高い項目は私的自意識に対応するものであった。そこで，各因子に負荷量0.40以上の項目を，それぞれの自意識を測定する尺度項目として選出した。

信頼性

折半法による信頼性係数は，公的自意識が0.78，私的自意識が0.75であった（菅原，1984）。

妥当性

対人不安意識尺度得点・自己顕示性尺度得点との相関を算出したところ，いずれも公的自意識との間に有意な相関が示され，構成概念妥当性が示されている（菅原，1984）。

また鍋田・菅原（1988）では，公的自意識・公的自意識の高さと個人の自己イメージとの関連を検討している。ここでは「公的自意識が高く私的自意識の低い人」と「私的自意識が高く公的自意識の低い人」とでは自己イメージが大きく異なることが示された。前者は「意思の弱い」「流されて生きている」など状況に応じて自己をコントロールするタイプとして自分を認知していた。一方後者は「我が道を行く」「自分に厳しい」など自分の信念や価値観を明確にもち，それにしたがって生きようとするタイプと自分を認知していた。以上の結果は，公的自意識・私的自意識尺度の構成概念妥当性を示すものと位置付けられる。

尺度の特徴

測定概念はフェニングスタインらに準じており，構造も同様の安定した形が示されている。

自意識尺度の日本語版には他に，押見ら（1979），岩淵ら（1981）などがある。これらが比較的フェニングスタインらの元尺度に近いのに対し，菅原（1984）の尺度は日本語版用に独自に項目を作成したもので表現が分かりやすいという特徴をもつ。

採点方法

「1.全くあてはまらない」「2.あてはまらない」「3.ややあてはまらない」「4.どちらともいえない」「5.ややあてはまる」「6.あてはまる」「7.非常にあてはまる」の7件法で回答し，回答の数値を得点とみなし（逆転項目は「7.全くあてはまらない」〜「1.非常にあてはまる」），各尺度について項目の合計点を算出する。

菅原（1984）において国立大学・私立大学，計3校の男女を対象とした調査の結果，尺度得点の平均値と標準偏差は表1のとおりになった。

自意識尺度

項目内容

教示
以下の項目は，あなたにどの程度あてはまるでしょうか。「7．非常にあてはまる」から「1．全くあてはまらない」のうち最も近いものひとつに○をつけてください。

項目

【公的自意識】

評定尺度：
1. 全くあてはまらない
2. あてはまらない
3. ややあてはまらない
4. どちらともいえない
5. ややあてはまる
6. あてはまる
7. 非常にあてはまる

1．自分が他人にどう思われているのか気になる
2．世間体など気にならない（●）
3．人に会う時，どんなふうにふるまえば良いのか気になる
4．自分の発言を他人がどう受け取ったか気になる
5．人にみられていると，ついかっこうをつけてしまう
6．自分の容姿を気にするほうだ
7．自分についてのうわさに関心がある
8．人前で何かするとき，自分のしぐさや姿が気になる
9．他人からの評価を考えながら行動する
10．初対面の人に，自分の印象を悪くしないように気づかう
11．人の目に映る自分の姿に心を配る

【私的自意識】

1．自分がどんな人間か自覚しようと努めている
2．その時々の気持ちの動きを自分自身でつかんでいたい

(p.51へ続く。)

表1 自意識尺度の平均値と標準偏差 (菅原, 1984)

	男性			女性		
	N	平均値	(標準偏差)	N	平均値	(標準偏差)
公的自意識	272	52.8	(9.9)	162	56.4	(8.3)
私的自意識	272	50.3	(9.0)	162	54.0	(7.7)

出典論文・関連論文

Feningstein, A. 1979 Self-consciousness, self-attention, and interaction. *Journal of Personality and Social Psychology*, **37**, 75–86.

Fenigstein, A., Scheier, M. F., & Buss, A. H. 1975 Public and private self-consciousness : Assessment and theory. *Journal of Consulting and Clinical Psychology*, **43**, 522–527.

岩淵千明・田淵 創・中里浩明・田中國夫 1981 自己意識尺度についての研究 日本社会心理学会第22回大会発表論文集, 37-38.

鍋田恭孝・菅原健介・片山信吾・川越裕樹 1988 神経症とその周辺 (2) 精神医学, **30**, 1297–1304.

押見輝男・渡辺浪二・石川直弘 1985 自己意識尺度の検討 立教大学心理学科研究年報, **28**, 1–15.

押見輝男・石川直弘・渡辺浪二 1979 SCSの検討 (その2) 日本グループダイナミックス学会第27回大会発表論文集, 29–30.

Scheier, M. F. 1980 Effects of public and private self-consciousness on the public expression of personal beliefs. *Journal of Personality and Social Psychology*, **39**, 514–521.

菅原健介 1984 自意識尺度 (self-consciousness scale) 日本語版作成の試み 心理学研究, **55**, 184–188.

菅原健介 1998 シャイネスにおける対人不安傾向と対人消極傾向 性格心理学研究, **7**, 22–32.

著作権者連絡先

菅原 健介

聖心女子大学現代教養学部

〒150-8938 東京都渋谷区広尾4-3-1

自己への関心

項目内容 — 自意識尺度

	全くあてはまらない 1	あてはまらない 2	ややあてはまらない 3	どちらともいえない 4	ややあてはまる 5	あてはまる 6	非常にあてはまる 7
3．自分自身の内面のことには，あまり関心がない（●）							
4．自分が本当は何をしたいのか考えながら行動する							
5．ふと，一歩離れた所から自分をながめてみることがある							
6．自分を反省してみることが多い							
7．他人を見るように自分をながめてみることがある							
8．しばしば，自分の心を理解しようとする							
9．つねに，自分自身を見つめる目を忘れないようにしている							
10．気分が変わると自分自身でそれを敏感に感じ取る方だ							

（●印は逆転項目。）

選択肢

「全くあてはまらない」「あてはまらない」「ややあてはまらない」「どちらともいえない」「ややあてはまる」「あてはまる」「非常にあてはまる」

自己認識欲求尺度

上瀬（1992）

測定概念・対象者

　本尺度は，人がもつ「自分を知りたい」という気持ちの強さを測定するための尺度で，上瀬（1992）によって作成された。

　自己への関心や情報収集行動の心理的背景を扱う研究にはさまざまなものがあるが，これらはいずれも人が自己について関心をもち情報収集することを普遍的な傾向と位置づけている。これらの研究はそれぞれの視点から，自己への関心を扱っているが，上瀬（1992；1996など）はこれらを包括的にとらえ，人がなぜ自分を知りたいと感じるのかを説明するために「自己認識欲求」という仮説的構成概念を提出している。自己認識欲求とは「自己に関する認知体系（自己概念）を明確にしたいとする欲求であり，この自己認知体系が不明確になったとき，自己に関する情報収集行動を促すもの」と定義されている。自己認識欲求のモデルでは，さまざまな不適応状況やライフスタイルの変化，あるいは意志決定場面などが，自己概念を不明確にし，自己認識欲求を喚起させると考えられている。ここで自己は自己概念と同義であり，自分自身に関する知識の総体を意味し，認識体系の明確化とはその知識が社会的行動を起こすのに十分な量をもち，知識同士が矛盾なく統合されている状態とされる。

　また上瀬（1992）では，自己認識欲求の構造分析の際に，自己について否定的内容の情報が収集されることを避けようとする傾向としてネガティブ情報回避欲求を提出している。その後の分析から，自己認識欲求喚起に伴い情報収集行動が行われる際には，自己にとってどのような情報が収集されるのかを予期する過程が存在し，情報収集によって自己評価の低下が予期された場合に限定して生じるのがネガティブ情報回避欲求と位置付けられている。

　上瀬（1992）では，自己認識欲求およびネガティブ情報回避欲求の強さを測定する尺度が作成されており，その後の一連の研究によって自己認識欲求をめぐる仮説的モデルが検証されている。また青年期から60代までの幅広い年代を対象にした調査から，自己認識欲求が中高年でも存在することを示すとともに，自己認識欲求の強さやその内容には発達的な差がみられることが明らかにされている（上瀬，1999；2000）。

　本尺度は，いくつか形を変えて作成されているが，ここでは青年期の男女を対象として作成されたものを紹介する。

作成過程

　山本ら（1982）の提出した青年期における自己認知研究を参考にし,「自分の＿＿について知りたい」という形の質問項目を,独自に22項目作成した。さらに「自分について知りたい」「自分に関して知りたくない」という自己認識欲求に関する気持ちを尋ねる30項目を独自に作成した。都内公立短期大学女子学生,都内私立大学女子学生,首都圏専門学校女子学生,計239を対象として質問紙調査を行った。これらの項目のうち回答分布に偏りのみられない42項目に対し,初期解を主成分解とし,バリマックス回転を行う方法で因子分析を行った。その結果3因子が抽出され,各因子は「自己認識欲求」「ネガティブ情報回避欲求」「自己理解度」と解釈された。そこで第1因子に負荷量の高い項目から14項目を自己認識欲求の尺度,第2因子に負荷量の高い項目から7項目をネガティブ情報回避欲求の尺度とした。

信頼性

　上瀬（1992）では,折半法によるスピアマン・ブラウンの修正値を求め,自己認識欲求0.98,ネガティブ情報回避欲求0.78との値を得ている。

妥当性

●自己認識欲求

　上瀬・堀野（1995）では,場面想定法を用いて自分をどのような手段で知ろうとするかを尋ね,自己認識欲求の高いものほど5種類の情報収集手段に積極的に接近することを確認した。また,上瀬（1992）では,3種の自己認識欲求手段への接近と同尺度が有意な相関を示し,上瀬・堀野（1991）では実験場面で自己認識欲求の高いものほど情報収集行動を生起させることが確認された。以上は自己認識欲求の予測的妥当性を示すものである。

　さらに,上瀬（1996）では,自己に関心を向けやすい特性を測定する自意識尺度との相関分析を行った。その結果,公的自意識・私的自意識と中程度の相関がみられ,併存的妥当性が示されている。また,上瀬（1992）,上瀬・堀野（1995）では,自己認識欲求とネガティブ情報回避欲求項目を合わせて因子分析をし,同様に2因子構造が抽出され,尺度の因子的妥当性が示されている。

●ネガティブ情報回避欲求

　上瀬（1992）では,場面想定法を用いて3種の自己理解手段に対しどの程度接近するかを尋ねた。その結果,ネガティブ情報回避欲求の高いものほど,ネガティブな結果を示す心理テストを回避した。また上瀬（1996）では実験状況において,自己に関する否定的な結果を得ることが予測されるときには,ネガティブ情報回避欲求の高いものほどテストへの参加度が低かった。これらの結果は尺度の予測的妥当性を示すものである。

　さらに,上瀬（1992）では賞賛獲得欲求・拒否回避欲求との相関分析を行っている。その結

果，拒否回避欲求とのみ低いが有意な相関を示し，尺度の弁別的妥当性を示すものとなっている。

尺度の特徴

本尺度は，「自分を知りたい」という気持ちの強さを測定するものであり，特定の側面に限定されない全体としての自己への関心を独自の視点からとらえたものである。

ここで紹介した尺度は青年期対象の形である。上瀬（1992）では女子のみを分析対象として尺度を作成しているが，その後上瀬・堀野（1995）では大学生男女を対象とした調査を行い，性別に自己認識欲求の構造に差のみられないことを確認している。しかし本尺度の項目内容には，出身高校や所属大学のことが含まれており，青年期後の男女に適用しづらい。このため後続研究（上瀬，1999；2000）では，青年期から60代までの自己認識欲求を比較するために，項目を変更した15項目から成る自己認識欲求尺度を作成している。この尺度の信頼性・妥当性の検討は青年期版と比較すると十分とはいえないが，幅広い年代を対象として自己への関心を測定する場合には有効と考えられる。

採点方法

「一致している」を5点，「全く一致していない」を1点とし「全く一致していない」を5点，「一致している」を1点，回答の数値を得点とみなして，各尺度の項目の合計点を算出する。

都内私立大学女子学生，首都圏専門学校女子学生，計239名（平均年齢19.0歳）を対象にした調査では各尺度得点の平均と標準偏差は**表1**に示すようになった。

表1　自己認識欲求・ネガティブ情報回避欲求尺度得点の平均値（上瀬，1992）

	N	平均	標準偏差
自己認識欲求	226	46.2	10.32
ネガティブ情報回避欲求	226	19.2	4.59

出典論文・関連論文

上瀬由美子　1992　自己認識欲求の構造と機能に関する研究——女子青年を対象として　心理学研究，**63**，30-37．

上瀬由美子　1996　自己認識欲求と自己概念不明確感の関連　東京女子大学紀要＜論集＞，**46**，83-98．

上瀬由美子・堀野　緑　1995　自己認識欲求と自己情報収集行動の心理的背景——青年期を対象として　教育心理学研究，**43**，1-9．

自己への関心

自己認識欲求尺度

項目内容

教示
　次の項目は，あなたの考えとどのくらい一致していますか。「5．一致している」から「1．一致していない」のうちあてはまるところに○をつけてください。

項目

【自己認識欲求】

評価段階：
5 一致している　4 やや一致している　3 どちらともいえない　2 あまり一致していない　1 一致していない

1. 他の人と比べて，自分の知的能力はどのくらいあるのか知りたい
2. 客観的にみて，自分の容姿にはどの程度の魅力があるのか知りたい
3. 自分の知識は，人に比べて多いのか少ないのか知りたい
4. 自分の家庭の経済的地位は，どのくらいにあるのか，知りたい
5. 自分の社交的な能力が，どのくらいあるのか知りたい
6. 自分の性的魅力が，どのくらいあるのか知りたい
7. 自分の異性との付き合い方は，進んでいるのか遅れているのか知りたい
8. 自分は異性とうまく付き合っているのかどうか知りたい
9. 自分の大学は世間ではどう評価されているのか，知りたい
10. 自分には，責任感があるのかを知りたい
11. 自分がどのくらい自分に対して厳しいのか，知りたい
12. 他の人がどんな物にどのくらいお金を使っているのか知りたい
13. 自分の出身高校の評判は，今どうなのか知りたい
14. 自分に合った生き方を，教えてほしい

(p.57へ続く。)

上瀬由美子・堀野　緑　1991　情報収集行動と自己認識欲求の関連について　日本グループ・ダイナミックス学会第39回発表論文集，101-102.

上瀬由美子　1996　自己認識欲求モデルとその実証的研究　日本女子大学学位申請論文（未公刊）

上瀬由美子　1999　中高年期における自己認識欲求　心理学研究，**70**，195-202.

上瀬由美子　2000　自己認識欲求の発達的変化　江戸川大学紀要＜情報と社会＞，**10**，75-81.

山本真理子・松井　豊・山成由紀子　1982　認知された自己の諸側面の構造　教育心理学研究，**30**，64-68.

著作権者連絡先
上瀬由美子
立正大学心理学部
〒141-8602　東京都品川区大崎4-2-16

自己認識欲求尺度

項目内容

【ネガティブ情報回避欲求】

選択肢: 一致している=5／やや一致している=4／どちらともいえない=3／あまり一致していない=2／一致していない=1

1．自分について，聞かなければよかったと思うことが，たくさんある
2．自分について，知りたくない部分がある
3．自分について人の評価を聞くのは怖い
4．自分についての悪口でも，真実だったらできるだけ聞きたいと思う（●）
5．知らずに犯したあやまちは，知らせて欲しくない
6．他の人が，自分について言うことはまとはずれな事が多い
7．自分に関する，良くないうわさは聞きたくない

（●印は逆転項目。）

選択肢

「一致している」「やや一致している」「どちらともいえない」「あまり一致していない」「一致していない」

没入尺度

坂本（1997）

測定概念・対象者

　坂本（1997；Sakamoto, 1998）は，自己へ注意を向けやすく，自己へ向いた注意を維持させやすい傾向を「自己没入（self-preoccupation）」として概念化し，この自己注目の持続という傾向が，落込み（抑うつ）に関連していることを，一連の研究で明らかにしている。本尺度は，この自己没入の個人差を測定するために作成されたものである。

　デュヴァルとウイックランド（1972）やカーヴァーとシャイアー（1981）の理論によれば，人の注意は自己か環境かいずれかに向けられている。自己が注意の対象となった状態では，人はその状況でどのようにふるまうべきかという行動の指針，すなわち適切さの基準を意識するようになる。このとき，現実の自己の状態と，適切さの基準とが比較されることになるが，現実の自己が基準を下回っている場合には，ネガティブな感情が経験される。

　ところで，この自己への注目の現象が，抑うつにみられる現象と類似した点があるとの指摘がある。たとえばデュヴァルとウイックランド（1973）は，自己注目が内的帰属を生じさせることを示しているが，ピーターソンとセリグマン（1984）では，抑うつ的な人は失敗を安定的・全般的な要因と同時に内的な要因にも帰属しやすいことを示している。このため，スミスとグリーンバーグ（1981）を始めとして，自己への注目と抑うつの関連が検討されるに至った。

　これらの研究をふまえ坂本（1997など）は，自己注目と抑うつの関係を，自己注目の始発（抑うつが生じるきっかけ），自己注目の作動（抑うつの発生），自己注目の持続（抑うつの維持）の3段階からとらえるモデルを提起している。中でも重要視されているのが自己注目の持続の段階である。落ち込んだ気分になったときには，別な方向に目を転じて気晴らしするほうが気分を改善させるのに有効であり，自己に注意を向け続けることは抑うつ状態を長引かせることになる。

　さらに坂本は，自己への注目を持続させやすい特性を仮定し，自己に注意が向きやすく自己に向いた注意が持続する特性として自己没入という概念を提起した。自己没入の傾向が高い人は，抑うつになりやすく，しかも抑うつを持続させやすい。なぜなら，自己に注意が向きやすいと，ネガティブな出来事の後に自己に注目して，原因を自己に帰属させるなどのネガティブな情報処理を行って抑うつになりやすいと考えられるためである。また，自己に関するネガ

自己への関心

ティブな処理が続き，気晴らし行動がとりにくいことも，抑うつの持続につながると考えられている。本尺度は，この自己没入傾向の強さを測定するために開発されたものである。

また，坂本（1997；Sakamoto, 1998）では，自己没入だけでなく，外的没入（ある一つの外的な対象に向いた注意が持続しやすい傾向）も，抑うつを引き起こす要因と推測している。ここでは外的没入傾向の高い人は，目標達成に向けて繰返し過剰な努力をするため，バーンアウトにつながったり，目標が達成できなかったときに強い抑うつ気分を経験すると考えられている。この仮説を反映させ，没入尺度は「自己没入」と「外的没入」の両方を含む形で構成されている。

本尺度の対象者は，青年期後の男女が想定されている。

作成過程

まず，大学生639名（男子376名，女子263名）を対象として，複数の尺度から構成された小冊子の実施を求めた。この中に没入尺度（自己没入を測定する13項目，外的没入を測定する9項目，ふたつのフィラー項目）が含まれ，回答は「1. 全く当てはまらない」から「5. かなり当てはまる」の5段階で求めている。

没入尺度24項目の回答について主因子法による因子分析を行い，固有値1.0以上の2因子についてプロマックス回転を施した。この結果をもとに，1つの因子に負荷量の絶対値が0.40以上との基準を設け，第1因子に負荷量の高い11項目を自己没入尺度の項目，第2因子に負荷量の高い8項目を外的没入尺度の項目とし，尺度項目の単純加算をもって各尺度得点とした。

信頼性

各尺度それぞれについて，尺度得点の上位群・下位群間で尺度項目に差がみられるか，上下位群分析を行ったところ，両尺度ともすべての尺度項目で両群間に有意差がみられた。

また，尺度作成調査に参加した対象者のうち53名に対し，3週間後にふたたび没入尺度を実施し，再検査信頼性の検討を行った。その結果，2つの時点での尺度得点の相関は，自己没入尺度が0.87，外的没入尺度が0.78であった。

妥当性

坂本（1997）では，大学生を対象とした調査を行い，没入尺度と2種類の抑うつ尺度，および私的自意識尺度との関連を検討した。その結果，没入尺度は，2つの抑うつ尺度いずれとも有意な相関を示しており，併存的妥当性が示されている。また，自己没入尺度と抑うつ尺度との相関と，私的自己意識尺度と抑うつ尺度との相関を比べたところ，前者は後者よりも有意に高かった。この点から，自己没入尺度の増分妥当性が確認された。

その他，自己没入の高い人がネガティブな出来事を経験すると抑うつ的になりやすいこと

（坂本, 1997；Sakamoto, 1999），自己没入傾向の高い人はうつ病を経験した割合が有意に高いこと（Sakamoto et al., 1999），抑うつ気分を経験した期間が長いこと（坂本・友田・木島, 1995）などが明らかにされているが，これらはいずれも基準関連妥当性を示したものと位置づけられる。

尺度の特徴

本尺度は，坂本によって数多くの研究が行われ，信頼性・妥当性が十分検討されている。没入尺度を使用した坂本の一連の研究では，自己注目が抑うつの脆弱要因であることを示しており，本尺度は臨床場面でも応用可能といえる。

なお，本尺度は「自己没入」と「外的没入」の2つの下位尺度から構成されているが，坂本（1997）では 両尺度の相関は，0.27（N=637, $p<.0001$）である。この点から坂本（1997）は，「注意を向ける対象が，自己であっても興味や課題などの外的な対象であっても，いったん対象に注意を向けるとその対象から注意をそらすことが難しいという全般的な没入傾向（注意の持続傾向）の存在が示唆される」と述べている。坂本の理論において抑うつとの関係で重視されているのは前者であり，その後「自己没入」を中心に研究が行われている。

採点方法

各項目について，「1. 全く当てはまらない」「2. あてはまらない」「3. どちらともいえない」「4. あてはまる」「5. かなり当てはまる」の5段階で回答し，尺度ごとに得点を加算する。

坂本（1997）が大学生対象に行った調査の結果，両尺度の平均値および標準偏差は**表1**のとおりになった。

表1 尺度得点の平均と標準偏差（坂本, 1997）

	N	自己没入 平均値	（標準偏差）	外的没入 平均値	（標準偏差）
全体	639	34.1	(8.3)	27.5	(5.3)
男子	376	33.8	(8.5)	27.4	(5.3)
女子	263	34.6	(8.1)	27.7	(5.2)

出典論文・関連論文

Carver, C. S., & Scheier, M. F.　1981　*Attention and self-regulation: A control theory approach to human behavior.* New York: Springer-Verlag.

Duval, S., & Wicklund, R. A.　1972　*A theory of self-awareness.* New York: Academic Press.

Duval, S., & Wicklund, R. A.　1973　Effects of object self-awareness on attribution of causality. *Journal of Experimental Social Psychology,* **9**, 17-31.

自己への関心

没入尺度

項目内容

教示
以下の項目を読んで，それが自分の性質に当てはまる程度を考えて下さい。そして，最もよく当てはまるものを1つだけ選んで，選んだ番号を○で囲んで下さい。あまり考え込まずに，思うとおりに回答して下さい。

項目

【没入尺度】

	全くあてはまらない	あてはまらない	どちらともいえない	あてはまる	かなりあてはまる

1. 長い間，自分についてのことで思いをめぐらせていることがよくある。　1 ── 2 ── 3 ── 4 ── 5

2. 自分のことについて考え始めたら，なかなかそれを止めることができない。　1 ── 2 ── 3 ── 4 ── 5

3. 他の人との比較で，自分自身についていつまでも考え続けることがよくある。　1 ── 2 ── 3 ── 4 ── 5

4. 過ぎ去ったことについて，あれこれ考えることが多い。　1 ── 2 ── 3 ── 4 ── 5

5. 自分はどんな人間なのか，長い間考え続けることがよくある。　1 ── 2 ── 3 ── 4 ── 5

6. 自分がこういう人間であればなあと，いつまでも長い間空想することがある。　1 ── 2 ── 3 ── 4 ── 5

7. 自分のことを考えるのに没頭していることが多い。　1 ── 2 ── 3 ── 4 ── 5

8. 自分の能力について，長い間考えることが多い。　1 ── 2 ── 3 ── 4 ── 5

9. 自分のことを考え出すと，それ以外のことに集中できなくなる。　1 ── 2 ── 3 ── 4 ── 5

10. つらかった思い出をいつまでもかみしめていることがある。　1 ── 2 ── 3 ── 4 ── 5

11. 何らかの感情が湧いてきたとき（例：落ち込んだ時，うれしかった時），なんでそんな気持ちになるのか，長いこと考えてしまう。　1 ── 2 ── 3 ── 4 ── 5

(p.63 へ続く。)

Peterson, C., & Seligman, M. E. P. 1984 Causal explanation as a risk factor for depression: Theory and evidence. *Psychological Review*, **91**, 347-374.

坂本真士 1993 没入尺度作成の試み 日本社会心理学会第34回発表論文集, 294-297.

坂本真士 1997 自己注目と抑うつの社会心理学 東京大学出版会

Sakamoto, S. 1998 The preoccupation Scale: Its development and relationships with depression scales. *Journal of Clinical Psychology*, **54**, 645-654.

Sakamoto, S. 1999 A longitudinal study of the relationship of self-preoccupation with depression. *Journal of Clinical Psychology*, **55**, 109-116.

坂本真士 1998 自己注目と抑うつ——抑うつの発症・維持を説明する3段階モデルの提起 心理学評論, **41**, 283-302.

Sakamoto, S., Tomoda, A., Iwata, N., Aihara, W., & Kitamura, T. 1999 The relationship between major depression, depressive symptoms and self-preoccupation. *Journal of Psychology and Behavioral Assessment*, **21**, 37-49.

坂本真士・友田貴子・木島伸彦 1995 抑うつ気分への対処, 抑うつ気分の持続期間と自己没入との関連について 日本社会心理学会第36回大会発表論文集, 374-375.

Smith, T. W., & Greenberg, J. 1981 Depression and self-focused attention. *Motivation and Emotion*, **5**, 323-331.

著作権者連絡先

坂 本 真 士

日本大学文理学部

〒156-8550　世田谷区桜上水3-25-40

自己への関心

項目内容　没入尺度

【外的没入】

選択肢: 全くあてはまらない(1) / あてはまらない(2) / どちらともいえない(3) / あてはまる(4) / かなりあてはまる(5)

1. 何かやりだしたら最後までやりとげなければ気がすまない方だ。　1——2——3——4——5
2. 物事は、やりだしたら徹底的にしたい。　1——2——3——4——5
3. 興味をもったら，結構、のめり込んでしまう方である。　1——2——3——4——5
4. 凝り性でものごとに熱中しやすいたちである。　1——2——3——4——5
5. 大事な課題や仕事を始めたら、それが終わるまで別のことには手を出さない方だ。　1——2——3——4——5
6. ひとつのことが気になり出すと、それが片付くまで何かにつけて気になってしまう。　1——2——3——4——5
7. ひとつのことに興味をもつと、他のことには目を向けないたちである。　1——2——3——4——5
8. ひとつのことをやりだすと、つい他のことを犠牲にしてしまう。　1——2——3——4——5

選択肢
「全く当てはまらない」「あてはまらない」「どちらともいえない」「あてはまる」「かなり当てはまる」

2 自我同一性の形成

この領域について

自我同一性の形成

　本章では自我同一性の形成の程度を知るために役立つ尺度を紹介する。ここで紹介する尺度は，自我や自己の発達の程度を知るための指標として利用することが可能である。自我同一性（アイデンティティ）は，エリクソンの発達理論の中核をなす概念である。エリクソンの理論によれば，乳児期から老年期までの一生の間に，人は8つの心理・社会的危機にさらされるという。その中で，とくに強調されている第Ⅴ段階の危機が，青年期におとずれる「自我同一性対自我同一性の拡散・混乱」の危機である。この危機で問題になるのは，"本当の""正真正銘の"自分とは何者か，ということである。身分，所属，住所などの客観的な情報以外のことで，「自分は～である」「～であることこそ，私である」，そういえる何かをはっきり自分でつかんでいるという感覚が，自我同一性の感覚である。そのような感覚がもてず，自分が何なのかつかめない，自分がこれからどうしたいのか自分でもわからないという感じに陥っている場合が同一性拡散の状態である。同一性が拡散しているときには，自分が霧やもやの中に包まれているような感じで，自分が今何をすればいいのかもわからず，不確かで頼りない感じになる。

　自分が自分であることを他者に証明するためには，大学生なら学生証（identity card）を提示すればすぐにわかってもらえる。社会的な存在としての個人を同定することは，学生証，免許証，保険証1枚あれば事足りる。しかし，「私は誰か」という問いを自分に投げかけている場合には，そのような証明書の類は何の足しにもならない。自分が探し求めているのはそのような答えではない。「いったい私は誰で，どんな人間なのか」という問いかけを自分に向けてみたくなるのは，青年期である。この問いに対する答えを自分で出すことができ，その答えに自分も納得し，周囲の人々も納得するようであれば，それは自我同一性が形成されているということである。自我同一性が形成されている人の特徴は，自分の可能性も限界も見えており，自分が何者でありどこへ行こうとしているかをよくわかっていることである。だが実際のところ，現代の大学生の年齢で自我同一性を形成することは，かなり難しいようにみえる。

　自我同一性の形成は，子どもから大人への移行の進み具合を示す重要な指標とされている。自我同一性は，幼児期以来形成されてきた多数の同一化が青年

期になって取捨選択され，再構成されることによって成立する。そしてそれは個人的な自我の確立だけをさすのではなく，社会的かつ現実的な自我の確立状態として位置づけられている。自我同一性の形成が最初に問題になるのは青年期であるが，その後も自我同一性を揺さぶるような危機が中年期以降に訪れる場合も少なくない。

　自我同一性が形成されるか，あるいは自我同一性の拡散・混乱という状態に陥るかは，自分に向けた問いや自分がぶつかった問いに対して，どのように対応するかで決まってくる。絶えず生じてくる拡散への危機の中で，どれだけ本当の自己の願いや才能や個性に誠実に取り組もうとしたか，ということが重要になる。この点に着目して，自我同一性形成の状態像を分類したのがマーシャの同一性地位（アイデンティティ・ステイタス）の理論である。マーシャは，一見同じように安定した人格をもつ人々であっても，自我同一性を確かに達成している人（同一性達成地位）と，そうでない人（早期完了地位）がいることを見抜いた。早期完了地位にある人は，同一性達成地位にある人に比べて，人生の危機を経験したという自覚が薄く，両親などから与えられた既存の価値観をそのまま自分のものとしてしまっているような人々である。いわば与えられた自我同一性にそのまま便乗し，それを自分で獲得したと誤解しているかのようである。しっかり身に付いた自我同一性ではないので，硬さ，権威に対する従順さ，ストレスに対する脆さなどの性格的特徴が指摘されている。なお，同一性地位には，この２つ以外に，モラトリアム，同一性拡散という地位がある。

　エリクソンによる発達理論の中核は，ここまでに述べてきた自我同一性形成にかかわる危機であるが，それ以外にも重要な危機がある。それは，まず第Ⅰ段階の危機「（基本的）信頼対（基本的）不信」である。これは，乳児期における危機であり，ここで形成される基本的信頼は，健康なパーソナリティの主要な要素と考えられている。この中には他者に対する信頼と自分自身に対する信頼の，２つの意味が含まれている。乳児期以降に訪れる危機には，第Ⅱ段階「自律性対恥・疑惑」，第Ⅲ段階「自主性対罪悪感」，第Ⅳ段階「勤勉性対劣等感」という危機がある。そして，第Ⅴ段階の自我同一性の危機の後に，成人期の３つの段階として，第Ⅵ段階「親密性対孤立」，第Ⅶ段階「世代性対停滞性」，第Ⅷ段階「統合性対絶望」と続いていく。

　このように，エリクソンの理論はライフサイクル全体を描写した大きな理論である。その中の自我同一性という概念一つをとっても，的確に理解すること

2　自我同一性の形成

この領域について

はなかなか難しいといわれている。エリクソンの概念は，翻訳上も定訳がついているとは限らず，読者に混乱を引き起こしかねない。エリクソンの理論は包括的であるがゆえに抽象的であり，それが魅力でもあるのだが，わかりにくさにもなっている。そのため，多くの研究者によってエリクソンの概念を実証的研究の場にのせるための努力が行われてきた。とくにアイデンティティに関する膨大な研究は，広島大学の研究者たちによってすでに整理されている（鑢・山本・宮下，1984；鑢・宮下・岡本，1997；1998；1999）。世界中のアイデンティティ研究や，エリクソン，マーシャらの著名な論文はすでに日本語で習得できるようになっている。この本章で紹介する尺度についてさらに理解を深めようとする場合には，尺度が掲載されている原論文を読むことはもちろんであるが，鑢らの著作を参照することで，アイデンティティ研究の動向にふれておくと役に立つであろう。

　さて，本章で取り上げる尺度を掲載順に紹介してみよう。①基本的信頼感尺度（谷，1996）は，第Ⅰ段階の危機に関連する尺度である。谷（1996）によるこの尺度を用いると，青年期における基本的信頼感の程度を測定することができる。②ラスムッセンの自我同一性尺度日本語版（宮下，1987）は，エリクソンの発達理論の，第Ⅰ～Ⅵ段階の危機をどの程度解決しているかによって，自我同一性の程度を測定しようとする。そのため，67項目という項目数の多い尺度になっている。エリクソンの理論では，各段階の危機を経験し，良い方向でその危機を乗り越えておくことが重要とされる。そうでないと次に出会う危機を解決することも困難になる上に，年齢が進んだ段階になってから，危機を十分に解決しなかったことが障害となってあらわれてくることがあるからである。したがって，現在の年齢より以前の危機が，どの程度解決されているかを調べることが必要になるのである。

　③多次元自我同一性尺度（谷，1997b；1997c；1998；2001）と④アイデンティティ尺度（下山，1992）は，第Ⅴ段階の危機で問題となる自我同一性の形成の程度を得点で表すことができる。③多次元自我同一性尺度の特徴は，エリクソンの概念に忠実に質問項目が作られていること，自我同一性の感覚を多次元的に測定しようとしている点である。④アイデンティティ尺度の特徴は，アイデンティティの確立を測定する尺度のほかに，すべて逆転項目からなるアイデンティティの基礎と呼ばれる尺度が含まれていることである。後者の尺度は，アイデンティティ形成の基礎となる自己の安定が得られず，不安や孤独におそわ

れる気持ちを反映した内容となっている。

⑤同一性地位判定尺度（加藤，1983）は，エリクソンではなくマーシャの理論にもとづいて作成された同一性地位の尺度である。3種類の尺度得点を組み合わせて，同一性地位を判定することができる。マーシャの理論では，同一性地位が4つに分類されるが，この尺度では，日本の大学生の特徴とされていた「モラトリアム」状態も含んで，6つの地位に分類されるようになっている。

⑥青年期の自我発達上の危機状態尺度（長尾，1989）は，直接エリクソンの理論と重なるわけではないが，自我発達上の危機状態をとらえることができるオリジナルな尺度である。臨床心理学的な知見と発達心理学的な知見の両方が活かされており，同一性拡散や混乱の程度を知るために使用することも可能である。この尺度は，発達的危機内容に相当するA水準（26項目）と，適応的危機内容に相当するB水準（24項目）の2つの尺度から構成されている。

本章で紹介する尺度は以上の6尺度になるが，これら以外にも日本で開発された尺度がある。最後にそれらを簡単に紹介しよう。まず，加藤は，同一性地位判定尺度だけではなく，同一性を"混乱"から"成立"に至る1次元的連続体とみなして作成した同一性次元尺度14項目（加藤，1986）も作成している。また，三枚（1998）は，成人女性の自我同一性の感覚を測定する目的で，24項目からなる自我同一性尺度を作成している。さらに，逆方向から自我同一性にアプローチしたものには，砂田（1979；1983）の開発した自我同一性混乱尺度がある。

自我同一性をタイプ分けしようとした独自な尺度も開発されている。水野（1998）は，自我同一性を1次元の連続体としてとらえるのではなく，2次元で表されるものと考えている。自分のあり方に確信をもち自分の判断で行動でき自分を主張していくという「自我確立」と，社会の中で自分の役割を自覚して引き受けようとする「社会性確立」の2次元である。各15項目ずつからなる2つの尺度の得点を組み合わせることによって，4つの自我同一性パターンを導くことができる。2つの得点を平均得点で2分割して得点の高低を組み合わせると，「社会型」，「自我型」，「途上型」，「達成型」に分類できる。

そのほか，自我同一性と直接関連する尺度ではないが，山本（1988）によって開発された一体性・分離性尺度，谷（1997a）によって開発された「個」―「関係」葛藤尺度なども，日本に在住している人たちの自我同一性の形成を研究する際には有益であろう。

この領域について

【引用文献】

加藤　厚　1983　大学生における同一性の諸相とその構造　教育心理学研究, **31**, 292-302.

加藤　厚　1986　同一性測定における2アプローチの比較検討　心理学研究, **56**, 357-360.

三枚奈穂　1998　成人女性における自我同一性感覚について――相互協調的・相互独立的自己感との関連から　教育心理学研究, **46**, 229-239.

宮下一博　1987　Rasmussenの自我同一性尺度の日本語版の検討　教育心理学研究, **35**, 253-258.

水野正憲　1998　自我同一性の型を測定する質問紙「自我同一性パターン尺度IPS」の検討　岡山大学教育学部研究集録, **107**, 151-158.

長尾　博　1989　青年期の自我発達上の危機状態尺度の作成の試み　教育心理学研究, **37**, 71-77.

下山晴彦　1992　大学生のモラトリアムの下位分類の研究――アイデンティティの発達との関連で　教育心理学研究, **40**, 121-129.

砂田良一　1979　自己像との関係からみた自我同一性　教育心理学研究, **27**, 215-220.

砂田良一　1983　価値という視点からみた自我同一性　愛媛大学教育学部紀要　第Ⅰ部　教育科学, **29**, 287-300.

谷　冬彦　1996　基本的信頼感尺度の作成　日本心理学会第60回大会発表論文集, 310.

谷　冬彦　1997a　青年期における自我同一性と対人恐怖的心性　教育心理学研究, **45**, 254-262.

谷　冬彦　1997b　自我同一性（第Ⅴ段階）尺度の作成（1）――下位概念設定および項目選定に関する予備的研究　日本心理学会第61回大会発表論文集, 287.

谷　冬彦　1997c　自我同一性（第Ⅴ段階）尺度の作成（2）――因子分析および信頼性の検討　日本教育心理学会第39回総会発表論文集, 207.

谷　冬彦　1998　自我同一性（第Ⅴ段階）尺度の作成（3）――妥当性の検討　日本心理学会第62回大会発表論文集, 263.

谷　冬彦　2001　青年期における同一性の感覚の構造――多次元自我同一性尺度（ME-IS）の作成　教育心理学研究, **49**, 265-273.

鑪幹八郎・山本　力・宮下一博　1984　自我同一性研究の展望　シンポジアム青年期3　ナカニシヤ出版

鑪幹八郎・宮下一博・岡本祐子　1997　アイデンティティ研究の展望Ⅳ　ナカニシヤ出版

鑪幹八郎・宮下一博・岡本祐子　1998　アイデンティティ研究の展望Ⅴ―1　ナカニ

シヤ出版

鑪幹八郎・宮下一博・岡本祐子　1999　アイデンティティ研究の展望Ⅴ―2　ナカニシヤ出版

山本里花　1988　女子学生の自我同一性に関する研究――自我の二指向性の観点から　教育心理学研究, **36**, 238‐248.

基本的信頼感尺度
(Sense of Basic Trust Scale)

谷（1996）

測定概念・対象者

　エリクソン（1959）の発達漸成理論図式の第Ⅰ段階の危機は「基本的信頼対基本的不信」である。基本的信頼の感覚は乳児期に形成されるべき感覚であるが，青年期に形成されるべきアイデンティティの感覚の形成が青年期以降にも影響を及ぼすように，その後の発達においても重要な役割を果たすと考えられている。たとえば，基本的信頼の感覚が形成されていない場合には，抑うつ傾向などが問題として表れるという。本尺度は，谷（1996）が青年期における基本的信頼感を測定する目的で作成した。青年期のみならず，成人期以降にも広く使用可能な尺度であろう。

作成過程

　まず，発達漸成理論図式の第Ⅰ段階である基本的信頼の問題が，どのような形の信頼感として表れるのかというエリクソンの記述に着目し，ラスムッセン（1964）の自我同一性尺度の第Ⅰ段階の項目も参考にして，15項目を作成した。この15項目は，青年心理学を専門とする大学教員2名によってその内容的妥当性が支持されている。この15項目に対する大学生407名の回答を対象として因子分析（バリマックス回転）を行い，2因子を抽出した（谷，1996）。第1因子から得られた6項目が「基本的信頼感」下位尺度であり，第2因子から得られた5項目が「対人的信頼感」下位尺度である。

信頼性

　「基本的信頼感」の α 係数は $\alpha = .790$，「対人的信頼感」では $\alpha = .772$ を示し（谷，1996），項目数が少ないことを考慮すれば，十分な数値が得られているといえよう。

妥当性

　エリクソンの理論にもとづいて，Beck抑うつ尺度と特性不安尺度との関連から妥当性の検討を行っている。その結果，Beck抑うつ尺度との相関は，$r = -.676 / -.309$（「基本的信頼感」／「対人的信頼感」）であり，特性不安尺度との相関も $r = -.660 / -.291$（「基本的信頼感」／「対人

自我同一性の形成

項目内容　基本的信頼感尺度

教示

　教示文に関しては，とくに定めていないが，「次の1〜11までについて，それぞれ現在の自分にあてはまると思われる箇所［1. 全くあてはまらない，2. ほとんどあてはまらない，3. どちらかというとあてはまらない，4. どちらともいえない，5. どちらかというとあてはまる，6. かなりあてはまる，7. 非常にあてはまる，のいずれか一つ］に〇印をつけて下さい」などとする。
（実施時には下位尺度名，及び逆転項目を示す●マークを取り除くことが必要。実際には項目番号順に並べ替えて使用するとよい。）

選択肢

　「1. 全くあてはまらない／2. ほとんどあてはまらない／3. どちらかというとあてはまらない／4. どちらともいえない／5. どちらかというとあてはまる／6. かなりあてはまる／7. 非常にあてはまる」

項目

【基本的信頼感】

●7. 自分自身のことが信頼できないと感じることがある。

●10. 人から見捨てられたのではないかと心配になることがある。

●3. 物事がうまくゆかなくなると，自分の中に引きこもってしまうことがある。

●2. 人生に対して，不信感を感じることがある。

1. 私は自分自身を十分に信頼できると感じる。

●11. 失敗すると，二度と立ち直れないような気がする。

(p.75へ続く。)

的信頼感」）と，同様の結果を示し，妥当性が確認された（谷，1996）。とくに「基本的信頼感」下位尺度との間の相関が強く，エリクソンの基本的信頼感概念の中核は，自己に対する信頼であることがうかがわれる結果となっている。

尺度の特徴

本尺度は，少数の項目でエリクソンの基本的信頼感をとらえることに成功しており，有益な尺度である。谷（1998）では，エリクソンの考えにもとづいて，他の変数との関連が検討されている。絶望感尺度 $r=-.508/-.439$（「基本的信頼感」／「対人的信頼感」），時間的展望体験尺度の過去受容 $r=.500/.293$（「基本的信頼感」／「対人的信頼感」），同じく希望 $r=.518/.289$（「基本的信頼感」／「対人的信頼感」）。このような結果をみると，精神的な健康の指標，適応の指標として用いることも可能であると思われる。また，自己に対する信頼感と他者に対する信頼感の両方が含まれていることから，対人関係の研究や問題行動の研究などへも広く適用できる広範な可能性をもつ尺度である。

採点方法

回答は7件法で求め，各項目への回答に対して1～7点を，「非常にあてはまる（7点）」～「全くあてはまらない（1点）」のように与える。ただし，逆転項目の場合は評定点を逆転するので，「非常にあてはまる（1点）」～「全くあてはまらない（7点）」となる。各項目に得点を与えた後で，「基本的信頼感」下位尺度では6項目，「対人的信頼感」下位尺度では5項目ずつの得点をそれぞれ合計する。

出典論文・関連論文

谷　冬彦　1996　基本的信頼感尺度の作成　日本心理学会第60回大会発表論文集，310.
谷　冬彦　1998　青年期における基本的信頼感と時間的展望　発達心理学研究，**9**，35-44.

著作権者連絡先

谷　冬彦
神戸大学大学院発達環境学研究科
〒657-8501　兵庫県神戸市灘区鶴甲3-11

項目内容　基本的信頼感尺度

【対人的信頼感】

	全くあてはまらない	ほとんどあてはまらない	どちらかといえばあてはまらない	どちらともいえない	どちらかといえばあてはまる	かなりあてはまる	非常にあてはまる
	1	2	3	4	5	6	7

6．普通，人はお互いに誠実にかかわりあっているものだと思う。

5．自分が困った時には，まわりの人々からの援助が期待できる。

4．一般的に，人間は信頼できるものであると思う。

●8．私には頼りにできる人がほとんどいない。

9．周囲の人々によって自分が支えられていると感じる。

ラスムッセンの自我同一性尺度日本語版
(REIS；Rasmussen's Ego Identity Scale)

宮下（1987）

測定概念・対象者

　宮下（1987）により，作成されたラスムッセンの自我同一性尺度の日本版（REIS）である。エリクソンの発達漸成理論図式における，最初の6段階の心理・社会的危機をどの程度解決しているかによって同一性の程度を測定しようとする。6段階の危機とは以下のとおりである。I；乳児期—基本的信頼感対不信感，II；幼児前期—自律性対恥，疑惑，III；幼児後期—自主性対罪悪感，IV；学童期—勤勉性対劣等感，V；青年期—同一性対同一性拡散，VI；成人前期—親密性対孤立。対象は主として大学生程度の年齢層以上となろう。

作成過程

　ラスムッセン（1961）は，乳児期から成人前期までの6段階ごとに12項目ずつ，計72項目の自我同一性尺度を作成している。宮下（1987）はこの日本版（REIS）を作成した。大学生245名を対象にして，REISの各項目の得点と総得点との相関係数を算出し，有意水準に達しなかった5項目を削除して67項目を得た。これらの67項目は6段階に対応する6つの下位尺度から構成されている。

信頼性

　下位尺度ごとの信頼性を大学生245名を対象にして求めると，α係数は$\alpha = .549 \sim .749$であった。尺度全体のα係数は$\alpha = .883$である。1週間間隔での再検査法で求めた信頼性（大学生228名対象）は，下位尺度では$r = .777 \sim .863$の範囲であり，尺度全体では$r = .909$の相関を得た。以上の結果より，REISは高い信頼性をもつことが確認されている（宮下，1987）。

妥当性

　大学生245名について，①同一性混乱尺度（砂田，1979）との相関では負の有意な相関がみられており，尺度全体の合計得点では$r = -.313$であった。②特性不安尺度（清水・今栄，1981）では，尺度全体の合計得点で$r = -.161$，自尊感情尺度（根本，1972）とは同じく$r = -.238$であった。やや数値は低めであるが，REISの妥当性の確認はこのようになされている（宮下，1987）。

項目内容　ラスムッセンの自我同一性尺度日本語版

教示

教示文は「次の67項目のそれぞれについて，あなたにどの程度当てはまるかを考え，下記の例にならい該当する選択肢一つに○を付けて下さい」などのようにする（下位尺度Vの12項目のみを使う場合などは，教示に示す項目数を変える必要がある）。
（実施時には下位尺度名，及び逆転項目を示す●マークを取り除くことが必要。項目の配列はランダムに並べ替えるとよい。また，質問項目の前についているI～VIのカテゴリー名も外すこと。）

選択肢

「1. 全くそう思わない／2. かなりそう思わない／3. ややそう思わない／4. どちらともいえない／5. ややそう思う／6. かなりそう思う／7. 非常にそう思う」

項目

【I．基本的信頼感対不信感】

● 1．将来の目的や欲しいものを手に入れるために，現在の楽しみをあきらめるとしたら，悔いが残るであろう。

2．普通，人間はお互いに正直に，かつ誠実にかかわりあっているものだ。

3．最終的に職業を決定したら，きっとうまく人生を乗り越えられるであろう。

● 4．気をつけていないと，人は私の弱みにつけ込もうとするだろう。

5．一般的に，人間は信頼できるものだ。

6．私の人生の最良の時は，これから訪れるであろう。

● 7．本当に信頼のおける人はなかなかいないものだ。

● 8．私は，本当に欲しい物を我慢して待つことができない方だ。

(p.79へ続く。)

尺度の特徴

欧米諸国での使用頻度の高い尺度の日本版であり，有用な尺度である。下位尺度ごとの項目数も10個以上あるので，下位尺度ごとに検討することも十分可能である。項目数を制限したい場合にはアイデンティティに直接関係する下位尺度Ⅴの，12項目のみを用いることもできる。

採点方法

回答は7件法で求め，同一性確立の程度の高いほど高得点になるように，各項目への回答に対して1～7点を，「非常にそう思う（7点）～全くそう思わない（1点）」のように与える。ただし，逆転項目の場合は評定点を逆転するので，「非常にそう思う（1点）～全くそう思わない（7点）」となる。各項目に得点を与えた後で，6つの下位尺度ごとに合計得点を算出する。6つの合計得点を加算した全体得点も自我同一性得点として使用できる。平均得点と標準偏差は**表1**のとおり。

表1　REIS得点の平均得点と標準偏差（宮下, 1987）

下位尺度 （項目数）	Ⅰ (11)	Ⅱ (11)	Ⅲ (11)	Ⅳ (12)	Ⅴ (12)	Ⅵ (10)	全体 (67)
平均得点	49.19	44.78	54.39	53.02	54.70	44.94	301.02
標準偏差	6.90	7.97	6.59	8.83	8.36	7.48	32.88

（N=245）

出典論文・関連論文

宮下一博　1987　Rasmussenの自我同一性尺度の日本語版の検討　教育心理学研究，**35**，253-258.

宮下一博　1996　学習塾・稽古事への通塾経験及び遊び経験が青年のアイデンティティ発達に及ぼす影響　千葉大学教育学部研究紀要Ⅰ：教育科学編，**44**，1-12.

宮下一博・大野朝子　1997　青年の集団活動への参加とアイデンティティ　千葉大学教育学部研究紀要Ⅰ：教育科学編，**45**，7-14.

Rasmussen, J. E.　1961　An experimental approach to the concept of ego identity as related to character disorder. *Dissertation Abstracts*, **22**（5-A），1911-1912（American University, Dissertation, 1961）

Rasmussen, J. E.　1964　The relationship of ego identity to psychosocial effectiveness. *Psychological Reports*, **15**, 815-825.

鑪幹八郎・宮下一博・岡本祐子　1998　アイデンティティ研究の展望　Ⅴ-1　ナカニシヤ出版

項目内容　ラスムッセンの自我同一性尺度日本語版

	全くそう思わない	かなりそう思わない	ややそう思わない	どちらともいえない	ややそう思う	かなりそう思う	非常にそう思う
	1	2	3	4	5	6	7

● 9. 将来うまくいくかどうかを考えると，今まで絶好のチャンスを逃してしまってきたように思う。

● 10. 本当の幸せや成功につながるようなチャンスを逃してきたような気がする。

● 11. 私は，欲しい物を手に入れるのに時間がかかりすぎるならば，そのものに興味を失ってしまう方だ。

【Ⅱ．自律性対恥，疑惑】

● 12. 私は授業などで指されるのではないか心配である。というのは，もし答えられないと他人が私のことをどんな風に思うか気になるので。

13. いったん決断したことについてくよくよ考えたりしない。

14. 友人の前で失敗しても，別にくよくよしない。

15. 私がこれまで下した判断なり決断は，だいたいにおいて正しかった。

● 16. 何かしたあとで，それが正しかったかどうか，心配になることが多い。

17. 私くらいの年になれば，両親が反対しても，自分のことは自分で決断しなければならない。

18. 自分の人生なのだから大事なことは人に頼らないで，自分で決断を下していると思う。

19. 自分が他の人のようにうまくやれないということを人に悟られても，それほど気にはならない。

(p.81 へ続く。)

著作権者連絡先
宮下 一博

項目内容 ラスムッセンの自我同一性尺度日本語版

自我同一性の形成

	全くそう思わない	かなりそう思わない	ややそう思わない	どちらともいえない	ややそう思う	かなりそう思う	非常にそう思う
	1	2	3	4	5	6	7

20. 大体の場合，自分が決断した以上は，あとで悔やむことをしない。

●21. 私は，何か重大な決断をしなくてはならない時には，いつでも家族から援助や助言を受ける。

●22. 人にとやかく言われるぐらいなら，人前では口をつぐんでいる方がよい。

【Ⅲ. 自主性対罪悪感】

23. 何か課題をやる場合には，全体の見通しを失わないためにも，その場その場のことだけに縛られないようにやっていく。

●24. 隠しておけるなら，家族や自分の育ちについて他人にしゃべりすぎないのが最善である。

●25. 私は，これまで，学校のクラブ活動や生徒会活動に進んで参加する方ではなかった。

●26. 私はいつもあくせくしているが，どんなに一生懸命やっても，他の人ほどには成果があがらないように思われる。

●27. 人と知り合う時，その人があなたの生いたちや家族について，あまり知らない方が，親しくなりやすい。

28. 私は家族に誇りを感じている。

29. 現在，いかにたくさんの仕事に追われているとしても，次にやらなければならないことについて何らかの計画をもっていることはいいことである。

(p.82へ続く。)

項目内容　ラスムッセンの自我同一性尺度日本語版

	全くそう思わない	かなりそう思わない	ややそう思わない	どちらともいえない	ややそう思う	かなりそう思う	非常にそう思う
	1	2	3	4	5	6	7

●30. ここ2～3年の間，私はクラブやグループ活動にはほとんど参加していない。

31. 10代の少年少女時代の楽しい出来事の1つは，仲間たちと一緒に規則や約束を決め，協同して何かをやることである。

32. 10代の時期に，クラブなどの集団活動に参加することのなかった人は，損をしてきている。

●33. 私はいつもあくせくとして忙しいが，ともすればカラまわりばかりして，うまく前へ進んでいないように思える。

【Ⅳ．勤勉性対劣等感】

●34. 働くということは，人間が生きていくために我慢しなければならない必要悪である。

35. 私の仕事の出来ばえが，人のものと比較される時でも，私は最大の能力を発揮することができる。

●36. 通常，勉強（仕事）しなければならない時には，それがいかなるものであれうんざりしてしまう。

37. もし必要ならば，1つのことに注意を集中するのも難しいことではない。

●38. スポーツや試合など，いつも人と競争したり勝つことを要請されるようなものは，好きにはなれない。

●39. 私は1つのことに集中することができない方だ。

(p.83 へ続く。)

項目内容　ラスムッセンの自我同一性尺度日本語版

｜全くそう思わない 1｜かなりそう思わない 2｜ややそう思わない 3｜どちらともいえない 4｜ややそう思う 5｜かなりそう思う 6｜非常にそう思う 7｜

● 40. たとえ努力してはみても，1つのことに専念することは私にとって随分骨の折れることである。

● 41. 何か仕事に着手する時に，やらずにすみそうなことは，ことごとく回避する。

42. 私は難しいことがらに挑んでいくのが好きである。というのは，それを成し遂げることによって，大きな喜びが得られるからである。

43. 自分がかかわったりやっていることに気を散らすことなく専念することはさほど難しいことではない。

● 44. いつも，人と競い合わなければならないような仕事をしていると落ちつかず幸せになれないだろう。

45. 私は，人と張り合ったり競争する場面で，仕事やスポーツをするとき，特にそれが苦にならないし気楽に楽しむことができる。

【Ⅴ．同一性対同一性拡散】

● 46. だれも私のことを理解してくれないように思う。

● 47. 私は，将来のはっきりした目標や計画がない。偉い人の判断に従っていけば無難である。

48. 今と違う顔つき，体つきであってほしいとはめったに思わない。

● 49. もし，自分の容姿がもっとよければ，もっとよい人生が送れるだろうに。

● 50. 私は，人生において本当に何をしたいのか決めることができない。

(p.84 へ続く。)

項目内容　ラスムッセンの自我同一性尺度日本語版

	全くそう思わない	かなりそう思わない	ややそう思わない	どちらともいえない	ややそう思う	かなりそう思う	非常にそう思う
	1	2	3	4	5	6	7

51. 人生をうまく成し遂げていく上で，私の容姿や行動が妨げとなっているとは感じない。

●52. うまく課題をやりとげた時でさえ，他の人は私のやったことを理解したり，是認をしたりしてくれないように思える。

53. 私は生涯の仕事として何をしたいかははっきり決めていないが，とりあえず，ここ2～3年の計画や目標については，ある程度はっきりしている。

●54. これまで，私の仲間は私の能力に対して正当な評価や理解を示してくれなかった。

55. 私は，現在自分が歩んでいる道にかなり満足している。

●56. 私のやり方は，他人に誤解を受けることが多い。

57. 将来自分が何をしたいか確信を持っており，あるはっきりした目標をもっている。

【Ⅵ．親密性対孤立】

58. 私は，とても話しやすい人間のようだし，自分でもそう思う。

●59. 私は，時には強く感情が揺り動かされることもあるが，人前では，決してそれをさとられないようにする。

●60. 人との集まりで，他の人が私の考えに同意しないのではないかと思うと，自分の意見をはっきりと主張するのにためらいを覚える。

(p.85へ続く。)

自我同一性の形成

項目内容　ラスムッセンの自我同一性尺度日本語版

		全くそう思わない	かなりそう思わない	ややそう思わない	どちらともいえない	ややそう思う	かなりそう思う	非常にそう思う
		1	2	3	4	5	6	7

61. 私には，腹を割って話し合えるような親友が一人くらいはいる。

62. 集団内で，私はちゅうちょすることなく，自ら正しいと思うことをはっきり表明できる。

63. 私はコンパやパーティで，他の人をなごませたり，楽しませたりする社交性があると思う。

●64. 自分の感覚ではよくないと思うことを，まわりの仲間がやっている時に，ことわりきれないところがある。

●65. なごやかに，気楽にやっていくためには，他人とうまくやっていかねばならないが，それ以上親密になる必要もない。

●66. たとえ好意の持てる人であっても，共に活動してきた人を本当に知ることはなかったように思う。

●67. 人は他人と親しくなりすぎない方が幸せであろう。

多次元自我同一性尺度
(MEIS ; Multidimensional Ego Identity Scale)

谷（1997a；1997b；1998；2001）

測定概念・対象者

谷（1997a；1997b；1998；2001）によって開発された，多次元から同一性の感覚を測定する自我同一性尺度である。谷によれば，従来の尺度には，エリクソンの記述との対応関係が明確でないという問題があり，下位概念の設定についても同じ問題が生じているという。そこで，エリクソンの自我同一性の概念を忠実に再現しようとして精緻な手順で開発された尺度である。対象は，自我同一性が問題となる青年期から成人期以降まで，広く使用可能であろう。

作成過程

エリクソン（1959）の記述から，自我同一性概念の定義に関する8つの記述を抜き出し，それらを大きく2つに整理した。(a) 自我同一性の感覚とは，自分自身の斉一性・連続性と，他者に対して自分がもつ意味の斉一性・連続性が一致するという感覚である。(b) 自我同一性の感覚には，自分が理解している社会的現実の中で定義された自我へと発達しつつあるという感覚，すなわち，心理社会的同一性の感覚が含まれる。そして，(a) から「対自的同一性（自己についての明確さの感覚）」，「対他的同一性（本当の自分自身と他者からみられているであろう自分自身が一致するという感覚）」，「自己斉一性・連続性（自己の不変性および時間的連続性の感覚）」，(b) から「心理社会的同一性」という4つの下位概念が導かれた。この4つの下位概念は，心理学の大学教員2名によって，その設定の妥当性の支持を得ている。最後に，下位概念ごとに項目を収集し，前述の大学教員2名による項目の内容的妥当性の検討も経て，42項目が選択された。その後，大学生188名の回答をデータとした因子分析によって，項目は25項目に絞られた（谷，1997a；2001）。さらに，大学生390名の回答をデータとして因子分析（プロマックス回転）を行った。25項目からも先に設定された下位概念に対応する4因子が抽出され，5項目ずつ計20項目の尺度項目が選定された（谷，1997b；2001）。

信頼性

大学生390名を対象として，自己斉一性・連続性（α = .888），対自的同一性（α = .890），対他的同一性（α = .831），心理社会的同一性（α = .812），総得点（α = .905）のα係数を得た。

自我同一性の形成

項目内容　多次元自我同一性尺度

教示

　教示文に関しては，とくに定めていないが，「次の1～20までについて，それぞれ現在の自分にあてはまると思われる箇所［1. 全くあてはまらない，2. ほとんどあてはまらない，3. どちらかというとあてはまらない，4. どちらともいえない，5. どちらかというとあてはまる，6. かなりあてはまる，7. 非常にあてはまる，のいずれか一つ］に○印をつけて下さい」などとする。

（実施時には下位尺度名，および逆転項目を示す●マークを取り除くことが必要。実際には項目番号順に並び替えて使用するとよい。）

選択肢

「1. 全くあてはまらない／2. ほとんどあてはまらない／3. どちらかというとあてはまらない／4. どちらともいえない／5. どちらかというとあてはまる／6. かなりあてはまる／7. 非常にあてはまる」

項目

【自己斉一性・連続性】

- ● 1．過去において自分をなくしてしまったように感じる。
- ● 5．過去に自分自身を置き去りにしてきたような気がする。
- ● 9．いつのまにか自分が自分でなくなってしまったような気がする。
- ●13．今のままでは次第に自分を失っていってしまうような気がする。
- ●17．「自分がない」と感じることがある。

【対自的同一性】

- 　2．自分が望んでいることがはっきりしている。
- 　6．自分がどうなりたいのかはっきりしている。
- 　10．自分のするべきことがはっきりしている。

(p.89 へ続く。)

それぞれ十分な内的整合性を確認した。また，1カ月間隔での再検査（大学生102名）の結果は，自己斉一性・連続性（$r=.726$），対自的同一性（$r=.825$），対他的同一性（$r=.784$），心理社会的同一性（$r=.779$），総得点（$r=.816$）となり，十分な安定性が確認された。以上のように，信頼性が確認されている（谷，1997b；2001）。

妥当性

エリクソンの第Ⅴ段階を測定する他の尺度（中西・佐方，1993によるEPSI）と本尺度（総得点も含む）との相関は，大学生106名の結果では$r=.489$〜$.837$となった。また，ローゼンバーグ（1965）の自尊心尺度との相関は$r=.234$〜$.652$（大学生100名），大野（1984）による充実感尺度との相関（大学生223名）は$r=.234$〜$.652$であった。また基本的信頼感尺度（谷，1998）とは，$r=.390$〜$.657$（大学生290名）であった。以上のように併存的妥当性，収束的妥当性が確認されており，さらに弁別的妥当性の確認もなされている（谷，1998；2001）。

尺度の特徴

本尺度は，自我同一性の感覚そのものがもつ性質に忠実な尺度である。自我同一性が形成されている安定した人格の多様な特徴を描くのではなく，自我同一性の感覚とは，実際にはどのような感じであるのか表現し，多次元から測定することに成功している。尺度としての有用性もさることながら，この項目に答えることで，大学生が自らの自我同一性の形成状態の程度を知ることができるであろう。大学生での結果では，18歳から22歳にかけて，得点が明白に増加していく傾向がみられている。回答者の自己理解のためのツールとしても価値のある尺度と考えられる。なお，大学生390名の平均得点は**表1**のとおり。

表1　多次元自我同一性尺度の平均値と標準偏差（谷，1998；2001）

	自己斉一性・連続性	対自的同一性	対他的同一性	心理社会的同一性	全体
平均値（標準偏差）	24.4（6.8）	19.8（6.7）	19.6（5.4）	21.4（5.1）	85.3（18.0）

採点方法

回答は7件法で求め，各項目への回答に対して1〜7点を，「非常にあてはまる（7点）」〜「全くあてはまらない（1点）」のように与える。ただし，逆転項目の場合は評定点を逆転するので，「非常にあてはまる（1点）」〜「全くあてはまらない（7点）」となる。各項目に得点を与えた後で，5項目ずつの得点をそれぞれ合計し，4つの下位尺度得点を算出する。さらに，全項目の得点の総計を利用することもできる。

項目内容 　多次元自我同一性尺度

評価尺度（右から左）:
1 全くあてはまらない / 2 ほとんどあてはまらない / 3 どちらかというとあてはまらない / 4 どちらともいえない / 5 どちらかというとあてはまる / 6 かなりあてはまる / 7 非常にあてはまる

●14. 自分が何をしたいのかよくわからないと感じるときがある。

●18. 自分が何を望んでいるのかわからなくなることがある。

【対他的同一性】

●3. 自分のまわりの人々は，本当の私をわかっていないと思う。

7. 自分は周囲の人々によく理解されていると感じる。

●11. 人に見られている自分と本当の自分は一致しないと感じる。

●15. 本当の自分は人には理解されないだろう。

●19. 人前での自分は，本当の自分ではないような気がする。

【心理社会的同一性】

4. 現実の社会の中で，自分らしい生き方ができると思う。

8. 現実の社会の中で，自分らしい生活が送れる自信がある。

12. 現実の社会の中で自分の可能性を十分に実現できると思う。

●16. 自分らしく生きてゆくことは，現実の社会の中では難しいだろうと思う。

●20. 自分の本当の能力を生かせる場所が社会にはないような気がする。

出典論文・関連論文

谷　冬彦　1997a　自我同一性（第Ⅴ段階）尺度の作成（1）——下位概念設定および項目選定に関する予備的研究　日本心理学会第61回大会発表論文集，287.

谷　冬彦　1997b　自我同一性（第Ⅴ段階）尺度の作成（2）——因子分析および信頼性の検討　日本教育心理学会第39回総会発表論文集，207.

谷　冬彦　1998　自我同一性（第Ⅴ段階）尺度の作成（3）——妥当性の検討　日本心理学会第62回大会発表論文集，263.

谷　冬彦　2001　青年期における同一性の感覚の構造——多次元自我同一性尺度（MEIS）の作成　教育心理学研究，**49**，265-273.

著作権者連絡先

谷　冬彦

神戸大学大学院発達環境学研究科
　〒657-8501　兵庫県神戸市灘区鶴甲3-11

アイデンティティ尺度
(Identity Scale)

下山（1992）

測定概念・対象者

本尺度は，日本の大学生の「モラトリアム心理」とアイデンティティの確立度との関連を検討するために，下山（1992）が開発した。「アイデンティティの確立」尺度と「アイデンティティの基礎」尺度の2つに分かれている。対象は，開発の目的に照らせば大学生ということになるが，思春期から成人期以降にまで広く使用が可能な尺度であろう。

作成過程

アイデンティティを日本語の"自分"に置き換えて作成した42項目からなる「自分の確立」尺度（下山，1986）を参考にして，新たに項目作成を行った。この新42項目を大学2年生369名に実施した。因子分析（バリマックス回転）によって2因子が抽出され，それにもとづいて10項目ずつを選択し，2つの尺度を構成した。

信頼性

「アイデンティティの確立」尺度の α 係数は $\alpha = .82$，「アイデンティティの基礎」尺度の α 係数は $\alpha = .80$ であった（下山，1992）。

妥当性

アイデンティティについては，青年期が終わりに近づくにつれてアイデンティティの基礎はより安定したものとなり，より高いアイデンティティの確立が進むと考えられる。このような前提に立って，大学2年生の得点と大学4年生（114名）の得点を比較した。その結果，予想されたとおり4年生のほうが得点が高いことが確認された。また，モラトリアム尺度との関連からも，本尺度の妥当性は示唆されたといえよう。

尺度の特徴

本尺度のうち，「アイデンティティの基礎」尺度は，アイデンティティ形成の基礎となる自己の安定が得られず，不安や孤独におそわれる気持ちを反映した内容となっている（すべて逆転

項目から構成されている)。一方「アイデンティティの確立」の項目は，自己の主体性や自己への信頼が形成されていることを表す項目となっている。よって，アイデンティティを1次元で測定できる少数の項目が必要とされる研究においては，「アイデンティティの確立」尺度のみでも有用であろう。

採点方法

回答は4件法で求め，各項目への回答に対して1〜4点を，「よく当てはまる（4点）」〜「全く当てはまらない（1点）」のように与える。ただし，逆転項目の場合は評定点を逆転するので，「よく当てはまる（1点）」〜「全く当てはまらない（4点）」となる。各項目に得点を与えた後で，10項目の得点をそれぞれ合計し，「アイデンティティの基礎」尺度の得点，「アイデンティティの確立」尺度の得点とする。

出典論文・関連論文

下山晴彦　1986　大学生の職業未決定の研究　教育心理学研究，**34**，20-30.

下山晴彦　1992　大学生のモラトリアムの下位分類の研究——アイデンティティの発達との関連で　教育心理学研究，**40**，121-129.

著作権者連絡先

下山晴彦

東京大学大学院教育学研究科

〒113-0033　東京都文京区本郷7-3-11

自我同一性の形成

項目内容 アイデンティティ尺度

教示

　実際の研究では，他の尺度を含む質問紙の中でこの尺度が使われており，その回答はマークシート方式になっていた。この尺度を単独で，マークシート方式を採用せずに使う場合，教示文は，たとえば以下のようなものになろう。「以下の文章を読み，それが自分の状態にどの程度当てはまっているかを下記の4段階からひとつ選び，回答して下さい。考え込まずに，直感的に感じたまま答えを選んで，次の項目に進んでください」（実施時には下位尺度名，および逆転項目を示す●マークを取り除くことが必要。項目には仮の番号を付けているので，実際にはランダムに並べ替えるとよい。）

選択肢

　「よく当てはまる／どちらかといえば当てはまる／どちらかといえば当てはまらない／全く当てはまらない」

項目

【アイデンティティの確立】

	よく当てはまる 1	どちらかといえば当てはまる 2	どちらかといえば当てはまらない 3	全く当てはまらない 4
1．私は，興味を持ったことはどんどん実行に移していく方である。				
2．自分の生き方は，自分で納得のいくものである。				
3．私は，十分に自分のことを信頼している。				
4．私は，自分なりの生き方を主体的に選んでいる。				
5．自分は，何かをつくりあげることのできる人間だと思う。				
6．社会の中での自分の生きがいがわかってきた。				
7．自分にまとまりが出てきた。				
8．私は，自分の個性をとても大切にしている。				
9．私は，自分なりの価値観を持っている。				
10．私は，魅力的な人間に成長しつつある。				

【アイデンティティの基礎】

●1．私は，やりそこないをしないかと心配ばかりしている。
●2．私の心は，とても傷つきやすく，もろい。

(p.94へ続く。)

項目内容 — アイデンティティ尺度

	よく当てはまる 1	どちらかといえば当てはまる 2	どちらかといえば当てはまらない 3	全く当てはまらない 4
3．異性とのつきあい方がわからない。				
4．何かしているより空想に耽っていることが多い。				
5．私は，人がみているとうまくやれない。				
6．私は，どうしたらよいかわからなくなると自分の殻の中に閉じ込もってしまう。				
7．自分一人で初めてのことをするのは不安だ。				
8．まわりの動きについていけず，自分だけとり残されたと感じることがある。				
9．私は，人と活発に遊べない。				
10．自分の中には，常に漠然とした不安がある。				

同一性地位判定尺度
(Identity Status Scale)

加藤（1983）

測定概念・対象者

　加藤　厚（1983）によって開発された尺度で，同一性地位を判定することができる。この尺度は，マーシャ（1966）が開発した同一性地位（アイデンティティ・ステイタス）という考え方にもとづいており，その人の同一性の状態を簡便に判定するための尺度である。同一性地位とは，エリクソンのいう同一性（アイデンティティ）を，個人がどの程度達成しているかを表す地位で，4つの地位に分けられている（**表1**参照）。

　マーシャは，その人の同一性の状態を知るのに，2つの基準を用いる。①危機（crisis）を経験しているかどうかと，どの程度②自己投入（commitment, 積極的関与, 傾倒とも訳される）がみられるか，の2つである。危機を経験しているかどうかというのは，自分にはどのような職業がふさわしいか，自分はどのようなイデオロギーに従うのかなど，自分にとって大事な決定や選択を，真剣に迷ったり考えたり試行したりする時期があったかどうかである。自己投入がみられるかどうかとは，人生の重要な領域に対して，積極的で主体的な関与をしているかどうかということである。マーシャは，この2つの基準に照らして，その人の同一性地位を判定する。マーシャの方法では，この2つの基準に関する情報を半構造化面接で収集し，地位を判定する。これに対して加藤（1983）が開発したのは，同一性地位判定を尺度得点によって客観的に判定する方法である。これによって，多数のデータ収集を効率的に行うことが可能になる。対象は主として大学生程度の年齢層以上である。

表1　マーシャによる4つの同一性地位の特徴

同一性達成地位	危機を経たうえで，現在自己投入の対象を持っている者。
権威受容地位	危機を経ることなしに，両親や社会通念が支持するものを自らの自己投入の対象としている者。
積極的モラトリアム地位	明確な自己投入の対象を主体的に獲得しようとして，現在危機のさなかで積極的な努力を行っている者。
同一性拡散地位	過去の危機の有無にかかわらず，現在自己投入を行っていない者。

注）加藤（1983）にもとづいて引用者が作成。

なお、同一性地位判定尺度では、以下の3得点を算出する。①一般的な（領域を特定しない）「現在の自己投入」の水準、②一般的な「過去の危機」の水準、③一般的な「将来の自己投入の希求」の水準。そして、マーシャの場合とは違い、同一性地位は6つに分類されている（**表2**参照）。

表2　本尺度により判定される6つの同一性地位

1. 同一性達成地位（A）	過去に高い水準の危機を経験した上で、現在高い水準の自己投入を行っている者。
2. 権威受容地位（F）*	過去に低い水準の危機しか経験せず、現在高い水準の自己投入を行っている者。
3. 同一性達成―権威受容中間地位（A-F中間地位）	中程度の危機を経験した上で、現在高い水準の自己投入を行っている者。
4. 積極的モラトリアム地位**（M）	現在は高い水準の自己投入は行っていないが、将来の自己投入を強く求めている者。
5. 同一性拡散地位（D）	現在低い水準の自己投入しか行っておらず将来の自己投入の希求も弱い者。
6. 同一性拡散―積極的モラトリアム中間地位（D-M中間地位）	現在の自己投入の水準が中程度以下の者のうちで、その現在の自己投入の水準が同一性拡散地位ほどには低くないが、将来の自己投入の希求の水準が積極的モラトリアム地位ほどには高くない者。

注）加藤（1983）にもとづいて引用者が作成。
*マーシャのForeclosureという地位は、早期完了、予定アイデンティティ、打ち切りなどと訳される場合、フォークロージャーとそのまま表記される場合も多い。
**マーシャのMoratoriumという地位は、モラトリアムとそのまま表記されることも多い。

作成過程

各項目はマーシャ（1966；1980）の記述を参考にして作成され、青年心理学専攻の大学院生と学部4年生の5名によって、項目の意味と表現について検討が重ねられた。その結果、全員の同意が得られた4項目ずつ、計12項目からなる尺度が構成された（加藤，1983）。

信頼性

大学生310名を対象にして、3得点とそれぞれに含まれる各下位項目との間で相関係数を算出した。その結果、$r=.82 \sim .52$という範囲になった。したがって、3つの変数を構成する各4項目の一貫性は認められた。また、3得点間の相関係数の範囲は$r=.18 \sim .33$であり、3得点間の相対的独立性が示唆された（加藤，1983）。

妥当性

ステューデント・アパシー的状態を呈すると診断された3名のクライエント（大学生）を本尺度で判定したところ、典型的アパシーと診断された1名が同一性拡散地位と判定され、アパシー、準アパシーと診断された2名はそれぞれD-M中間地位と判定された。このことより臨

同一性地位判定尺度

項目内容

教示
　教示文は「これは，現在大学生であるみなさんの生き方，状態，気持ちについてのアンケートです。以下のそれぞれの文を読み，あてはまるものを○でかこんで答えて下さい」（実施時には下位尺度名，および逆転項目を示す●マークを取り除くことが必要。項目の配列順はランダムに並べ替えるほうがよい。）

選択肢
「1. 全然そうではない／2. そうではない／3. どちらかといえばそうではない／4. どちらかといえばそうだ／5. かなりそうだ／6. まったくそのとおりだ」

項目

【現在の自己投入】

1. 私は今，自分の目標をなしとげるために努力している
● 2. 私には，特にうちこむものはない
3. 私は，自分がどんな人間で何を望みおこなおうとしているのかを知っている
● 4. 私は，『こんなことがしたい』という確かなイメージを持っていない

【過去の危機】

● 5. 私はこれまで，自分について自主的に重大な決断をしたことはない
6. 私は，自分がどんな人間なのか，何をしたいのかということを，かつて真剣に迷い考えたことがある
● 7. 私は，親やまわりの人の期待にそった生き方をする事に疑問を感じたことはない
8. 私は以前，自分のそれまでの生き方に自信が持てなくなったことがある

(p.99 へ続く。)

床診断を外的基準とした同一性地位判定尺度の妥当性は肯定的なものと考えられた（加藤，1983）。

尺度の特徴

加藤の分類にしたがうと，D-M中間群（加藤によれば，この群がいわゆる日本の大学生にみられる「モラトリアム」にあたる）が全体の半数を占める結果となってしまう。現実がそうなっているのかもしれないのだが，その点で，やや使いづらい点もある。時代の経過もあるので，同一性地位判定の手続きには新たな検討が必要かもしれない。しかし多数のデータを簡単に収集できることから，典型例を選択したい場合などには，現在も有益な尺度である。

採点方法

回答は6件法で求め，各項目への回答に対して1～6点を，「まったくそのとおりだ（6点）」～「全然そうではない（1点）」のように与える。ただし，逆転項目の場合は評定点を逆転するので，「まったくそのとおりだ（1点）」～「全然そうではない（6点）」となる。各項目に得点を与えた後で，4項目ずつ合計得点を求め，3つの得点を算出する。

各地位への分類は**図1**の流れ図に従って行う。分類の基準となる値は，それぞれ各変数のカッコ内の水準と対応している。

　20点：（かなりある；かなりあった）
　14点：（ある〔あった〕ともない〔なかった〕ともいえない）
　12点：（どちらかといえばない〔なかった〕）

国立大学2校の大学生（310人）の得点は**表3**のとおりであった。地位の人数は，**表4**のと

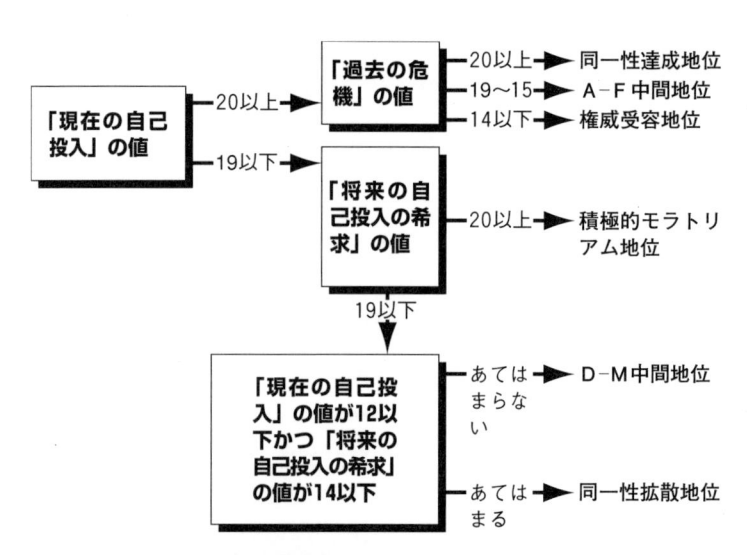

図1　各同一性地位への分類の流れ図（加藤，1983）

項目内容 　**同一性地位判定尺度**

	まったくそのとおりだ	かなりそうだ	どちらかといえばそう	どちらかといえばそうではない	だいたいそうではない	全然そうではない
	1	2	3	4	5	6

9．私は，一生けんめいにうちこめるものを積極的に探し求めている

●10．私は，環境に応じて，何をすることになっても特にかまわない

11．私は，自分がどういう人間であり，何をしようとしているのかを，今いくつかの可能な選択を比べながら真剣に考えている

●12．私には，自分がこの人生で何か意味あることができるとは思えない

おりであり，各同一性地位の男女の人数の比率には，有意な差はみられなかった。

表3　3変数の平均得点と標準偏差

	平均得点	標準偏差
① 現在の自己投入	17.2	3.3
② 過去の危機	17.8	3.1
③ 将来の自己投入の危機	17.5	3.1

注）加藤（1983）にもとづいて引用者が作成。

表4　各同一性地位の人数とその比率

	N	%
同一性達成	36	11.6
権威受容	12	3.9
A－F中間	38	12.3
積極的モラトリアム	47	15.2
同一性拡散	12	3.9
D－M中間	165	53.2

注）加藤（1983）にもとづいて引用者が作成。

出典論文・関連論文

加藤　厚　1983　大学生における同一性の諸相とその構造　教育心理学研究，**31**，292-302.

加藤　厚　1984　帰国高校生における Identity の特徴　筑波大学心理学研究，**6**，57-66.

加藤　厚　1986　同一性測定における2アプローチの比較検討　心理学研究，**56**，357-360.

加藤　厚　1986　大都市青少年の自己像とその状況　『大都市青少年の生活・価値観に関する調査　第4回東京都青少年基本調査報告書』　126-137．東京都生活文化局

加藤　厚　1997　アイデンティティの探究　加藤降勝・高木秀明（編）　青年心理学概論　誠信書房　Pp.14-32.

著作権者連絡先

加藤　厚

宮崎公立大学人文学部

〒880-8520　宮崎県宮崎市船塚1-1-2

青年期の自我発達上の危機状態尺度（A水準・B水準）
(ECS ; Ego Developmental Crisis State Scale)

長尾（1989）

測定概念・対象者

　長尾　博（1989）によって開発された尺度であり，これを用いた研究が現在に至るまで精力的になされている（詳細は長尾，2000）。長尾による青年期の危機状態尺度は，臨床心理学的観点と発達心理学的観点とが統合された，まさにオリジナルな尺度である。

　青年期の自我発達上の危機状態とは，親からの独立，自我同一性の確立などの自我発達上の課題に直面したときにあらわれてくる。心の迷いや活動の停滞，親に対する混乱した感情などがみられ，さらに心身の不適応状態を呈する場合もある。ここでいう危機は，ある状態から別の状態へと心理的な転換が進行中である時の不安定さと，社会的に適応することが難しくなることという，2つの意味を含んでいる。本尺度もこの2つの危機に対応して，発達的危機内容に相当するA水準（26項目）と，適応的危機内容に相当するB水準（24項目）から構成されている。

　本尺度の対象者は，青年期あるいはその前後にあるものと考えられ，中学生～大学生が適用範囲の中心となる。また，同一著者により，男女別の中年期危機状態尺度（長尾，1990）も開発されている。

作成過程

　長尾（1989）によれば，本尺度は，著者が所属する相談室を訪れた青年期クライエント81名の問題や特徴を整理した結果を出発点としている。そこから，（A）クライエントが内省して表現した児童期までの心理とは異なった心理的特徴を表す28項目，（B）不適応行動と結びつきやすい心身の特徴を表す32項目が抽出された。この60項目は，臨床歴が10年以上である心理学の教員3名による内容的妥当性の検討を通過している。続いて行われた因子分析（対象は中2，高2，大1，大3の計302名，バリマックス回転）によって，A水準では8因子，B水準では10因子が抽出された。その因子から下位尺度項目を導く際に，α係数が極端に低くなる場合を避け，最終的には各7因子のみを用いて下位尺度項目が導かれた。A水準の7下位尺度は，①決断力欠如，②同一性拡散，③自己収縮，④自己開示対象の欠如，⑤実行力欠如，⑥親とのアンビバレント感情，⑦親からの独立と依存のアンビバレンス。B水準の7下位尺度は，①

緊張とその状況の回避，②精神衰弱，③身体的痛み，④まれな体験や精神・身体的反応，⑤閉じこもり，⑥身体的疲労感，⑦対人的過敏性である。

信頼性

　302名のデータ（長尾，1989）から，各下位尺度のα係数がA水準では$\alpha = .51 \sim .79$の範囲であり，B水準では$\alpha = .45 \sim .73$の範囲であったと報告されている。下位尺度項目数は2〜6であるため，得られた数値は低めである。しかし，2カ月の間隔をおいた再検査（対象279名）では，$r = .67$以上という十分な値が得られている。また1993年の3カ月間隔の再検査（長尾，2000）では，高校生男女322名で$r = .81/.92$（A水準/B水準）という数値が得られており，十分な信頼性が確認されている。また，MMPIの虚構尺度との関連をみると，$r = -.04/-.06$（A水準/B水準）であり，高校生では虚偽的な回答傾向による影響はほとんどないと考えられる。

妥当性

　危機状態と不安の関連が指摘されていることに依拠して，顕在的不安尺度（MAS）との関連を302名（長尾，1989）のデータから検討したところ，果たして$r = -.57/-.69$（A水準/B水準）であった。また，この302名の平均得点78.55/40.01（A水準/B水準）と青年期の自我発達上の危機状態に直面していると判断された12名のクライエントの平均得点96.72/54.44（A水準/B水準）を比較すると，両者の得点には有意差がみられた。以上の点から本尺度の妥当性は確認されているといえる。その後，非社会的行動群や反社会的行動群との比較，バウム・テストやロールシャッハ・テストとの関連などからも妥当性の検討が続けられている（長尾，2000）。

尺度の特徴

　本尺度は，青年期の自我発達上の危機尺度として有効であるだけではない。同一性拡散や混乱の程度を知るために使用することも可能であろう。また，学校場面で，生徒の心理状態を知るために活用することも可能である。生徒による自己評価と教師による評価とでは少なからぬズレもみられており（長尾，2000），実施することによって外からは見えにくい心理的な状態について情報を得ることが可能であろう。なお，A水準には親に対するアンビバレントな心理をとらえようとする項目内容が含まれており，興味深い。

採点方法

　A水準は5件法であり，各項目への回答に対して1〜5点を，「全くその通りである（5点）」〜「全くそうでない（1点）」のように与える。ただし，逆転項目の場合は評定点を逆転するので，「全くその通りである（1点）」〜「全くそうでない（5点）」となる。各項目に得点を与え

青年期の自我発達上の危機状態尺度

項目内容

教示

　教示は口頭で行う。「今からアンケート記入に協力をお願いします。この尺度は，今の心の状態を見ていくものです。正しい答えというものはありませんから，正直に率直に自分について○印でお答えください」（実施時には【　】に示されている下位尺度名，および逆転項目を示す●マークを取り除くことが必要。項目は，番号順に並べ替えるとよい。）

A 水準：26項目

選択肢

「全くその通りである／どちらかといえばそうである／どちらともいえない／どちらかといえばそうでない／全くそうでない」

項目

【決断力欠如】
1．今，自分の将来の進路について決定を迫られても何を基準にして考えたらよいかわからない
8．これまで自分自身で将来や進路を決定した経験が少ないため，その決定を迫られると不安になる
●15．今，将来の進路については，じっくり考えていてその決断ができる段階である
●21．決断力があるため，今，何かの決定を迫られても混乱せず，決断できるだろう
●24．大切な決断を迫られた場合，私はいつもじっくり考えた上で，思い切りよく決断できる

【同一性拡散】
●2．他人から「仲間はずれにされている」と感じることはほとんどない
9．私は，どのような職業にもつけるという気持ちになる時と何にもなれないのではないかという気持ちになる時がある

(p.105 へ続く。)

た後で，26項目の得点を合計し，A水準の得点とする。B水準は3件法なので，「はい（3点）」〜「いいえ（1点）」とする。ただし，逆転項目の場合は評定点を逆転するので，「はい（1点）」〜「いいえ（3点）」となる。B水準では，24項目の合計得点がB水準の得点となる。

　長尾（2000）によれば，1991〜1992年に実施された中学生90名，高校生394名，大学生378名の平均得点は**表1**のとおりであった。

表1　青年期の自我発達上の危機状態尺度の平均得点と標準偏差（長尾，2000）

尺度		中学生			高校生		大学生			
		1年生	2年生	3年生	1年生	2年生	1年生	2年生	3年生	4年生
A水準得点	男子	79.63 (10.52)	79.50 (13.65)	81.17 (11.93)	80.76 (11.08)	80.15 (10.28)	75.98 (11.42)	75.57 (11.48)	73.88 (12.36)	73.77 (12.45)
	女子	77.66 (7.84)	90.00 (5.88)	78.88 (15.46)	79.22 (12.03)	79.32 (10.55)	72.64 (11.85)	73.15 (11.81)	73.13 (12.44)	73.88 (15.01)
B水準得点	男子	42.25 (9.21)	42.19 (7.29)	44.08 (10.23)	41.84 (7.57)	41.36 (7.60)	37.77 (7.18)	37.25 (7.19)	38.18 (7.10)	36.46 (7.22)
	女子	40.53 (9.01)	46.07 (6.16)	40.59 (9.62)	43.12 (6.95)	41.48 (7.59)	37.45 (6.55)	37.51 (6.40)	37.41 (7.93)	42.25 (8.15)

（　）内は，標準偏差を示す。

出典論文・関連論文

長尾　博　1989　青年期の自我発達上の危機状態尺度の作成の試み　教育心理学研究，**37**，71-77．

長尾　博　1990　アルコール依存症者と健常者との中年期の危機状態の比較　精神医学，**32**，1325-1331．

長尾　博　1999　青年期の自我発達上の危機状態に影響を及ぼす要因　教育心理学研究，**47**，141-149．

長尾　博　2000　青年期の自我発達上の危機状態に関する研究　自費出版

著作権者連絡先

長尾　博

活水女子大学音楽学部

〒850-0954　長崎県長崎市新戸町3-1004-1

青年期の自我発達上の危機状態尺度

項目内容

	全くその通りである	どちらかといえばそうである	どちらともいえない	どちらかといえばそうでない	全くそうでない

16. 私には、「理想の自分」がたくさんあって、どれが本当になりたい自分なのかさっぱりわからない
22. 今、何かに追いつめられているような感じをもっていて、自由に動けない気持ちである
25. 今の自分は本当の自分でないような気がする
26. 人といっしょにいて、たまらなく自分がいやになることがよくある

【自己収縮】

● 3．私の生活は、いきいきしているように思う
●10．私は、この社会では欠くことのできない貴重な存在だと思う
●17．私は、悪い友だちに左右されることなく、いつも正しい決定を下すことができる

【自己開示対象の欠如】

4．うちとけて話ができる人は、私にはあまりいないように思う
11．私には、おたがいに本当に理解し合える人は、ほとんどいないと思う

【実行力欠如】

5．何でもものごとを始めるのがおっくう（めんどう）だ
12．やれる自信があっても、人から見られているとうまくできない
18．今、1つのことに集中して打ち込むことができない

(p.106へ続く。)

項目内容　青年期の自我発達上の危機状態尺度

【親とのアンビバレント感情】

　　全くその通りである／どちらかといえばそうである／どちらともいえない／どちらかといえばそうでない／全くそうでない

6. 困っている時や悲しい時に，親に気持ちをわかってもらいたい反面，わかってもらえなくてもいいと思う
13. 親にもっと理解され，愛してもらいたい反面，理解してもらわなくてもよいという気持ちもある
19. うれしいこと，楽しいことは，まず親に報告したい気持ちもある反面，そのことを自分だけで大切にしたい気持ちもある

【親からの独立と依存のアンビバレンス】

7. 何かに迷っている時，親に「これでいい」と聞きたい反面，聞かないで自分で解決したいと思う
14. ひとりで決心がつきにくい時には，親の意見に従いたい反面，自分で決心したい気持ちもある
20. 親といると，いっしょにいるだけで何となく安心できる反面，自分をほうっておいてほしいという気持ちもある
23. 親の言うこと，考えていることは，正しいと信じられる反面，疑問も生じてくる

B 水準：24項目

選択肢

「はい／わからない／いいえ」

項目

【緊張とその状況の回避】

　　はい／わからない／いいえ

1. ときどき，たまらなく家出したくなる
8. いつも緊張してイライラしている
15. 死にたいという気持ちが生じることがよくある

（p.107 へ続く。）

自我同一性の形成

項目内容　青年期の自我発達上の危機状態尺度

	はい	わからない	いいえ

20．何か恐ろしい考えがいつも頭に浮かぶ
23．毎日のように私をおびやかすようなことが起こる
24．両親や家族は，必要以上に私の欠点をとがめる

【精神衰弱】
 2．何かにつけてよく心配する
 9．すぐ感情を傷つけられやすい
●16．憂うつになることはめったにない
 21．ときどき頭に浮かんでくるつまらない考えに何日も悩まされる

【身体的痛み】
● 3．心臓や胸の苦しみを感じることはほとんどない
●10．体のどこかが痛むようなことはほとんどない

【まれな体験や精神・身体的反応】
 4．非常に不思議な経験（たとえば霊を見たとか，神の声を聞いたなど）をしたことがある
 11．最近，あまり食べなくても空腹を感じない
 17．何を食べてもおいしくない
 22．恐い夢で目をさますことがよくある

【閉じこもり】
● 5．学校へ行きたくない気持ちが生じることはあまりない
 12．他の人が，私の考えをすべてわかっているにちがいないと思うときがある
●18．学校はおもしろいので家にばかりいたくない

(p.108 へ続く。)

項目内容   青年期の自我発達上の危機状態尺度

　　　　　　　　　　　　　　　　　　　　　　　は　わからない　いいえ
　　　　　　　　　　　　　　　　　　　　　　　い

【身体的疲労感】
　6．最近，朝が起きにくく遅刻したり欠席したりすることがよくある
●13．疲れやすいほうではない
　19．いつも体中が疲れているような気がする

【対人的過敏性】
　7．外に出ると（バスや店などで），人から見られているのが気になる
●14．人からからかわれても平気です

3
一般的性格

この領域について

一般的性格

　私たちが、「私はふだん社交的に振る舞っているけれど、実は内向的な性格なのよね」と自己分析したり、親しい友人について「彼女は自分の頼みを嫌な顔ひとつせずに聞いてくれる優しい子だ」などと感じることはよくある。あるいはまた、知りあって間もない人の部屋を初めて訪れたときに「本棚がきちんと整理されているところをみると、この人は几帳面な性格に違いない」などと、ごく自然にその人の性格を推測してみたりする。このように、私たちは、何かにつけ自分や他者の性格（パーソナリティ）を知りたがり、その興味はまさに尽きることがない。自分あるいは他者がどのような性格の持ち主であるかを知ることは、単に自己理解や他者理解の深化につながるというだけでなく、その人がおかれている環境に対して良好な心理・社会的適応を図るための必須の営みといえるのではなかろうか。

　ところで、性格（パーソナリティ）とは一体何だろう？　「性格」は、私たちが当然のごとく知っている単純な概念と思われがちであるが、実はよく考えると、その実体が何なのかを明確にとらえにくいきわめて混沌とした概念である。たとえば、自己報告式質問紙による性格検査で「あなたは神経質ですか」という質問に対し、Ａさんは「あまりあてはまらない」と評定したとしよう。一方で、Ａさんをよく知るＢさん（他者）がＡさんの神経質さを評定したら、「かなりあてはまる」という評定だったとする。このような場合、Ａさんの「性格」なるものをどのように考えればいいのだろうか。前者のような自己報告式質問紙では、回答者本人が自分のありのままを正直に、かつ客観的に記述することを求められるが、内省力が十分でないために自己認知が不正確だったり、意識的・無意識的に回答を歪めたりすれば結果の信頼性は保証されない。また、後者のような他者評定式の質問紙では、評定対象者をよく知る家族や友人等がその人物の性格を評定するが、人は一般に他者の行動をその人固有の「属性」に帰属しやすいという認知の歪みをもつこと、評定対象者が評定者に見せる自己の側面は限定的なものであることなどから、他者評定が必ずしもその人の性格をとらえきれているとは限らないのである。すなわち、性格の自己評価と他者評価の間にズレが生じることはよくある現象であり、またある人の性格（行動傾向）が"時間や状況を越えて一貫している"とは言い切れない面もみられる

のである。

　では、こうした質問紙法による性格検査で測定されているものとは何か。一口にいえば、それは性格そのものではなく、「自己（他者）によって認知された性格」である。たとえば、"親切な性格"という場合には、"親切さ"そのものを直接測定しているのではなく、"親切さ"に該当するような行動・言動を自己（他者）が行っているかどうかについて判断し評定しているのである。つまり、質問紙法による性格検査では、性格を表す形容詞や行動記述文を数多く提示し、それが自己または他者に該当するかを回答者に評定させる。検査者は、得られた回答をバラバラに把握するのではなく、それらを少数の類型や共通特性の次元にあてはめて個人の性格を数量的に把握するというわけである。

　性格理論にはさまざまなものがあり、性格概念のとらえ方から具体的な測定法、測定結果の解釈の仕方に至るまで、実に多種多様である。本章でとりあげる性格検査は、その理論的立場を性格特性論においている。本章のタイトルに示すとおり、以下で紹介する3つの心理尺度は特定の性格領域を測定するものではなく、より広く一般的な性格領域を測定する尺度である。

　柳井・柏木・国生（1987）による「新性格検査」は、健全な正常人に関する性格の多面的特性を測定するための性格検査である。従来、わが国では性格の多面的特性を測定する検査として矢田部・ギルフォード性格検査（Y-G検査）が代表的である。Y-G検査は12の異なる性格特性を測定する尺度として、研究目的の利用のみならず、臨床診断や人事採用等の実践場面において現在も広く利用されている。しかし、続・織田・鈴木（1970）をはじめとして、多くの研究者がY-G検査の心理尺度としての信頼性・妥当性の不備を指摘している（玉井・田中・柏木、1985；柳井・柏木・国生、1987）。「新性格検査」は、Y-G検査の問題点を克服し、その代替尺度となるべく開発された信頼性・妥当性の高い尺度である（国生・柳井・柏木、1990）。項目数は130と多いが、回答形式が3段階評定で回答しやすい点、虚構性尺度も備えている点など、性格検査としての有用性は高い。現時点ではまだ本尺度の研究・実践への応用はそれほど多くないが、性格検査の新たなスタンダードとしての評価を確立する意味でも、今後積極的に利用されていくことが期待される。なお、本尺度の12次元は、次に紹介する性格特性5因子モデルにも対応づけられるものとなっている（和田、1996）。

　Big Five尺度（和田、1996）は、1980年代以降注目を集めてきた性格特性論

この領域について

の5因子モデル（Big Five Model；Five Factor Model）にもとづく性格尺度である。従来，人の性格を全体的に把握するのに必要かつ十分な特性とその数については，理論家によって大きく見解が異なっていた（和田，1996）。性格特性論の研究には2つの流れがあり，一つは辞書を用いた自然言語の分類を行う語彙アプローチ，もう一つは仮説検証的に性格尺度を構成しデータでモデルを検証する質問紙アプローチである。5因子モデルは，これら2つの流れの研究が収斂して確立されたモデルである。5因子モデルにもとづく性格尺度には，質問を文章形式にしたものや双極性の形容詞尺度を用いたものなどさまざまなものがある。和田（1996）のBig Five尺度は単極性の形容詞尺度を用い，比較的簡便に施行できること，項目数が60とそれほど多くないこと，5因子構造が安定的に確証されやすいこと等の特徴を有する。本邦での5因子モデルの研究はまだ始まったばかりであり，5因子の名称に統一見解が得られていない面もある（和田，1996）。しかし，5因子モデルの妥当性を検証する研究が続々登場している現状を考えると，本尺度の利用価値は高いと考えられる。なお，5因子モデルは性格特性の次元という見方がなされる一方で，対人認知の次元とする見方も存在する（柏木，1997）。そのため，章末では5因子モデルと対人認知次元との関わりを簡単に論じた。

伊藤（1993a；1995）の「個人志向性・社会志向性PN尺度」は，P尺度とN尺度という本来2つの尺度として個別に紹介すべきものを1つにまとめて紹介したものである。「新性格検査」や「Big Five尺度」の本質が，形成された性格の中身を多面的に測定することにあるとすれば，本尺度の本質は人の性格が形成され発達していく過程に作用する基本的志向性の測定であるといえよう。個人志向性・社会志向性の概念自体は"個性化と社会化"，"内的適応と外的適応"などの古典的概念を再定義したにすぎないとみる向きもあるであろう。しかし，伊藤（1993a；1993b；1993c）は，一見すると二律背反的な両志向性がバランスよく発達することで健全な性格形成がなされることを数多く実証し，生涯発達的視点から独自の理論構成を行っている。ゆえに，これら一連の研究（伊藤，1997）を参照すれば，理論構築と仮説検証の両輪に支えられた心理尺度作成のあり方について認識を深めることができるだろう。

【引用文献】

伊藤美奈子　1993a　個人志向性・社会志向性尺度の作成及び信頼性・妥当性の検討　心理学研究，**64**，115-122.

伊藤美奈子　1993b　個人志向性・社会志向性から見た非行少年の自我発達の特徴　心理臨床学研究，**11**，36-43.

伊藤美奈子　1993c　個人志向性・社会志向性に関する発達的研究　教育心理学研究，**41**，293-301.

伊藤美奈子　1995　個人志向性・社会志向性PN尺度の作成とその検討　心理臨床学研究，**13**，39-47.

伊藤美奈子　1997　個人志向性・社会志向性から見た人格形成に関する一研究　北大路書房

柏木繁男　1997　性格の評価と表現——特性5因子論からのアプローチ　有斐閣ブックス

国生理枝子・柳井晴夫・柏木繁男　1990　新性格検査における併存的妥当性の検証——プロマックス回転法による新性格検査の作成について（II）　心理学研究，**61**，31-39.

玉井　寛・田中芳美・柏木繁男　1985　項目単位の因子分析によるY-Gテストの次元性の確証　心理学研究，**56**，292-295.

続　有恒・織田揮準・鈴木真雄　1970　質問形式による性格診断の方法論的吟味——YG性格検査の場合　教育心理学研究，**18**，33-47.

柳井晴夫・柏木繁男・国生理枝子　1987　プロマックス回転法による新性格検査の作成について（I）　心理学研究，**58**，158-165.

和田さゆり　1996　性格特性用語を用いたBig Five尺度の作成　心理学研究，**67**，61-67.

新性格検査

柳井・柏木・国生（1987）

測定概念・対象者

　性格の特性理論にもとづき，健全な正常人に関する性格の多面的特性を測定するための性格検査である。柳井・柏木・国生（1987）によって開発された。

　従来，わが国では，健常人の多面的性格特性を測る代表的性格検査として矢田部・ギルフォード性格検査（以下，Y-G検査と略す）が広く利用されてきた。Y-G検査は，全120項目で12の異なる性格特性を測定する尺度として標準化されたが，尺度の作成過程で項目分析や因子分析的確証が十分なされていない。

　続・織田・鈴木（1970）は，Y-G検査の各項目および各下位尺度を構造分析し，その問題点を指摘した。①同一尺度内の項目相互間よりも，異なる尺度の項目との間に数多くの高い相関係数がみられる，②120項目相互の相関行列を因子分析すると，3因子で分散の75.2％が説明され，作成者が意図する12の異なる次元を測定する尺度ではない，③各尺度内の項目を因子分析すると，第1因子寄与率が低い尺度が大半で，単一次元の測定尺度とはいえない，④尺度内の各項目得点と尺度得点との相関係数が低く，大半の尺度が0.5未満の値を示す。

　これらの問題点に鑑み，新性格検査では計量心理学的方法を駆使して，12の下位尺度と1つの虚構性尺度を含む計130項目から成る性格検査を構成している。尺度構成は，高校生・大学生，および社会人を対象になされており，高校生から一般成人まで幅広く適用することが可能な性格検査となっている。

作成過程

　項目作成に当たり，まず質問紙法による既存の性格尺度をとりあげ，関連性の高い尺度同士をまとめた。その際，性格特性を包括的にとらえられるよう，従来の性格特性論で提唱されている特性を網羅するよう配慮した。この作業を経て仮説的に20尺度を設定し，これに虚構性尺度を加えた計21尺度・全300項目からなる質問紙を作成した。調査1では，性格検査の各尺度とその項目を決定するために，この質問紙を千葉大学生411名（男子238名，女子173名）に実施した。調査2では，作成された性格検査の各尺度を標準化するために，高校生・大学生各359名，および社会人239名，計957名に質問紙調査を実施した。

一般的性格

項目内容　新性格検査

教示

以下のそれぞれの項目について、あなた自身にあてはまる場合は「はい」を、あてはまらない場合は「いいえ」を、どちらともいえない場合は「どちらともいえない」を、○で囲んで下さい。（注：逆転項目であることを示す●は、実施時には取り除くことが必要である。）

	はい 3	どちらともいえない 2	いいえ 1

項目

1. 話し好きである
2. 人からリーダーとして認められたい
3. 相手の気持ちになって考えるようにしている
4. 平凡に暮らすより何か変わったことがしたい
5. すぐに飽きてしまうほうだ●
6. 旅行の計画は細かく立てる
7. どんな人にも軽蔑の気持を持ったことがない
8. 注目の的になりたい
9. 好き嫌いが激しい
10. なるべく人に会わないでいたいと思う
11. 多くの点で人にひけめを感じる
12. 心配性である
13. じっと静かにしているのが好きだ
14. 人と広く付き合うほうだ
15. 友達よりもてきぱきと仕事ができる
16. 物事に敏感である
17. 古いものを改造するのが好きだ
18. やりかけたことは最善をつくす
19. 机の上や仕事場はいつも整頓してある
20. 人から非難されても全然気にならない
21. 人前で自分の経験を話すのが好きだ

(p.117 へ続く。)

まず300項目の平均と標準偏差，および300項目相互の相関行列を求め，回答に偏りがある項目，項目の相関係数の絶対値が0.7以上で項目内容が類似している一方の項目，をそれぞれ削除した。この手続きにより60項目を除き，残り240項目を斜交プロマックス回転を用いて因子分析した。因子数や項目数を減らしたり入れ替えたりして繰返し因子分析を施し，これと並行して各尺度ごとに主軸法による因子分析を行い，第1因子負荷量の高い項目群を厳選した。最終的には，12の性格特性について各10項目ずつを選択して尺度を構成した。12の下位尺度の名称は**表1**のとおりである。なお，新性格検査は，これに「虚構性」尺度を加えた13尺度で構成されている（柳井・柏木・国生，1987）。

信 頼 性

各下位尺度ごとに主成分分析を行った結果，全項目の第1主成分の因子負荷量は0.3以上を示し，続ほか（1970）の方法にならって全12尺度の相対因子寄与率を求めるとすべて50％を越えていた。また，12尺度各々のθ信頼性係数は，$\theta = .73 \sim .85$の範囲の高い値を示した。以上より，各尺度に含まれる項目の内的整合性はきわめて高いといえる（柳井・柏木・国生，1987）。さらに，調査2における大学生359名のうち，105名を対象に1週間間隔で2度の調査を実施し，再検査信頼性係数を求めている。これを**表1**に示す。再検査の間隔が1週間と短いものの，再検査信頼性係数は$r = .84 \sim .95$ときわめて高いといえる（柳井・国生，1987）。

表1 新性格検査の13尺度に属する項目と再検査信頼性係数（r）

下位尺度	項目番号	r
1. 社会的外向性	1, 14, 27 *, 40, 53, 66, 79, 92, 105, 118	.950
2. 活動性	2, 15, 28, 41, 54, 67, 80, 93, 106, 119	.880
3. 共感性	3, 16, 29, 42, 55, 68 *, 81, 94 *, 107, 120	.869
4. 進取性	4, 17, 30, 43, 56, 69, 82, 95, 108, 121	.888
5. 持久性	5 *, 18, 31, 44, 57, 70, 83, 96, 109, 122	.916
6. 規律性	6, 19, 32, 45, 58, 71, 84, 97, 110, 123	.890
7. 自己顕示性	8, 21, 34, 47, 60, 73, 86, 99, 112, 125	.900
8. 攻撃性	9, 22, 35 *, 48, 61, 74, 87, 100, 113, 126	.883
9. 非協調性	10, 23, 36, 49, 62, 75, 88, 101, 114, 127	.905
10. 劣等感	11, 24 *, 37 *, 50 *, 63, 76, 89, 102, 115, 128	.842
11. 神経質	12, 25, 38, 51, 64, 77 *, 90, 103 *, 116, 129	.883
12. 抑うつ性	13, 26, 39, 52, 65, 78, 91, 104, 117, 130	.883
13. 虚構性	7, 20, 33, 46 *, 59 *, 72, 85 *, 98, 111 *, 124 *	.638

注1）柳井・国生（1987）にもとづき，引用者が作成。
注2）項目番号の後についている*は逆転項目であることを示す。

項目内容 　新性格検査

一般的性格

	はい 3	どちらともいえない 2	いいえ 1

22. 人にとやかく言われると，必ず言い返す
23. たいていの人は同情を得るため，自分の不幸を大げさに話す
24. 私には人に自慢できることがある●
25. ちょっとしたことが気になる
26. 憂鬱になることが多い
27. 無口である●
28. 頭脳労働より体を動かすことが好きだ
29. 困っている人をみると，すぐに助けてあげたくなる
30. いろいろなものを発明してみたい
31. こつこつやるほうだ
32. 物事は順序よく行う
33. 約束の時間に遅れたことはない
34. 服装は他の人と違うように工夫している
35. 他人には寛大なほうだ●
36. 自分さえよければいいと思う
37. 意見ははっきりと述べるほうだ●
38. 物事を難しく考えるほうだ
39. 自分勝手に思い込むことが多い
40. 自分はわりと人気者だ
41. 何事にも積極的に取り組む
42. 他人の苦しみがよくわかる
43. どんなことでも試してみたい
44. 面倒な作業でも投げ出さずにやれる
45. 生活を規則正しくするよういつも心がけている
46. 他人に自分を良く見せたい●
47. 劇をするとしたら主役になりたい
48. 馬鹿にされたら，その仕返しをしたいと思う

(p.119へ続く。)

妥当性

　国生・柳井・柏木（1990）は，新性格検査とY-G検査の関連を分析することで内容的妥当性を検証した。両検査を主成分分析した結果，Y-G検査より新性格検査のほうが主成分寄与率が均等化されていた。また，両尺度を込みにして因子分析した結果，新性格検査はY-G検査の全尺度に対応する尺度が存在し，かつY-G検査には存在しない尺度（持久性，規律性，進取性）が存在する。よって，新性格検査は内容的妥当性が高いといえる。続いて，新性格検査の併存的妥当性を検証するために，社会人では7つの職種，大学生では5つの学部について，それぞれ適応・不適応との関係を分析した。その結果，新性格検査の12尺度は適応・不適応の判別に少なからず寄与していることが示された。これより，新性格検査の併存的妥当性は高いことが確認されたといえる。

尺度の特徴

　本尺度の特徴は，従来より指摘されてきたY-G検査の尺度構造上の問題点をカバーすべく，綿密な計量心理学的方法を用いて尺度が構成されている点にある。各尺度内の項目相互の関係だけでなく，虚構性尺度を含む13の下位尺度間の相互関係も十分な検討がなされている。本尺度は，これまで広く利用されてきたY-G検査に代わる新たな標準的性格検査として，今後さらなる活用が期待される。

採点方法

　「はい」，「どちらともいえない」，「いいえ」の回答に，順に3点，2点，1点を与え，各下位尺度ごとに合計得点を算出する。各下位尺度の基本統計量は記載されていない。尺度得点の分布や性差については，抑うつ性・非協調性（高校生・大学生のみ），および虚構性の3尺度は，得点分布が低いほうに偏るポアソン分布型の分布を示したが，他の尺度はほぼ正規分布形であった。また，7尺度で有意な性差がみられ，社会的外向性・共感性・劣等感は女子が高く，活動性・進取性・非協調性・虚構性は男子が高い得点を示す傾向が確認されている。

出典論文・関連論文

国生理枝子・柳井晴夫・柏木繁男　1990　新性格検査における併存的妥当性の検証——プロマックス回転法による新性格検査の作成について（II）　心理学研究，**61**，31-39.

続　有恒・織田揮準・鈴木真雄　1970　質問形式による性格診断の方法論的吟味——YG性格検査の場合　教育心理学研究，**18**，33-47.

柳井晴夫・国生理枝子　1987　新性格検査の作成について　人事試験研究，**124**，2-11.

柳井晴夫・柏木繁男・国生理枝子　1987　プロマックス回転法による新性格検査の作成について（I）　心理学研究，**58**，158-165.

項目内容　新性格検査

一般的性格

	はい	どちらともいえない	いいえ
	3	2	1

49. 親友でも本当に信用することはできない
50. 自信を持っている●
51. 神経質である
52. 会話の最中にふと思い込むくせがある
53. 生き生きしていると人に言われる
54. 動作はきびきびしている
55. 頼まれ事は断わり切れない
56. 他人の思いもつかないようなことをすることに喜びを感じる
57. やりかけた仕事は一生懸命最後までやる
58. きちんとした文章を書く
59. 知っている人の中でどうしても好きになれない人がいる●
60. 何につけても人より目立ちたい
61. すぐ興奮してしまう
62. 友人は陰で私の悪口を言っていると思う
63. 困難にあうと，うろたえてしまう
64. 他人の言動をいちいち考える傾向がある
65. 理由もなく自分が惨めに思えてくることがある
66. 陽気である
67. 他人の行動をてきぱきと指図できる
68. 人のために自分が犠牲になるのはいやだ●
69. これまでにないかわった映画を作成してみたい
70. 将来のためならどんな辛さにも耐えられる
71. 文字は丁寧に書くほうだ
72. どんな時でも嘘をついたことがない
73. コンクールで入賞したい
74. 意見が合わないと，相手を批判したくなる
75. 親切な人でも心の中ではいやいややっていると思う

(p.121へ続く。)

著作権者

柳井晴夫先生（2013年逝去。営利目的で本尺度を利用される場合は御遺族の了解が必要です（314頁「読者へのお願い」参照）。）

一般的性格

項目内容 新性格検査

	はい 3	どちらともいえない 2	いいえ 1

76. グループで何か決める時は，誰か他の人の意見に従う
77. あまり物事にはこだわらないほうだ●
78. すぐに元気がなくなる
79. 初対面の人には自分の方から話しかける
80. いつもやる気がある
81. 他人の世話をするのが好きだ
82. ふつうの人にできないような問題を解いてみたい
83. 決めたことは何が何でもやりぬく
84. 手紙はきちんと整理する
85. 無礼な人には無愛想に接してしまう●
86. 有名人と近づきになりたい
87. 失礼なことをされると黙っていない
88. 嫌いな人と一緒に仕事をすることはできない
89. 何かを決める時，自分ひとりではなかなか決められない
90. 心配事があって夜眠れないことがある
91. わけもなく不安になることがある
92. よく人から相談を持ちかけられる
93. 思い立ったらすぐに実行する
94. 人のことより自分のことについて考えるのが好きだ●
95. 新しいことには，すぐに飛びつく
96. 長時間でも同じ仕事を続けられる
97. 何かをする時は必ず計画を立てる
98. どんなに辛いことがあってもいやになったことはない
99. 人が自分を認めてくれないと不満だ
100. 短気である
101. 人と協力して何かをするのは苦手だ
102. 自分はつまらない人間だ

(p.122 へ続く。)

| 項目内容 | 新性格検査 |

	はい	どちらともいえない	いいえ
	3	2	1

103. いやなことはすぐに忘れるほうだ●
104. 体がだるく感じることがある
105. 話題には事欠かないほうだ
106. 何かと先頭に立って働くほうだ
107. 人のためにつくすのが好きだ
108. いつも何か刺激的なことを求めるほうだ
109. ねばり強くあきらめないほうだ
110. 書棚の本はいつも決まった位置に置かれている
111. 人の悪口を言いたくなることがある●
112. 自分のことが話題にされるのは好きだ
113. 人に八つ当たりすることがよくある
114. 人は皆，利欲のために働いていると思う
115. 自分の考えは何かまちがっている気がする
116. 気疲れしやすい
117. すぐにふさぎ込んでしまう
118. 誰とでも気さくに話せる
119. じっとすわっているのは苦手である
120. 気の毒な人をみると，すぐに同情するほうだ
121. 新しいアイデアを考えるのが好きだ
122. 困難な問題であれば，ますます挑戦の意欲がわく
123. 食事は決まった時間にとる
124. いやな相手が成功すると，素直に喜べない●
125. ちやほやされるのが好きだ
126. 自分に都合が悪くなると，相手を責めたくなる
127. 世の中の人は人のことなどかまわないと思う
128. 人の言いなりになってしまうことがよくある
129. 失敗するといつまでもくよくよ考える
130. 空想にふけることが多い

Big Five 尺度

和田（1996）

測定概念・対象者

1980年代以降，性格特性論の立場から人の基本的性格特性が5次元で記述できるとする，いわゆる Big Five 研究が盛んに行われてきた。本尺度は，欧米で確証されてきた Big Five モデルを背景に，形容詞による性格特性語を用いて簡便に性格特性5因子を測定する尺度である。和田さゆり（1996）によって開発された。

性格特性論の立場では，人は思考や感情，行動の背後にある一貫した反応傾向（共通特性）を内在化していると仮定し，個人がその特性をどの程度有しているかによって人の性格を記述する。Big Five 論あるいは Five Factor モデルとは，性格特性の基本次元が情緒不安定性（Neuroticism），外向性（Extraversion），（経験への）開放性（Openness to experience），調和性（Agreeableness），誠実性（Conscientiousness）の5つに集約されるとする仮説である。近年，欧米を中心にこの Big Five 仮説は確固たる知見を蓄積してきた。

本邦では，1990年代に入って Big Five の基礎的研究が始まり，いくつかの研究グループが翻訳版尺度の標準化や日本文化に適した Big Five 尺度の標準化を進めている。こうした研究の多くは文章形式の質問項目を用いているが，形容詞項目による尺度の作成例は少ない。形容詞尺度は5因子構造を安定的に抽出しやすく，比較的少ない項目数で短時間に検査を実施できる等の利点を有する。

本尺度は，こうした形容詞尺度の利点を活かし，性格特性の基本5次元を簡便に測定できる計60項目の尺度である。尺度構成は千葉大学の学生を対象になされており，項目内容から考えると測定対象は大学生から成人が適当と考えられる。

作成過程

尺度項目を選定するために，まずゴフとヘイルブラン（1983）による Adjective Check List（ACL）の300項目を翻訳した。翻訳に際して，英語の微妙なニュアンスを無理に翻訳せずに，まずは適当な訳語をすべて抜き出した後，重複する訳語を削除した。残った訳語を，青木（1974）等を参考にして仮説的に5因子モデルに分類した。5因子それぞれに同数の項目を選定していき，不足分は青木（1974）の項目リストから補って計198項目の質問紙を作成した。調査1で

は，この質問紙を7件法で千葉大学生583名（男子348名，女子235名）に実施した。得られたデータを因子分析し，共通性や因子負荷量が低い項目，複数の因子に同時に負荷する項目を除外して繰返し因子分析を行った。その結果，計78項目で解釈可能な5因子が抽出されたが，調和性に関する項目が多かったためそれらを除外した。再度，各因子12項目ずつ計60項目として因子分析に付した結果，Big Fiveと対応する5因子解が得られた（累積寄与率85.6％）。

調査2では，調査1で得られた尺度が評定法を変えても確認されるかどうかについて検討がなされた。千葉大学生206名を対象に，調査1の78項目を5段階評定で実施した。因子分析した結果，評定法が変わっても同様の因子構造が安定的に確認されることが明らかとなった。なお，各因子は次のように命名されている。第1因子「外向性（E）」，第2因子「情緒不安定性（N）」，第3因子「開放性（O）」，第4因子「誠実性（C）」，第5因子「調和性（A）」。

信 頼 性

調査2の千葉大学生350名のデータについて，Big Five5尺度のクロンバックのα係数が算出されている。これを表1に示す。各下位尺度とも十分に高い内的一貫性を有しているといえる。

表1 Big Fiveの5下位尺度ごとの項目およびα係数

下位尺度	項目番号	α係数
1. 外向性	1, 6 *, 11, 16, 21 *, 26 *, 31, 36 *, 41, 46 *, 51, 56 *	.905
2. 情緒不安定性	2, 7, 12, 17, 22, 27, 32, 37, 42 *, 47, 52, 57	.918
3. 開放性	3, 8, 13, 18, 23, 28, 33, 38, 43, 48, 53, 58	.860
4. 誠実性	4 *, 9 *, 14 *, 19 *, 24 *, 29, 34 *, 39 *, 44, 49 *, 54, 59 *	.877
5. 調和性	5, 10 *, 15 *, 20, 25, 30, 35, 40 *, 45 *, 50 *, 55, 60 *	.844

注1）和田（1996）にもとづき，引用者が作成。
注2）項目番号の後についている*は逆転項目であることを示す。

妥 当 性

和田（1996）は，第2調査において千葉大学生350名を対象に，Big Five尺度と新性格検査（柳井・柏木・国生，1987）130項目を施行し尺度の併存的妥当性を検証している。Big Five5尺度と新性格検査12尺度（虚構性尺度を除く）を込みにして，項目単位および下位尺度単位の因子分析を行った。その結果，Big Five尺度の外向性は新性格検査の社会的外向性尺度および活動性尺度と対応するなど，関連する尺度同士がまとまっていた。これより，Big Five尺度の併存的妥当性ないし収束的妥当性が高いことが確認されたと考えられる。

尺度の特徴

本尺度の特徴は2つある。一つは欧米で発展してきたBig Fiveモデルにもとづき尺度構成が

一般的性格

項目内容 Big Five 尺度

教示

以下のそれぞれの項目はあなた自身にどれくらいあてはまりますか。非常にあてはまる〜まったくあてはまらないの内で，自分に最もあてはまると思うところの数字に○印をつけて下さい。

（なお，（●）は逆転項目を示すので，実施時には取り除くことが必要である。）

	非常にあてはまる	かなりあてはまる	ややあてはまる	どちらとも言えない	あまりあてはまらない	ほとんどあてはまらない	まったくあてはまらない
項目	7	6	5	4	3	2	1

1. 話し好き
2. 悩みがち
3. 独創的な
4. いい加減な（●）
5. 温和な
6. 無口な（●）
7. 不安になりやすい
8. 多才の
9. ルーズな（●）
10. 短気（●）
11. 陽気な
12. 心配性
13. 進歩的
14. 怠惰な（●）
15. 怒りっぽい（●）
16. 外向的
17. 気苦労の多い
18. 洞察力のある
19. 成り行きまかせ（●）
20. 寛大な
21. 暗い（●）

（p.127 へ続く。）

なされた点である。いま一つは十分な信頼性・妥当性を備えつつ，比較的簡便に実施できる点である。形容詞による性格特性尺度は，文脈がないため意味が理解しにくいこと，他言語に特性語と1対1で対応する形容詞がない場合があり比較研究には向かないこと，が指摘されている。しかし，これらの短所を踏まえたうえで，質問紙で複数の尺度を同時に組み込んで利用したい場合等には，非常に有効な尺度であると考えられる。

採点方法

「非常にあてはまる」から「まったくあてはまらない」までの回答に7点から1点を与え，各下位尺度に属する項目への回答値（選択肢の数値）を合計して尺度得点を算出する。ただし，逆転項目は7点を1点，6点を2点……のように換算（4点はそのまま）してから加算する。各下位尺度の基本統計量は論文中に記載されていない。

出典論文・関連論文

青木孝悦　1974　個性表現辞典――人柄をとらえる技術と言葉　ダイヤモンド社

Gough, H. G., & Heilbrun, A. B. 1983　*The adjective check list mannual.* 1983ed. Palo Alto, C.A. Consulting Psychologist Press.

和田さゆり　1996　性格特性用語を用いた Big Five 尺度の作成　心理学研究, **67**, 61-67.

柳井晴夫・柏木繁男・国生理枝子　1987　プロマックス回転法による新性格検査の作成について（I）　心理学研究, **58**, 158-165.

著作権者連絡先

和田さゆり
sayurinorrish@gmail.com

一般的性格

項目内容 Big Five 尺度

	非常にあてはまる 7	かなりあてはまる 6	ややあてはまる 5	どちらとも言えない 4	あまりあてはまらない 3	ほとんどあてはまらない 2	まったくあてはまらない 1
22. 弱気になる							
23. 想像力に富んだ							
24. 不精な（●）							
25. 親切な							
26. 無愛想な（●）							
27. 傷つきやすい							
28. 美的感覚の鋭い							
29. 計画性のある							
30. 良心的な							
31. 社交的							
32. 動揺しやすい							
33. 頭の回転の速い							
34. 無頓着な（●）							
35. 協力的な							
36. 人嫌い（●）							
37. 神経質な							
38. 臨機応変な							
39. 軽率な（●）							
40. とげがある（●）							
41. 活動的な							
42. くよくよしない（●）							
43. 興味の広い							
44. 勤勉な							
45. かんしゃくもち（●）							
46. 意思表示しない（●）							
47. 悲観的な							
48. 好奇心が強い							

（p.128 へ続く。）

項目内容 Big Five 尺度

	非常にあてはまる 7	かなりあてはまる 6	ややあてはまる 5	どちらとも言えない 4	あまりあてはまらない 3	ほとんどあてはまらない 2	まったくあてはまらない 1
49. 無節操（●）							
50. 自己中心的（●）							
51. 積極的な							
52. 緊張しやすい							
53. 独立した							
54. 几帳面な							
55. 素直な							
56. 地味な（●）							
57. 憂鬱な							
58. 呑み込みの速い							
59. 飽きっぽい（●）							
60. 反抗的（●）							

個人志向性・社会志向性 PN 尺度

伊藤（1993；1995）

測定概念・対象者

　本尺度は，人格発達や適応の過程で個人が重視する基準を，個性化を目指す「個人志向性」と社会化を目指す「社会志向性」に区別して測定するものである。両志向性それぞれにつき，肯定的（適応的）状態を測定するP尺度と否定的（不適応的）状態を測定するN尺度が開発されている。伊藤美奈子（1993；1995）によって個人志向性・社会志向性の概念が提出され，尺度が作成された。

　個人の適応には2つの状態があると考えられる。一つは内的適応あるいは心理的適応と称されるものであり，いま一つは外的適応又は社会・文化的適応と呼ばれるものである。2つの適応状態は個性化と社会化の概念にも対応しており，人格の形成過程においては，他者や社会を志向し適応していく過程と自己の内面を志向し自己確立をはかる過程が相互補完的に作用しているのである。

　すなわち，個人志向性・社会志向性P尺度は，個人の肯定的（健康的）な側面における社会適応的特性と自己実現的特性とを測定する尺度である。

　他方，人格の未成熟や不適応の状態は，個人志向性と社会志向性が否定的（不健康）な形で作用している状態ととらえ得る。個人志向性・社会志向性N尺度は，個人の否定的（不適応的）側面における個人志向性・社会志向性尺度である。

　個人志向性・社会志向性P尺度は，中・高・大学生を対象に尺度構成がなされ，N尺度は都市部の大学生を対象に尺度構成がなされた。測定対象は中学生から成人全般まで，生涯発達的観点からの幅広い適用が可能と考えられる。

作成過程

　P尺度については，まず個人志向性・社会志向性の尺度項目を収集するために中学生と大学生を対象に自由記述調査が実施された。具体的には，"社会の中で適応している人間像"と"自己実現的で自分に満足している人間像"を説明し，両者の異同を明確に記述するよう求めた。得られた自由記述回答をもとに，社会志向性と個人志向性の特徴を表す表現で15の質問文を作成し，さらに青年期の自己不適応や社会不適応に関する研究から3つの文章を選び，合わせ

て18項目から質問紙を作成した。この質問紙を中学生149名，高校生234名，大学生327名に5件法で回答させ，得られたデータに主因子法・バリマックス回転を適用して因子分析を行った。因子負荷量が0.4未満の1項目が削られ，残り17項目で解釈がなされた。その結果，第1因子9項目は社会志向性，第2因子8項目は個人志向性と解釈され，仮説通りの2因子構造が確認された。

N尺度は，個人志向性のネガティブな状態を極端な自己への関心の高まりととらえて自己愛やエゴイズムを想定し，社会志向性のネガティブ状態を自我が未成熟で他者への一方的依存や追従，過剰適応を呈するものとして想定した。これらの状態に該当する表現を作成者自身の臨床事例記録の中から採集し，関連する先行研究の記述やDSM-Ⅲ-Rの診断基準を参考に，各志向性のネガティブ状態をとらえ得る表現を抜き出し，計17項目を作成した。これら17項目を都市部の大学生281名（男子105名，女子176名）に施行し，主因子法・バリマックス回転を用いて因子分析した。因子負荷量0.4以下の4項目を削除し，残り13項目を再度因子分析した結果，第1因子6項目は個人志向性N尺度，第2因子7項目は社会志向性N尺度と解釈され，仮説通りの2因子構造の尺度が確認された。

信頼性

P尺度のクロンバックのα係数は社会志向性が$\alpha=.76$，個人志向性が$\alpha=.69$を示し，スピアマン・ブラウンの修正公式による信頼性係数は，順に$\rho=.85, .88$であった。また，大学生99名のデータで3カ月間隔での再検査信頼性係数を求めたところ，社会志向性尺度は$r=.74$，個人志向性尺度は$r=.68$の値が得られた。続いて，N尺度のクロンバックのα係数は，個人志向性・社会志向性ともに$\alpha=.71$の値が得られた。以上の結果より，個人志向性・社会志向性PN尺度はいずれも十分な内的一貫性を有しており，尺度の信頼性が確認されたと判断できる。

妥当性

伊藤（1993）では，P尺度と自意識尺度（菅原，1984）・東大式エゴグラムとの関連から構成概念妥当性が検討された。その結果，私的自意識とはともに正の相関，公的自意識とは社会志向性が正，個人志向性が負の相関を示した。またエゴグラムとの関連では，社会志向性はNPとは正相関でFCとは無相関を示し，個人志向性ではAと正相関でACとは無相関であった。これより，P尺度の構成概念妥当性が確認されたといえる。また，P尺度では高校生のクラス内適応状態や悩みとの関連を，N尺度ではMPI尺度との関連をそれぞれ分析し，尺度の併存的妥当性が検討された。P尺度ではクラス内適応状態は社会志向性とのみ関連し，悩みの多さは個人志向性とより強く関連することが示された。N尺度では2志向性とも神経質得点と正相関がみられ，社会志向性のみ外向性と負の相関が得られた。よって，N尺度の併存的妥当性が検証されたといえる。

個人志向性・社会志向性 PN 尺度

教示

以下のそれぞれの項目をよく読んで，あなた自身に最もあてはまると思うところの数字に〇印をつけて下さい。

（注：項目番号直後の I, S はそれぞれ個人志向性，社会志向性を示す。また●は逆転項目であることを示す。いずれも実施時には取り除くことが必要である。）

項目

【個人志向性・社会志向性 P 尺度】

	あてはまる 5	ややあてはまる 4	どちらともいえない 3	あまりあてはまらない 2	あてはまらない 1
1S. 人に対しては，誠実であるよう心掛けている					
2I. 自分の個性を活かそうと努めている					
3I. 自分の心に正直に生きている					
4S. 他の人から尊敬される人間になりたい					
5I. 小さなことも自分ひとりでは決められない●					
6S. 他の人の気持ちになることができる					
7I. 自分の生きるべき道がみつからない●					
8S. 他人に恥ずかしくないように生きている					
9I. 自分が満足していれば人が何を言おうと気にならない					
10S. 周りとの調和を重んじている					
11S. 社会のルールに従って生きていると思う					
12S. 社会（周りの人）のために役に立つ人間になりたい					
13I. 自分の信念に基づいて生きている					
14S. 人とのつながりを大切にしている					
15I. 周りと反対でも，自分が正しいと思うことは主張できる					
16S. 社会（周りの人）の中で自分が果たすべき役割がある					
17I. 自分が本当に何をやりたいのかわからない●					

(p.133 へ続く。)

尺度の特徴

人格の成熟や適応プロセスを語るうえでの2大概念である個性化と社会化を，独自の理論体系の下に個人志向性・社会志向性として概念化し，きわめて綿密な手続きで尺度構成がなされている。P尺度・N尺度の開発によって発達や適応の肯定―否定両側面の測定を可能にしており，さまざまな研究に適用可能である。

採点方法

「あてはまる」から「あてはまらない」までの回答に5点から1点を与え，各下位尺度に属する項目への回答値（選択肢の数値）を合計して尺度得点を算出する。ただし，反転項目は5点を1点，4点を2点……のように換算（3点はそのまま）してから加算する。各下位尺度の基本統計量を**表1**に示す。

表1　個人志向性・社会志向性PN尺度の平均値と標準偏差

各尺度の名称	項目番号	男子 (N=148) 平均値（標準偏差）	女子 (N=258) 平均値（標準偏差）
個人志向性P尺度	2, 3, 5 *, 7 *, 9, 13, 15, 17 *	3.39　（.70）	3.31　（.67）
社会志向性P尺度	1, 4, 6, 8, 10, 11, 12, 14, 16	3.82　（.60）	3.84　（.57）
個人志向性N尺度	1, 3, 5, 7, 9, 11	3.04　（.74）	2.97　（.68）
社会志向性N尺度	2, 4, 6, 8, 10, 12, 13	3.11　（.65）	3.45　（.69）

注1）伊藤（1995）にもとづき，引用者が作成。
注2）項目番号の後についている*は逆転項目であることを示す。

出典論文・関連論文

伊藤美奈子　1993　個人志向性・社会志向性尺度の作成及び信頼性・妥当性の検討　心理学研究，**64**，115-122.

伊藤美奈子　1995　個人志向性・社会志向性PN尺度の作成とその検討　心理臨床学研究，**13**，39-47.

著作権者連絡先

伊藤美奈子

奈良女子大学研究院生活環境科学系

〒630-8506　奈良県奈良市北魚屋東町

個人志向性・社会志向性 PN 尺度

項目内容

【個人志向性・社会志向性 N 尺度】

| | あてはまる 5 | ややあてはまる 4 | どちらともいえない 3 | あまりあてはまらない 2 | あてはまらない 1 |

1I. 周りのことを考えず，自分の思ったままに行動することがある

2S. 何かを決める場合，周りの人に合わせることが多い

3I. 自分の性格は，わがままだと思う

4S. 人の先頭に立つより，多少がまんしてでも相手に従うほうだ

5I. 個性が強すぎて，人とよくぶつかる

6S. 人前では見せかけの自分をつくってしまう

7I. 何ごとも独断で決めることが多い

8S. なにか良くないことがあると，すぐ自分のせいだと考えてしまう

9I. 自分中心に考えることが多い

10S. 相手の顔色をうかがうことが多い

11I. 人に合わせるよりは，たとえ孤独であっても自由なほうがよい

12S. 人の目ばかり気にして，自分を失いそうになることがある

13S. 困ったことがあると，すぐ人に頼ってしまう

コラム　性格特性のBig Fiveモデルと対人認知次元

　性格特性Big Fiveの測定には，自己報告式質問紙と他者評定式質問紙が用いられることが多い。そのうえ他者評定式質問紙には，まったく未知の人物を評定対象とするものと，自分がよく知っている人物である配偶者や恋人，友人等を評定するピア評定（Peer ratings）がある。しかし，いずれの評定方法を用いてデータを得ても，同様の5因子構造が確認されることが分かっている（McCrae & Costa, 1987）。こうした知見から，性格特性のBig Fiveモデルとは，評定対象者の"性格特性の次元"なのではなく，評定者が自己（他者）の性格を判断する際の認知の枠組み，すなわち"対人認知次元"ではないかという見方がある。

　私たちが他者の性格を判断する際には，多くの性格特性を個々バラバラに認知するのではなく，関連する要素のまとまりから性格についての素朴な信念体系を形成し，その枠組みを判断に利用していると考えられている。この素朴な信念体系は「暗黙の性格観（Implicit Personality Theory）」と呼ばれ，従来の対人認知研究では主にその構造（基本次元）が探求されてきた。わが国では，林（1978）が一連の研究を通して対人認知構造の基本次元を明らかにし，明るさ・親しみやすさ等の「個人的親しみやすさ」，誠実さ・知性等の「社会的望ましさ」，積極性・意志の強さ等の「力本性」を基本3次元としている。一見すると，性格特性のBig Fiveモデルは5次元で，対人認知は3次元であるという結果から，やはり両者は別物ではないかと思われるだろう。しかしながら，林の一連の研究では基本的にオズグッド，サシ，タネンバウム（1957）によるSD因子3次元（Evaluation, Potency, Activity）との対応が想定されていたと考えられ，因子数の決定や結果の解釈に当たって5因子モデルよりも3因子モデルが採用されたとみることができる（たとえば，林（1978）の図1）。さらに，林（1978）による基本3次元の下位次元には，Big Fiveの5次元に相当する因子が含まれている。したがって，性格特性のBig Fiveモデルは対人認知の次元とみなすことも可能だと考えられるのである。

　ではそうすると，Big Fiveは評定者側の対人認知の枠組みで，評定対象者の性格特性（行動傾向）とは無関係な"認知的虚構"（柏木，1997）にすぎないのか，という疑問が生じる。しかし，辻（1991）は性格特性Big Fiveのピア評定結果と研究者による客観的な行動評価との相関が高い（すなわち，性格評定が実際の行動傾向を反映している）という研究例を挙げて，Big Fiveが認知的虚構にすぎないという批判に反証を示している。

　性格特性について，見知らぬ他者からの評定と自己評定が食い違うのは仕方ないとしても，ピア評定と自己評定の一致度が高くなるのはごく自然である。また，自己評定と他者評定，ひいては性格特性次元と対人認知次元が本質的に異なるものであるという証拠も必

然性も今のところない（柏木，1997）。したがって，以上をまとめると，性格特性のBig Fiveモデルは"性格特性の次元"でもあり"対人認知の次元"でもあると考えるのが妥当であろう。林による対人認知構造の基本3次元は，今日ではもはや定着した感があるが，Big Five的観点から検討し直してみれば，対人認知構造が5次元で再構成される可能性も否定できないだろう。あるいは逆に，Big Five研究が今後さらに進めば，性格特性次元と対人認知次元が統合された形の理論が構築されるかもしれない。

【引用文献】

林　文俊　1978　対人認知構造の基本次元についての一考察　名古屋大学教育学部紀要（教育心理学科），**25**，233-247．

柏木繁男　1997　性格の評価と表現——特性5因子論からのアプローチ　有斐閣ブックス

McCrae, R. R., & Costa, P. T., Jr.　1987　Validation of the five-factor model of personality across instruments and observers. *Journal of Personality and Social Psychology*, **52**, 81-90.

Osgood, C. E., Suci, G. J., & Tannenbaum, P. H.　1957　*The measurement of meaning*. Urbana: University of Illinois Press.

辻　平治郎　1991　パーソナリティの5因子説をめぐって　甲南女子大学人間科学年報，**16**，59-84．

4 ジェンダー・性役割

この領域について

ジェンダー・性役割

　心理学や社会学の領域では，性別は，セックスとジェンダーの2つの水準で考えられることが多い。セックスは生物学的な性を指し，一方，ジェンダーは心理・社会的性といわれ，社会や文化によって作られた女性と男性についての意味づけを指す（たとえば，赤などの暖色系は女色，黒などの寒色系は男色など）（青野，1999；伊藤，1995）。また，ジェンダーには，男女それぞれが，どのように行動するべきかについて社会からの期待を表す側面をもつ。これをとくに性役割と呼んでいる（青野，1999）。性役割は，「男女にそれぞれふさわしいとみなされる行動やパーソナリティに関する社会的期待・規範およびそれらに基づく行動」（東・鈴木，1991）と定義され，伊藤（1997b）によれば，性役割には表1に示される下位側面がある。

表1　性役割の側面と認知─行動レベル（伊藤，1997b）

側面	認知レベル	行動レベル
パーソナリティ	性役割パーソナリティ	性役割行動
指向性	性役割同一性	性役割選択
価値観	性役割観	性役割態度

　パーソナリティの側面のうち，性役割パーソナリティは，性役割に関する自己概念のことで，自分がどれほど男性的，女性的と考えているかを示す。また性役割行動とは，実際になされた行動が，男性的であるのか，女性的であるのかという点について述べたものである。指向性の側面における性役割同一性は，「自分は男の子である，だから男の子がやることがしたい」といったように，ある性をもつ自己についての認知や評価を指し，その評価にもとづいた選択（「自分は男だから，スポーツをやろう」など）を性役割選択と呼ぶ。最後の価値観の側面は，パーソナリティと指向性の側面を認知あるいは評価する基準，枠組みとなるもので，「女は優しくあるべきだ」といった価値意識を指す（伊藤，1997b）。

　性役割パーソナリティを測定する尺度として，ベムのBSRI（1974），スペンスらのPAQ（1978）の邦訳であるBSRI日本語版（東，1990；1991），PAQ日本語版（東，1993）が作成されている。また，BSRIと同じ手法を用いた日本

版BSRI（安達ら，1985）や，ジェンダー・パーソナリティ・スケール（小出，1999）などが作成されている。本章では，これらの尺度のうち，海外でもよく使用されているBSRIの日本語版（東，1990；1991）を紹介する。

性役割観を測定する尺度として，伊藤（1978）はM-H-F scaleを開発している。この尺度は，男性性と女性性が男性や女性にとってどれほど重要であると考えているか，また，どれほど自分にとって重要であると考えているかなど，"価値観"を測定する尺度である。

性役割態度尺度として，日本でもっとも用いられている尺度は，鈴木（1994）の平等主義的性役割態度スケール短縮版（SESRA-S）である。この尺度は，「男は仕事，女は家庭」に代表される性別役割分業に対して，否定的態度（平等主義的性役割態度）を有する程度を測定する尺度である。他に，海外で作成されたAttitudes toward Women Scale（AWS；Spence et al., 1973；東，1984）やIndex of Sex Role Orientation（ISRO；Dreyer et al., 1981；東，1984）の日本語版などもよく用いられている。なお，本章では，性役割態度尺度として，日本で作成されたSESRA-Sを紹介する。

以上の尺度は，性役割の各側面を測定する尺度であった。しかし，なぜ人は，ある性格特性を男性的ととらえ，また，別の性格特性は女性的ととらえるのだろうか。最近では，あらゆる事柄を男女いずれかの性と結びつけてとらえようとする認知的枠組みが存在していると考えられるようになってきた。あらゆる事柄を性別と結びつけてとらえるよう促す認知的な枠組みをジェンダー・スキーマという（Bem, 1981）。

現在では，自己に関する情報を処理する場合と，自己以外の情報を処理する場合とでは，異なるジェンダー・スキーマがはたらいていることが示唆されている（土肥，1995など）。伊藤（1997a）は，自己以外の情報の処理に注目し，ジェンダー・スキーマのはたらきにより性差についての信念体系が作られるとして，性差観スケールを開発している。一方，土肥（1996）は，自己に関する情報の処理に着目し，ジェンダー・スキーマによって排他的にとらえられた男性性と女性性とを統合する自我機能（ジェンダー・アイデンティティ）の存在を提唱し，尺度を作成している。本章では，これらの性差観スケールとジェンダー・アイデンティティ尺度についても紹介する。また，石田（1993；1994）は，ジェンダー・スキーマの強さそのものの測定を試みる性別アイデンティティ尺度を考案している。この尺度についても，章末のコラムで紹介する。

4 ジェンダー・性役割

この領域について

【引用文献】

安達圭一郎・上地安昭・浅川潔司　1985　男性性・女性性・心理的両性性に関する研究（I）――日本版 BSRI 作成の試み　日本教育心理学会第 27 回総会発表論文集, 484-485.

青野篤子　1999　「女性」とは？「男性」とは？　青野篤子・森永康子・土肥伊都子　ジェンダーの心理学――「男女の思い込み」を科学する　ミネルヴァ書房　Pp.1-24.

東　清和　1984　性役割ステレオタイプ――その自己理解のためのツール　東　清和・小倉千加子　性役割の心理　大日本図書　Pp.133-198.

東　清和　1990　心理的両性具有 I ―― BSRI による心理的両性具有の測定　早稲田大学教育学部学術研究（教育・社会教育・教育心理・体育学編），**39**，25-36.

東　清和　1991　心理的両性具有 II ―― BSRI 日本語版の検討　早稲田大学教育学部学術研究（教育・社会教育・教育心理・体育学編），**40**，61-71.

東　清和　1993　心理的両性具有 III ―― PAQ 日本語版の検討　早稲田大学教育学部学術研究（教育心理学編），**41**，73-84.

東　清和・鈴木淳子　1991　性役割態度研究の展望　心理学研究，**62**，270-276.

Bem, S. L.　1974　The measurement of psychological androgyny. *Journal of Consulting and Clinical Psychology*, **42**, 155-162.

Bem, S. L.　1981　Gender schema theory: A cognitive account of sex typing. *Psychological Review*, **88**, 354-364.

土肥伊都子　1995　ジェンダーに関する役割評価・自己概念とジェンダー・スキーマ――母性・父性との因果分析を加えて　社会心理学研究，**11**，84-93.

土肥伊都子　1996　ジェンダー・アイデンティティ尺度の作成　教育心理学研究，**44**，187-194.

Dreyer, N. A., Woods, N. F., & James, S. A.　1981　ISRO: A scale to measure sex-role orientation. *Sex Roles*, **7**, 173-182.

石田英子　1993　性別アイデンティティのデモグラフィック規定因に関する基礎的研究　社会心理学研究，**8**，56-63.

石田英子　1994　ジェンダ・スキーマの認知相関指標における妥当性の検証　心理学研究，**64**，417-425.

伊藤裕子　1978　性役割の評価に関する研究　教育心理学研究，**26**，1-11.

伊藤裕子　1995　性役割と発達　柏木惠子・高橋惠子（編著）　発達心理学とフェミニズム　ミネルヴァ書房　Pp.141-165.

伊藤裕子　1997a　高校生における性差観の形成環境と性役割選択――性差観スケール（SGC）作成の試み　教育心理学研究，**45**，396-404.

伊藤裕子　1997b　青年期にける性役割観の形成　風間書房
小出　寧　1999　ジェンダー・パーソナリティ・スケールの作成　実験社会心理学研究, **39**, 41-52.
Spence, J. T., & Helmreich, R. L.　1978　*Masculinity and femininity: Their psychological demensions, correlates and antecedents.*　Universitiy of Texas Press.
Spence, J. T., Helmreich, R., & Stapp, J.　1973　A short version of the Attitudes toward Women Scale (AWS). *Bulletin of the Psychonomic Society,* **2**, 219-220.
鈴木淳子　1994　平等主義的性役割態度スケール短縮版（SESRA-S）の作成　心理学研究, **65**, 34-41.

BSRI 日本語版

東（1990；1991）

測定概念・対象者

　Bem Sex Role Inventory（BSRI；Bem, 1974）は性役割パーソナリティを測定する尺度であり，男性性尺度得点と女性性尺度得点の組合せによって，個人をアンドロジニー（男性性・女性性がともに高い男女），セックスタイプ型（男性性が高い男性・女性性が高い女性），クロスセックスタイプ型（女性性が高い男性・男性性が高い女性），未分化型（男性性・女性性がともに低い男女）の4類型に分類する。アンドロジニーは，さまざまな状況に合わせて，男性的にも女性的にもなりえるため，より適応的であると考えられている。BSRIは，東（1990；1991）によって邦訳され，BSRI日本語版が作成されている。また，安達ら（1985）によって，ベム（1974）と同じ手法を用いて，日本で独自に項目を収集した尺度も作成されている。測定対象者に関しては，とくに記述はないが，青年期以上に適用が可能であると考えられる。

作成過程

　ベム（1974）は，男性性・女性性を表すパーソナリティ特性約200項目と中性性項目200項目に対して，大学生100名（男女50名ずつ）に，「アメリカ社会において，男性（女性）にとってどれほど望ましいか」を「全然望ましくない」（1）～「非常に望ましい」（7）までの7件法で評定するよう求めた。t検定の結果から，回答者の男女がともに，女性（男性）よりも男性（女性）にとって，より望ましいとした項目を男性性尺度（女性性尺度）の尺度項目として，最終的に20項目ずつ選択した。BSRI日本語版（東, 1990；1991）は，この邦訳版である。BSRIには，社会的望ましさ尺度も含まれているが，アンドロジニーの判定には用いられない。

信頼性

　東（1991）は，日本の大学生652名（男子307名，女子345名）に，BSRI日本語版の回答を求めた。スピアマン・ブラウンの公式とルーロンの公式による信頼性，およびα係数による内的一貫性が確認されている（**表1**参照）。

項目内容 BSRI 日本語版

教示

この尺度はあなたが自分自身をどんな人間だと思っているか，そのイメージをとらえるためのものです。全部で60項目ありますが，それぞれの項目には，1から7の7段階評定尺度が設けられております。たとえば次の例をごらんください。

記入例（練習用）
荒っぽい　　1 2 3 4 5 6 7
親切な　　　1 2 3 4 5 6 7

7段階評定尺度に記入してある数字は次のような意味を持っています。

1は，決して，あるいはほとんどそのような特徴が自分にあてはまらないことを，7は常に，あるいは多分にそのような特徴が自分にあてはまることを示しています。

例えば，記入例の「荒っぽい」の項目で1に○印をつけるならば，自分は決して荒っぽい人間ではないと自分でとらえていることを意味します。

「親切な」の項目において7に○印をつけるならば，自分を大いに親切な人間であるとみなしていることになります。そして4はほぼ中間のどちらでもないことを示しています。1から7のうち，あなた自身にあてはまると思う数字のところに○印をつけてください。全部で60項目ありますが飛ばさないようにお願いします。

項目

※項目の最後についているアルファベットは，その項目が含まれる下位尺度を表す（M……男性性尺度，F……女性性尺度，S……社会的望ましさ）。実施時には，アルファベットを取り除くことが必要である。

1．自分の判断や能力を信じている　M　　　1 2 3 4 5 6 7
2．従順な　F　　　　　　　　　　　　　　1 2 3 4 5 6 7
3．人の手助けすることをいとわない　S　　1 2 3 4 5 6 7
4．自分の信念を曲げない　M　　　　　　　1 2 3 4 5 6 7
5．明るい　F　　　　　　　　　　　　　　1 2 3 4 5 6 7
6．むら気がある　S　　　　　　　　　　　1 2 3 4 5 6 7

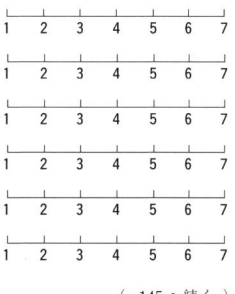

(p.145へ続く。)

4 ジェンダー・性役割

表1　BSRIの下位尺度の信頼性 (東, 1991)

公　　式	M尺度	F尺度	SD尺度
スピアマン・ブラウン	.852	.861	−.546
ルーロン	.850	.861	−.545
クロンバックのα係数	.873	.838	−.554

（男子307名，女子345名。）

妥当性

　大学生652名（男子307名，女子345名）の回答に対して，因子分析（主因子法，バリマックス回転）を行った結果，3因子が抽出され，第1因子には女性性尺度項目が，第2因子には男性性尺度項目が高く負荷し，因子的妥当性が確認された。ただし，両尺度とも，数項目は移動が必要であった（東, 1991）。

尺度の特徴

　BSRIは，性役割に関する自己概念を測定する尺度として，非常によく用いられているため，先行研究が蓄積されている。また，性役割との関連が指摘されている痩せ願望などの他の領域にも，幅広く活用できる尺度であると考えられる。

採点方法

　各項目に対して，自分にあてはまる程度を，7件法で回答するよう求め，男性性尺度，女性性尺度ごとに得点を単純加算する。次に，男性性尺度と女性性尺度のサンプルの中央値を基準として回答者を次の4群に分割する。男性性得点と女性性得点がともに中央値より高い回答者を「アンドロジニー」，男性性（女性性）得点が中央値より高く，女性性（男性性）得点が中央値より低い男性（女性）を「セックスタイプ型」，女性性（男性性）得点が中央値より高く，男性性（女性性）得点が中央値より低い男性（女性）を「クロスセックスタイプ型」，男性性得点と女性性得点がともに中央値より低い回答者を「未分化型」と判定する（東, 1986；Bem, 1977, 1981）。

表2　BSRI下位尺度の平均値，標準偏差，中央値 (東, 1991)

尺度名	男性性尺度		女性性尺度		社会的望ましさの尺度	
性別	男性	女性	男性	女性	男性	女性
平均値	91.21	82.25	93.00	91.08	88.83	88.35
標準偏差	15.99	17.21	13.09	14.94	9.41	9.86
中央値	92	82	93	93	88	88

（男性307名，女性345名。）

項目内容　BSRI 日本語版

ジェンダー・性役割

7. 独立心がある　M　　　　　　　　　　1　2　3　4　5　6　7
8. はにかみ屋の　F　　　　　　　　　　1　2　3　4　5　6　7
9. 良心的な　S　　　　　　　　　　　　1　2　3　4　5　6　7
10. スポーツマンタイプの　M　　　　　　1　2　3　4　5　6　7
11. 情愛細やかな　F　　　　　　　　　　1　2　3　4　5　6　7
12. 言動が大げさな　S　　　　　　　　　1　2　3　4　5　6　7
13. 自己主張的な　M　　　　　　　　　　1　2　3　4　5　6　7
14. おだてにのる　F　　　　　　　　　　1　2　3　4　5　6　7
15. 楽天的な　S　　　　　　　　　　　　1　2　3　4　5　6　7
16. 個性が強い　M　　　　　　　　　　　1　2　3　4　5　6　7
17. 忠実な　F　　　　　　　　　　　　　1　2　3　4　5　6　7
18. 言動が突拍子もない　S　　　　　　　1　2　3　4　5　6　7
19. 自分の意見を押し通す力がある　M　　1　2　3　4　5　6　7
20. 女性的な　F　　　　　　　　　　　　1　2　3　4　5　6　7
21. 頼りになる　S　　　　　　　　　　　1　2　3　4　5　6　7
22. 分析的な　M　　　　　　　　　　　　1　2　3　4　5　6　7
23. 同情的な　F　　　　　　　　　　　　1　2　3　4　5　6　7
24. しっと深い　S　　　　　　　　　　　1　2　3　4　5　6　7
25. リーダーとしての能力を備えている　M　1　2　3　4　5　6　7
26. 困っている人への思いやりがある　F　1　2　3　4　5　6　7
27. 正直な　S　　　　　　　　　　　　　1　2　3　4　5　6　7
28. 危険を犯すことをいとわない　M　　　1　2　3　4　5　6　7
29. 人の気持ちを汲んで理解する　F　　　1　2　3　4　5　6　7
30. 隠し立てをする　S　　　　　　　　　1　2　3　4　5　6　7
31. 意思決定がすみやかにできる　M　　　1　2　3　4　5　6　7
32. あわれみ深い　F　　　　　　　　　　1　2　3　4　5　6　7
33. 誠実な　S　　　　　　　　　　　　　1　2　3　4　5　6　7
34. 人に頼らないで生きて行けると思っている　M　1　2　3　4　5　6　7
35. 傷心した人をすすんで慰める　F　　　1　2　3　4　5　6　7

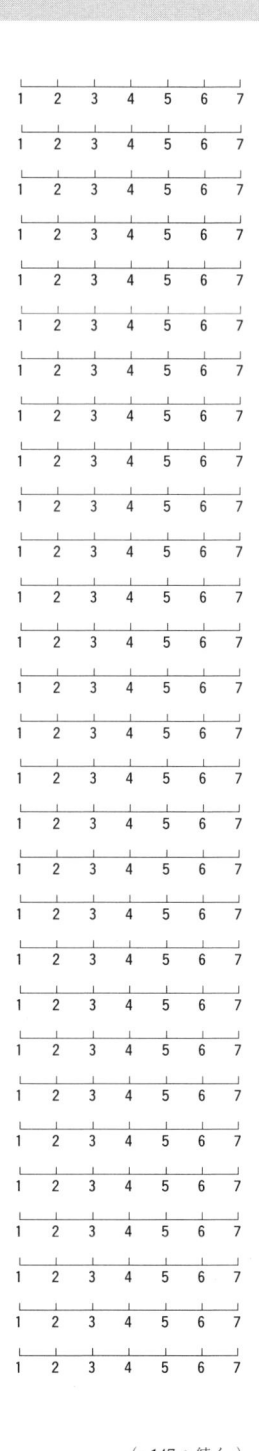

（p.147 へ続く。）

出典論文・関連論文

安達圭一郎・上地安昭・浅川潔司　1985　男性性・女性性・心理的両性性に関する研究（I）──日本版 BSRI 作成の試み　日本教育心理学会第 27 回総会発表論文集，484-485．

東　清和　1986　心理的両性具有の類型論　早稲田大学教育学部 学術研究（教育・社会教育・教育心理・体育学編），**35**，45-58．

東　清和　1990　心理的両性具有 I ──BSRI による心理的両性具有の測定　早稲田大学教育学部学術研究（教育・社会教育・教育心理・体育学編），**39**，25-26．

東　清和　1991　心理的両性具有 II ──BSRI 日本語版の検討　早稲田大学教育学部学術研究（教育・社会教育・教育心理・体育学編），**40**，61-71．

Bem, S. L.　1974　The measurement of psychological androgyny. *Journal of Consulting and Clinical Psychology*, **42**, 155-162．

Bem, S. L.　1977　On the utility of alternative procedures for assessing psychological androgyny. *Journal of Consulting and Clinical Psychology*, **45**, 196-205．

Bem, S. L.　1981　Gender schema theory: A cognitive account of sex typing. *Psychological Review*, **88**, 354-364．

著作権者

東　清和先生（2004 年逝去。営利目的で本尺度を利用される場合は御遺族の了解が必要です（314 頁「読者へのお願い」参照）。）

項目内容 **BSRI 日本語版**

36. うぬぼれた　S　　　　　　　　　　　1 2 3 4 5 6 7
37. 支配的な　M　　　　　　　　　　　　1 2 3 4 5 6 7
38. 話し方がやさしくておだやかな　F　　1 2 3 4 5 6 7
39. 人に好かれる　S　　　　　　　　　　1 2 3 4 5 6 7
40. 男性的な　M　　　　　　　　　　　　1 2 3 4 5 6 7
41. 心が暖かい　F　　　　　　　　　　　1 2 3 4 5 6 7
42. 大まじめな　S　　　　　　　　　　　1 2 3 4 5 6 7
43. はっきりした態度がとれる　M　　　　1 2 3 4 5 6 7
44. 優しい　F　　　　　　　　　　　　　1 2 3 4 5 6 7
45. 好意的な　S　　　　　　　　　　　　1 2 3 4 5 6 7
46. 積極的な　M　　　　　　　　　　　　1 2 3 4 5 6 7
47. だまされやすい　F　　　　　　　　　1 2 3 4 5 6 7
48. やることが非能率的な　S　　　　　　1 2 3 4 5 6 7
49. リーダーとして行動する　M　　　　　1 2 3 4 5 6 7
50. 子どものように純真な　F　　　　　　1 2 3 4 5 6 7
51. 適応性がある　S　　　　　　　　　　1 2 3 4 5 6 7
52. 個人主義的な　M　　　　　　　　　　1 2 3 4 5 6 7
53. ことば使いがていねいな　F　　　　　1 2 3 4 5 6 7
54. 考えなどが系統的にまとまっていない　S　1 2 3 4 5 6 7
55. 負けず嫌い　M　　　　　　　　　　　1 2 3 4 5 6 7
56. 子ども好き　F　　　　　　　　　　　1 2 3 4 5 6 7
57. 人づき合いがうまい　S　　　　　　　1 2 3 4 5 6 7
58. 野心的な　M　　　　　　　　　　　　1 2 3 4 5 6 7
59. 温和な　F　　　　　　　　　　　　　1 2 3 4 5 6 7
60. 因習的な　S　　　　　　　　　　　　1 2 3 4 5 6 7

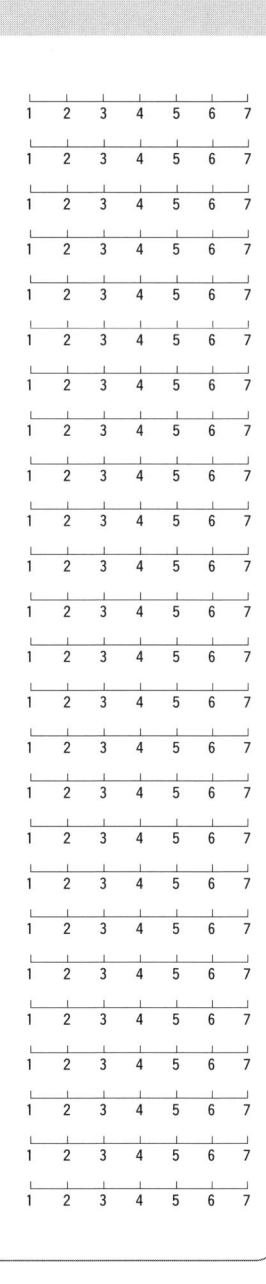

M−H−F scale

伊藤（1978）

測定概念・対象者

　M−H−F scale（伊藤，1978）は，Masculinity（男性性），Femininity（女性性）およびHumanity（人間性）が，社会・自己・女性・男性にとってどれほど重要であると考えているか，個人の性役割に関する価値観を測定するものである。Humanity とは，性別に関わらず男女ともに社会から期待される特性のことを指す。M−H−F scale では，性役割の次元として Masculinity と Femininity，Humanity の 3 次元を想定している（三角形仮説；図 1）。

　測定対象者について，とくに記述はないが，伊藤・秋津（1983）が中学生を対象に調査を行っていることから，中学生以上に適用可能であると考えられる。

```
       Masculinity  ←——————→  Femininity
             ↘                ↙
               ↘            ↙
                 Humanity
```

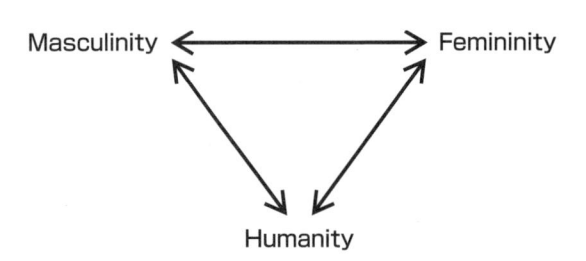

図 1　三角形仮説（伊藤，1978）

作成過程

　男性 84 名（19〜65 歳）と女性 127 名（18〜59 歳）に，「男らしさ」「女らしさ」を表す特性をそれぞれ 5 つまで記述するように求め，予備項目を収集した。得られた項目のうち，出現頻度が多いこと，用語が適切であること（多義語を避ける，など），性役割の測定にとってより関連が深いこと，きわめて類似した語の場合はより適切なほうをとる，という基準により，男性役割 55 語，女性役割 55 語を選定した。

　次に，男性 40 名（20〜60 歳）と女性 40 名（20〜61 歳）に対して，「一般に男性（女性）にとって次のような性質はどの程度重要だと思いますか」という教示のもと，男性役割 55 語，女性役割 55 語をそれぞれ Q 分類法（伊藤（1978）は強制選択法と記述）により 7 件法で評定するよう求めた。得られた回答に対して因子分析（主因子法）を行った結果，男性役割概念の

ジェンダー・性役割

項目内容　M-H-F scale

教示

「社会一般では次のような性質はどの程度重要だとされていますか」（社会）
「あなたにとって次のような性質はどの程度重要だと思いますか」（自己）
「女性にとって次のような性質を備えることはどの程度重要であると思いますか」（女性）
「男性にとって次のような性質を備えることはどの程度重要であると思いますか」（男性）

選択肢

6……非常に重要である
5……かなり重要である
4……やや重要である
3……どちらともいえない
2……やや重要でない
1……あまり重要でない
0……全く重要でない

項目

【Masculinity】
1．冒険心に富んだ
2．たくましい
3．大胆な
4．指導力のある
5．信念を持った
6．頼りがいのある
7．行動力のある
8．自己主張のできる
9．意志の強い
10．決断力のある

【Humanity】
11．忍耐強い

(p.151 へ続く。)

第1因子として，MasculinityとHumanityを示す項目が両極となる因子が，また女性役割概念の第1因子として，FemininityとHumanityが両極となる因子が抽出された。この結果から，男性と女性に共通する要素としてのHumanityの存在が推測され，伊藤（1978）は，**図1**に示される三角形仮説を導いた。各要素から10項目ずつを選定し，計30項目よりなるM–H–F scaleを作成した。

信頼性

男子大学生105名と女子短大生（一部大学生）154名のQ分類法による回答に対して，再検査法（4週間間隔）によって信頼性を検討したところ，相関はそれぞれ，Masculinity尺度が.665，Humanity尺度が.439，Femininity尺度が.611であった（伊藤，1997）。

妥当性

三角形仮説を確認するため，男性338名（20代～50代の既婚者）と女性378名（20代～50代の既婚者）を対象に，男性役割概念と女性役割概念をこみにして，因子分析（主因子法，直交回転）を行った。その結果，第1因子にはMasculinity―Femininityの次元を表す項目が，第2因子では一方の極にHumanityの項目が負荷し，他方の極にMasculinityとFemininityの項目が負荷したことから，三角形仮説が確証された（伊藤，1978）。また，Q分類法とリッカート法（伊藤（1997）は独立評定法と記述）の2つを用いて，BSRIとの相関から併存的妥当性を検討した結果，**表1**のとおりとなった（伊藤，1997）。

表1　M–H–F scaleとBSRI下位尺度間の相関（伊藤（1997）を筆者が一部変更）

M–H–F BSRI	Q分類法			リッカート法		
	Masculinity	Humanity	Femininity	Masculinity	Humanity	Femininity
Masculinity	.477 ***	−.327 ***	−.293 ***	.671 ***	.254 ***	.090
Femininity	−.215 ***	.029	.212 ***	.202 ***	.564 ***	.583 ***

*** $p<.001$

尺度の特徴

MasculinityとFemininityに加え，性別に関わらず期待される特性であるHumanityの概念を指摘したところに特徴がある。また，本尺度を，性役割パーソナリティ尺度として使用している研究も多い。

採点方法

本尺度は，Q分類法，リッカート法のどちらを用いてもM–H–F scaleの構造がほぼ維持さ

項目内容 M–H–F scale

	6 非常に重要である	5 かなり重要である	4 やや重要である	3 どちらともいえない	2 あまり重要でない	1 重要でない	0 全く重要でない

12. 心の広い
13. 頭の良い
14. 明るい
15. 暖かい
16. 誠実な
17. 健康な
18. 率直な
19. 自分の生き方のある
20. 視野の広い

【Femininity】
21. かわいい
22. 優雅な
23. 色気のある
24. 献身的な
25. 愛嬌のある
26. 言葉使いのていねいな
27. 繊細な
28. 従順な
29. 静かな
30. おしゃれな

(実施時には，尺度名を取り除くことが必要である。項目の配列順はランダムに並べ替えるほうがよい。)

れるが（伊藤，1997），簡便性の点からリッカート法の使用が推奨されている（私信）。リッカート法では，それぞれの項目に対して，社会・自己・女性・男性にとってどれほど重要と考えているかを，「非常に重要である」(6) ～「全く重要でない」(0) の7件法で回答を求め，下位尺度ごとに単純加算した後，項目数 (10) で割り，項目平均点をもって下位尺度得点とする。各下位尺度得点はそれぞれ，得点が高いほど，Masculinity や Femininity や Humanity を重要ととらえていることを示す。

出典論文・関連論文

伊藤裕子　1978　性役割の評価に関する研究　教育心理学研究，**26**，1-11.

伊藤裕子　1997　青年期における性役割観の形成　風間書房

伊藤裕子・秋津慶子　1983　青年期における性役割観および性役割期待の認知　教育心理学研究，**31**，146-151.

著作権者連絡先

伊 藤 裕 子

文京学院大学大学院人間学研究科

　〒356-8533　埼玉県ふじみ野市亀久保1196

平等主義的性役割態度スケール短縮版
(SESRA-S)

鈴木（1987；1991；1994）

測定概念・対象者

　本尺度は，鈴木（1987；1991）によって開発された平等主義的性役割態度スケール（SESRA）の短縮版である（鈴木，1994）。性役割態度は，「性役割に対して一貫して好意的もしくは非好意的に反応する学習した傾向」と，平等主義は，「それぞれ個人としての男女の平等を信じること」と，それぞれ定義される（鈴木，1991）。本尺度は，結婚・男女観，教育観，職業観の3つの領域から構成される。対象者として，20歳以上の男女が想定されている。

作成過程

　SESRAフルスケールに対する因子分析の結果から，短縮版の項目が抽出された。サンプルは(1) 1986年，都立T高校卒業生174名（成人女性），(2) 1987年，神奈川県在住の成人女性420名，(3) 1988年，アメリカ合衆国マサチューセッツ州在住のアメリカ人成人女性238名，(4) 1991年，神奈川県横須賀市在住のK大学卒業生（男女）とその配偶者・在校生（20歳以上）の202名（男性109名，女性93名），の4つであった。

　サンプルごとに因子分析（主因子法）を行った結果（ただし(4)のサンプルでは回答者全体と男女別に計3回行ったため，全6回），いずれにおいても第1因子の固有値が大きかったことから，(a) 3回以上の因子分析で第1因子に高く負荷すること，(b) 第1因子以外の因子では負荷量が高くないこと，(c) 逆転項目と逆転しない項目のバランス，(d) 4つの下位領域（結婚・男女観，教育観，職業観，社会観）のバランスから20項目を選択した。これら20項目を用いて，1991年の回答結果に対して因子分析（主因子法，バリマックス回転）を行ったところ，2因子が抽出され，第1因子は「個人レベルにおける男女平等」を，第2因子は「社会的レベルにおける男女平等」を示す因子と解釈された。これら2因子のうち，第1因子の固有値が第2因子に比べ5倍以上大きかったことから，第1因子に高く負荷する15項目をSESRA短縮版の尺度項目として選択した（鈴木，1994）。

信頼性

　1991年の調査結果を用いて，信頼性係数を算出したところ，SESRA-S（15項目）は $\alpha = .91$

（男性 α = .89，女性 α = .91）であった。再テスト係数（4週間間隔；1991年調査男女50名ずつ）は，r= .89（男性 r= .92，女性 r= .88）であった（鈴木，1994）。

妥当性

SESRA-Sの得点について，(1) 男性よりも女性のほうが，(2) 女性では，教育レベルが高校・専門学校・短大卒よりも4年制大学・大学院であるほうが，(3) 無職女性よりも有職女性のほうが，(4) 結婚後の姓について，平等的な意見を有する者ほどSESRA-Sの得点が高く，また (5) 年齢が高くなるほど，SESRA-Sの得点が低かった。これらのすべての結果が先行研究から予測される方向であったことから，SESRA-Sの構成概念妥当性が確認された（鈴木，1994）。

尺度の特徴

日本のサンプルだけでなくアメリカ人女性のサンプルを含めて尺度が作成されていることから，英語圏の回答者においても，構成概念が維持されると考えられる。したがって，日本の回答者と英語圏の回答者の態度比較が可能であると考えられる。

採点方法

「ぜんぜんそう思わない」(1)，「あまりそう思わない」(2)，「どちらともいえない」(3)，「まあそう思う」(4)，「まったくそのとおりだと思う」(5) の5件法で回答を求め，単純加算得点をもって尺度得点とする。得点が高いほど性役割に対して平等主義的であり，低いほど伝統主義的であると判定される。

表1　教育レベル別SESRA-Sの平均値と標準偏差（鈴木，1994）

教育レベル	女性				男性			
	N	平均値	標準偏差	t	N	平均値	標準偏差	t
短大以下	32	48.13	8.60	5.08 ***	3	39.00	3.74	1.31
4年制大学以上	57	57.93	8.65		106	46.77	10.13	

*** p<.001

出典論文・関連論文

鈴木淳子　1987　フェミニズム・スケールの作成と信頼性・妥当性の検討　社会心理学研究，**2**，45-54.

鈴木淳子　1991　平等主義的性役割態度：SESRA（英語版）の信頼性と妥当性の検討および日米女性の比較　社会心理学研究，**6**，80-87.

ジェンダー・性役割

項目内容　平等主義的性役割態度スケール短縮版

教示

　以下の1～15の各文章についてどう思いますか。次の（1）～（5）の5段階の中から，あなたのお気持ちに一番近いものを1つだけ選んで，右の回答欄の番号に○をつけて下さい。

　　　　　　　　　（5）　まったくそのとおりだと思う
　　　　　　　　　（4）　まあそう思う
　　　　　　　　　（3）　どちらともいえない
　　　　　　　　　（2）　あまりそう思わない
　　　　　　　　　（1）　ぜんぜんそう思わない

項目

1．女性が社会的地位や賃金の高い職業を持つと結婚*するのがむずかしくなるから，そういう職業を持たないほうがよい（●）　　　　　　　　　　　　　　　　　　1…5　4　3　2　1
2．結婚生活の重要事項は夫が決めるべきである（●）　　2…5　4　3　2　1
3．主婦が働くと夫をないがしろにしがちで，夫婦関係にひびがはいりやすい（●）　　　　　　　　　　　　　3…5　4　3　2　1
4．女性の居るべき場所は家庭であり，男性の居るべき場所は職場である（●）　　　　　　　　　　　　　　　4…5　4　3　2　1
5．主婦が仕事を持つと，家族の負担が重くなるのでよくない（●）　　　　　　　　　　　　　　　　　　　5…5　4　3　2　1
6．結婚後，妻は必ずしも夫の姓を名乗る必要はなく，旧姓で通してもよい　　　　　　　　　　　　　　　　6…5　4　3　2　1
7．家事は男女の共同作業となるべきである　　　　　　　7…5　4　3　2　1
8．子育ては女性にとって一番大切なキャリアである（●）　8…5　4　3　2　1
9．男の子は男らしく，女の子は女らしく育てることが非常に大切である（●）　　　　　　　　　　　　　　9…5　4　3　2　1
10．娘は将来主婦に，息子は職業人になることを想定して育てるべきである（●）　　　　　　　　　　　　　10…5　4　3　2　1

(p.157へ続く。)

Suzuki, A.　1991a　Egalitarian sex role attitudes: Scale development and comparison of American and Japanese women. *Sex Roles*, **24**, 245–259.

Suzuki, A.　1991b　Predictors of women's sex role attitudes across two cultures: United States and Japan. *Japanese Psychological Research*, **33**, 126–133.

鈴木淳子　1994　平等主義的性役割態度スケール短縮版（SESRA–S）の作成　心理学研究, **65**, 34–41.

鈴木淳子　1996a　若年女性の平等主義的性役割態度と就労の関係について——就労経験および理想の仕事キャリア・昇進パターン　社会心理学研究, **11**, 149–158.

鈴木淳子　1996b　若年女性のキャリア選択規定要因に関する縦断的研究——同一組織における就労継続および転職　心理学研究, **67**, 118–126.

鈴木淳子　1999　高学歴夫婦における性役割態度の関係——就労との関わりに関する社会心理学的考察　理論と方法, **14**, 35–50.

著作権者連絡先

鈴木淳子

平等主義的性役割態度スケール短縮版

項目内容

11. 女性は家事や育児をしなければならないから，フルタイムで働くよりパートタイムで働いたほうがよい（●）　　11…5　4　3　2　1
12. 女性の人生において，妻であり母であることも大事だが，仕事をすることもそれと同じくらい重要である　　12…5　4　3　2　1
13. 女性はこどもが生まれても，仕事を続けたほうがよい　　13…5　4　3　2　1
14. 経済的に不自由でなければ，女性は働かなくてもよい（●）　　14…5　4　3　2　1
15. 女性は家事や育児をしなければならないから，あまり責任の重い，競争の激しい仕事をしないほうがよい（●）　　15…5　4　3　2　1

（*事実婚も含む）

（実施時には，逆転項目を示す●を取り除くことが必要である。）

性差観スケール

伊藤（1997；1998；2000）

測定概念・対象者

　人が周囲の人物や物事を理解し，適切に行動するためには，それらに関する情報を効率よく収集し，効果的に処理する必要がある。このとき，性に関する情報に注意を向け，記憶し，構造化するための情報処理の枠組みを，ベム（1981）は，ジェンダー・スキーマと名づけている。自己に関する情報を処理する場合と，自己以外の情報を処理する場合とでは，異なるジェンダー・スキーマが働いていることが示唆されており（たとえば，土肥，1995），伊藤（1997）は，このうち，自己に関する情報以外のさまざまな事柄や状況を性別に関連づけて認知する枠組みを性差観と名づけ，これを測定する尺度を作成した。対象者は青年期から成人期までを想定している。

作成過程

　男女について一般にいわれている事柄や状況を「能力」「性格」「外観」「身体・生理」「行動様式」の5領域について独自に60項目収集し，大学・短期大学生286名（女子180名，男子106名）を対象に予備調査を行った。60項目に対し「そう思う」〜「そう思わない」の4件法で評定を求め，回答の分布の偏りが著しい項目を削除した後，残った項目に対して男女別に主成分分析とクラスター分析（ウォード法）を行った。主成分分析で，男女ともに第1成分の固有値が，第2成分以下と大きな差がみられたことと，クラスター分析で，主成分分析の第1成分に高い負荷量を持つ項目が1つのクラスターを構成していることから，主成分分析の第1成分に負荷量が低く，クラスター分析の第1クラスターに入らない項目を削除した。さらに，各領域間の項目数のバランスと領域内の類似性から検討を加えて，30項目を尺度項目として選択した（伊藤，1997）。

信頼性

　大学・短期大学生123名（女子59名，男子64名）の回答に対し，再テスト法（4週間間隔）による信頼性を求めたところ，全体で $r=.82$（女子 $r=.74$，男子 $r=.94$）であった。また，東京都在住の男女649名（無作為二段抽出；20歳〜59歳）の回答を分析したところ，α 係数は .91

項目内容 性差観スケール

教示

世間では，女性と男性の違いについて，さまざまなことが言われています。以下の記述について，あなたはどう思われますか。1〜30のそれぞれについて，「1．そう思わない」から「4．そう思う」までの4段階のうち，あなたのお考えに最も近いものを1つずつ選び，○印をつけてください。

選択肢

1. そう思わない
2. どちらかというとそう思わない
3. どちらかというとそう思う
4. そう思う

項目

	そう思わない	どちらかというとそう思わない	どちらかというとそう思う	そう思う
	1	2	3	4

1. 男性は女性にくらべ，人を使うのが上手である
2. 女性が入れたお茶は，やはりおいしい
3. 子どもを他人に預けてまで，母親が働くことはない
4. 女性は男性にくらべ，臆病だ
5. 男性の性欲は，概して女性にくらべて強い
6. 家庭のこまごまとした管理は，女性でなくては，と思う
7. 女性のすぐれた思想家は，あまり出ない
8. 女性は，体力や精神力の点でパイロットなど人命をあずかる仕事には向いていない
9. 体力において男性がまさる以上，社会のあらゆる場で男性が優位な地位を占めるのは，やむをえない
10. 男性と女性は，本質的に違う
11. セックスにおいて男性がリードするのは当然である
12. 女性は視野がせまい
13. 中学になると，男の子の成績の方が伸びる
14. 一家の生計を支えられないような経済力のない男性は，男として失格である

(p.161へ続く。)

であった（伊藤，1997）。

妥当性

　男女間の差異を認知しない者ほど，性役割に対して，平等主義的な態度をもつと考えられる。性差観スケールと平等主義的性役割態度スケール短縮版（SESRA-S；鈴木，1994）の相関は，全体で$r=-.58$（女子 $r=-.61$，男子 $r=-.44$）となり，基準関連妥当性が確認された（伊藤，1997）。さらに，高校生を対象とした調査（伊藤，1998）では，性差観の強い高校生は，社会的地位における男女の差異を，女性の能力の不足に帰属し，性差観の弱い高校生は，社会の仕組みに帰属する傾向がみられた。このことから，構成概念妥当性の一部が確認された。

尺度の特徴

　本尺度に含まれる項目の内容自体は，従来の性役割ステレオタイプを測る測度と大きな違いはない。しかし，従来の性役割ステレオタイプ研究が，ステレオタイプの内容や時代による変化などを問題にするのに対して，性差観スケールは，内容ではなく，ジェンダーをとらえる認知的枠組みとして機能しているかを扱おうとしている点に特徴がある（伊藤，1997）。

採点方法

　各項目に対して，「そう思わない」(1)，「どちらかというとそう思わない」(2)，「どちらかというとそう思う」(3)，「そう思う」(4) の4件法で回答を求めた後，全項目の単純加算を以って尺度得点とする。尺度得点が高いほど，性差観が強い。

表1　男女別・共別学別性差観得点の平均（標準偏差）（伊藤，1997）

	共学	別学	高校生	成人
女子 (N=737)	73.60(13.96)	73.07(13.51)	73.32(13.72)	73.92(16.64)
男子 (N=707)	76.64(13.92)	80.66(12.05)	78.53(13.22)	75.37(15.15)

表2　年齢による性差観の平均値と標準偏差
（伊藤（2000）にもとづき引用者が作成）

			20代	30代	40代	50代
女性		N	71	82	100	85
		平均値	69.44	71.95	71.98	81.85
		標準偏差	13.87	15.96	16.27	17.19
男性		N	72	67	102	70
		平均値	72.29	71.34	78.17	78.30
		標準偏差	14.24	14.57	15.19	15.04

項目内容　性差観スケール

	そう思わない 1	どちらかといえばそう思わない 2	どちらかといえばそう思う 3	そう思う 4
15. 女性は月経があるので，精神的に不安定である				
16. 女性は何かにつけて責任を回避しがちである				
17. たくましい精悍な体つきは，男の魅力として重要である				
18. 人前では，妻は夫を立てた方がよい				
19. 男はむやみに弱音を吐くものではない				
20. 男は背が高くなければ，と思う				
21. 論理的思考は，男性の方がすぐれている				
22. 最終的に頼りになるのは，やはり男性である				
23. 女性は男性にくらべ，感情的である				
24. 子育ては，やはり母親でなくては，と思う				
25. 女性は男性にくらべ，手先が器用である				
26. 女性は出産する可能性があるため，男性と仕事の上で互角に並ぶのは無理である				
27. 冒険心やロマンは，男性の究極のよりどころである				
28. 女が人前でタバコを吸うのは好ましくない				
29. 子どものことより自分のことを優先して考えるような女性は，母親になるべきではない				
30. 男性は女性にくらべ，攻撃的である				

出典論文・関連論文

Bem, S. L.　1981　Gender schema theory: A cognitive account of sex typing.　*Psychological Review*, **88**, 354-364.

土肥伊都子　1995　ジェンダーに関する役割評価・自己概念とジェンダー・スキーマ——母性・父性との因果分析を加えて　社会心理学研究, **11**, 84-93.

伊藤裕子　1997　高校生における性差観の形成環境と性役割選択——性差観スケール（SGC）作成の試み　教育心理学研究, **45**, 396-404.

伊藤裕子　1998　高校生のジェンダーをめぐる意識　教育心理学研究, **46**, 247-254.

伊藤裕子　2000　成人の性差観が性役割選択に及ぼす影響　心理学研究, **71**, 57-63.

伊藤裕子・江原由美子・川浦康至　1996　性差意識の形成環境に関する研究——性差に関連する文化の形成および教育効果に関わって　（財）東京女性財団

鈴木淳子　1994　平等主義的性役割態度スケール短縮版（SESRA-S）の作成　心理学研究, **65**, 34-41.

著作権者連絡先

伊 藤 裕 子

文京学院大学大学院人間学研究科

〒356-8533　埼玉県ふじみ野市亀久保1196

ジェンダー・アイデンティティ尺度

土肥（1996）

測定概念・対象者

　男性性と女性性とがともに高いアンドロジニーは適応的であると考えられている（Bem, 1974）。土肥（1994；1996）は，ジェンダー・スキーマによって排他的にとらえられた男性性と女性性とを統合する自我のはたらき（ジェンダー・アイデンティティ）によってアンドロジニーが形成されると仮定した。ジェンダー・アイデンティティには次の3点が関連する。①自己の性の受容……自己の性を受容することによって，同性性を獲得することができ，また「自分は男（女）である」という確固たる感覚を失うことなく異性性を獲得することが可能になる，②父母との同一化……異性性を自己に取り入れる際には，自己の性との間に葛藤が生じることが考えられるが，父母が同性モデルとして有効であれば，自己の性と異性性との間の葛藤の解決に役立つと考えられる，③異性との親密性……ステレオタイプな男性性や女性性をもっている状態では，異性と親密な関係を築くことはできない。ジェンダー・アイデンティティによって，ジェンダー・スキーマの問直し，個性を発揮することが必要となる。本尺度は以上の3つの下位側面をもつと仮定されるジェンダー・アイデンティティを測定する尺度として作成された。対象者として，青年期後期から成人期初期の者が想定されている。

作 成 過 程

　3つの下位概念に対応する予備項目を作成し，大阪府・兵庫県内の4大学（短大1校）の学生638名（男子184名，女子454名）を対象に自分にどれくらい当てはまるかを「まったく当てはまらない」（1）～「とてもよく当てはまる」（4）の4件法で回答を求めた。男女別に因子分析（主成分解）を行った結果，3因子が抽出され，第1因子から順に「異性との親密性」「自己の性の受容」「父母との同一化」に対応していた。各因子に対する負荷の高さと項目―下位尺度間相関を考慮しながら，もっとも α 係数の高い項目群を探索し，最終的に，各下位尺度10項目ずつのジェンダー・アイデンティティ尺度を作成した。なお，男性用と女性用とでは，項目が異なっている（土肥，1996）。

信頼性

α係数は,「性の受容」男性用 .71, 女性用 .73,「父母との同一化」男性用 .65, 女性用 .71,「異性との親密性」男性用 .82, 女性用 .78 であった(土肥, 1996)。

妥当性

確認的因子分析により,因子を想定しないナルモデル,ジェンダー・アイデンティティ因子を想定した単一因子モデル,下位尺度の3因子を想定した3因子モデルの3つのモデルを検討した結果,男女とも3因子モデルがもっとも妥当であり,因子的妥当性が確認された(土肥, 1996)。

尺度の特徴

アンドロジニーが適応的であることは提唱されていたが,アンドロジニーの形成過程については,あまり明らかではなかった。本尺度は,性役割獲得に関する理論の精緻化に貢献しうると考えられる。

採点方法

自分に当てはまるかどうかを,「1. まったく当てはまらない」「2. どちらかといえば当てはまらない」「3. どちらかといえば当てはまる」「4. とてもよく当てはまる」の4件法で回答を求め,下位尺度(「自己の性の受容」「父母との同一化」「異性との親密性」)ごとに単純合計したものを下位尺度得点とする。得点が高いほど,当該の傾向が高いことを示す。

表1 ジェンダー・アイデンティティ尺度の下位尺度得点の平均値と標準偏差,尺度間相関(土肥,1996)

		男性用尺度			女性用尺度		
		性の受容	父母との同一化	異性との親密性	性の受容	父母との同一化	異性との親密性
	平均値	34.3	27.9	27.4	31.1	29.1	24.6
	標準偏差	4.11	3.97	5.46	4.30	4.69	4.97
尺度間相関	性の受容	—			—		
	父母との同一化	.232	—		.117	—	
	異性との親密性	.244	.280		.148	−.011	

出典論文・関連論文

Bem, S. L. 1974 The measurement of psychological androgyny. *Journal of Consulting and Clinical Psychology*, **42**, 155-162.

土肥伊都子 1994 心理学的男女両性具有性の形成に関する一考察 心理学評論, **37**, 192-

ジェンダー・アイデンティティ尺度

項目内容

教示
以下の質問文を読んで下さい。あなた自身にとって，それらはどのくらいあてはまりますか。下に示した基準に従って，1から4の番号のいずれかにマルをつけて下さい。

選択肢
1. まったく当てはまらない
2. どちらかといえば当てはまらない
3. どちらかといえば当てはまる
4. とてもよく当てはまる

男性用尺度項目

【性の受容】

1. 私は男に生まれて損をした●
2. 女として生まれた方が幸せだった●
3. 親は「男のくせに……」というのが口癖だった●
4. 子供を持つつもりはない●
5. 男だから，といって親からよく体罰を受けた●
6. 私が女だったら，親は学校の成績のことでうるさく言わなかったのにと思う
7. 異性に恋愛感情を持ったことがない●
8. ひげが生えるのは，男として恥ずかしいことではない
9. 男の体はゴツゴツしていていやだ●
10. 男はスポーツの1つぐらいできなくてはいけない，と親に強制された●

【父母との同一化】

1. 両親の仲はよかった
2. 私の親は話がわかる
3. 幸せな結婚生活が送れるかどうか，は自分でしっかり考えるべきだ

(p.167へ続く。)

203.
土肥伊都子　1996　ジェンダー・アイデンティティ尺度の作成　教育心理学研究，**44**，187-194.
土肥伊都子　1998　男性性・女性性の規定モデルの実証的検討　四天王寺国際仏教大学紀要文学部，**30**，92-107.
土肥伊都子　1999　ジェンダーに関する自己概念の研究——男性性・女性性の規定因とその機能　多賀出版

著作権者連絡先
土肥伊都子
神戸松蔭女子学院大学人間科学部
　〒657-0015　兵庫県神戸市灘区篠原伯母野山町1-2-1

項目内容 ジェンダー・アイデンティティ尺度

	とてもよく当てはまる	どちらかといえば当てはまる	どちらかといえば当てはまらない	まったく当てはまらない
	1	2	3	4

4．妻とは長年，人間的に刺激しあって生きていくつもりだ
5．結婚しても離婚するかもしれない●
6．小さい頃，親に学校でのできごとをよく話した
7．私の父は威厳がある
8．結婚後の生活は相手次第であり，どうなるかわからない●
9．私はどんな親になっているか，見当がつく
10．異性に対して理想を持っている

【異性との親密性】
1．私はよく一対一のデートをしている
2．異性との話題には事欠かない
3．好きな異性にアピールできる個性がある
4．異性に対しては自分から話しかける方だ
5．好きな異性に自分から告白できない●
6．異性の友人が多い
7．恋愛することは人生で大切なことだ
8．好きな異性のことを相談する同性の友人がいる
9．好きな異性を前にすると緊張する●
10．好きな異性にはありのままの自分を見せている

女性用尺度項目
【性の受容】
1．私は女に生まれて損をした●
2．男として生まれた方が幸せだった●
3．恋愛することは人生で大切なことだ
4．好きな異性のことを相談する同性の友人がいる

(p.168 へ続く。)

項目内容 — ジェンダー・アイデンティティ尺度

	とてもよく当てはまる	どちらかといえば当てはまる	どちらかといえば当てはまらない	まったく当てはまらない
	1	2	3	4

5．子供を産まなかったら，人生の重要な部分が欠ける
6．子供を持つつもりはない●
7．男に生まれ変わりたい●
8．恋愛についての記事をよく読む
9．女ならでは，の人生の楽しみを見つけたい
10．だいたいの出産プランがある

【父母との同一化】

1．両親の仲はよかった
2．私の親は話がわかる
3．親への反発や反抗心が今でもある●
4．他の家の子供に生まれたかった●
5．親は「女のくせに……」というのが口癖だった●
6．親は帰宅が夜遅いことをいつもとがめる●
7．母から女としての生き方を見出した
8．親は私が女性であるために，旅行を許可してくれない●
9．小さい頃でさえ，親と一緒に旅行へ行かなかった●
10．女という理由で，いつも家事をさせられる●

【異性との親密性】

1．私はよく一対一のデートをしている
2．異性との話題には事欠かない
3．好きな異性にアピールできる個性がある
4．異性に対しては自分から話しかける方だ
5．好きな異性に自分から告白できない●
6．異性の友人が多い

(p.169 へ続く。)

ジェンダー・アイデンティティ尺度

項目内容

	とてもよく当てはまる	どちらかといえば当てはまる	どちらかといえば当てはまらない	まったく当てはまらない
	1	2	3	4

7．好きな異性には，ありのままの自分を見せている
8．好きな異性を前にすると緊張する●
9．交際している異性の短所も許せる
10．異性との交際が長つづきしない●

(実施時には，尺度名と，逆転項目を示す●を取り除くことが必要である。項目の配列順はランダムに並べ替えるほうがよい。)

コラム　世論調査で使用される項目

世論調査では，男女の関係や女性の就業について，以下の項目がよく使用されている。

1．家庭について

教示

　結婚，家庭，離婚についての考え方について，あなたの御意見をお伺いします。次にあげるような考え方について，あなたの御意見に最も近いものはどれでしょうか。この中から1つだけあげてください。

選択肢

「賛成」「どちらかといえば賛成」「どちらかといえば反対」「反対」「わからない」

項目　（家庭の領域から1項目を抜粋）

　［家庭について］「夫は外で働き，妻は家庭を守るべきである」

2．女性の就業について

教示

　一般的に，女性が職業をもつことについて，あなたはどうお考えですか。この中から1つだけお答えください。

選択肢

「女性は職業をもたない方がよい」「結婚するまでは，職業をもつ方がよい」「子どもができるまでは，職業をもつ方がよい」「子どもができても，ずっと職業を続ける方がよい」「子どもができたら職業をやめ，大きくなったら再び職業をもつ方がよい」「その他」「わからない」

3．自己の性別（の受容）について

教示

　あなたは，男性（女性）に生まれてよかった，と思いますか。

選択肢

「そう思う」「どちらかといえばそう思う」「どちらかといえばそう思わない」「そうは思わない」

表1 夫は外で働き，妻は家庭を守るべきである（単位：％）

		N	賛成	どちらかといえば賛成	どちらかといえば反対	反対	わからない
平成9年	全体	3,574	20.6	37.2	24.0	13.8	4.4
	女性	1,955	17.9	34.0	26.9	16.7	4.6
	男性	1,619	23.9	41.0	20.5	10.3	4.3
平成4年	全体	3,524	23.0	37.1	24.0	10.0	5.9
	女性	1,971	19.8	35.8	26.4	11.9	6.1
	男性	1,553	26.9	38.8	20.9	7.7	5.7

『平成9年総理府男女共同参画社会に関する世論調査』
層化2段無作為抽出による全国20歳以上5,000名対象。
有効回収数3,574名（有効回収率71.5％）。

表2 女性が職業をもつことについて（単位：％）

		N	女性は職業をもたない方がよい	結婚するまでは、職業をもつ方がよい	子どもができるまでは、職業をもつ方がよい	子どもができたら職業をやめ、大きくなったら再びもつ方がよい	子どもができても、ずっと職業を続ける方がよい	その他	わからない
平成7年	全体	3,459	4.3	9.0	11.7	38.7	30.2	2.8	3.4
	女性	1,974	4.1	7.4	10.8	39.8	32.5	2.4	2.9
	男性	1,485	4.6	11.1	12.7	37.1	27.2	3.3	3.9
平成4年	全体	3,524	4.1	12.5	12.9	42.7	23.4	1.5	2.9

『平成7年総理府男女共同参画社会に関する世論調査』
層化2段無作為抽出による全国20歳以上、5,000名対象。
有効回収数3,459名（有効回収率69.2％）。

表3 あなたは，男性（女性）に生まれてよかった，と思いますか（単位：％）

	N	そう思う	どちらかといえばそう思う	どちらかといえばそう思わない	そうは思わない	無回答
全体	1,137	55.5	32.4	7.4	4.5	0.3
男性	518	66.8	28.4	2.5	2.3	0.0
女性	619	46.0	35.7	11.5	6.3	0.5

『1993年杉並区若い世代の意識と生活実態に関する調査』
層化2段無作為抽出による杉並区在住15歳～18歳の男女1,400名対象。
有効回収数1,137名。

コラム　ジェンダー・スキーマの認知相関指標

近年では，さまざまな情報を男性か女性かのいずれかに結びつけて認知するようにうながすジェンダー・スキーマ（Bem, 1981）の働きによって，性役割が獲得されると考えられるようになってきた。ジェンダー・スキーマ理論によれば，ジェンダー・スキーマが強い男性（女性）は，男性（女性）と結びつけられた性格特性・行動のみを自己に取り入れるため，男性的な男性（女性的な女性）となっていく（Bem, 1981）。

石田（1993；1994）は，このジェンダー・スキーマの強さを測定する性別アイデンティティ尺度を作成した。性別アイデンティティとは，「自己を確立しているアイデンティティの一部であり，自己がもっている男性らしさ／女性らしさのイメージとどのくらい一致しているか」（下條，1997）を意味する。自分が自己の性と結びつけた特性を自己に取り入れる個人ほど，ジェンダー・スキーマの機能が強いと考えられる。

本尺度では，回答者に，それぞれ12項目からなる男性性項目・女性性項目・中性項目に対して，以下の教示文のもと，「非常によくあてはまる」(1)〜「全くあてはまらない」(6) の6件法により回答するように求める。

　男性通念：「男性の社会通念としてどの程度一般的だと考えられるか」
　女性通念：「女性の社会通念としてどの程度一般的だと考えられるか」
　現実の自己イメージ：「現実のあなた自身にどの程度あてはまるか」
　理想の自己イメージ：「自分自身の理想にとってどの程度あてはまるか」

尺度得点は，「男性（女性）通念」と「現実の自己イメージ」，「男性（女性）通念」と「理想の自己イメージ」の4組の個人内相関を算出することによって求められる。個人内相関を用いることにより，個人が男性・女性に結びつけているイメージを，どれほど自己に取り入れているか，もしくは取り入れようとしているかが評価できる。ジェンダー・スキーマ理論（Bem, 1981）にしたがえば，本尺度により，ジェンダー・スキーマの強さを推定することができると考えられる（石田，1994）。

【出典論文・関連論文】

Bem, S. L.　1981　Gender schema theory: A cognitive account of sex typing. *Psychological Review*, **88**, 354-364.

石田英子　1993　性別アイデンティティのデモグラフィック規定因に関する基礎的研究　社会心理学研究，**8**, 56-63.

石田英子　1994　ジェンダ・スキーマの認知相関指標における妥当性の検証　心理学研究，**64**, 417-425.

下條英子　1997　ジェンダー・アイデンティティ——社会心理学的測定と応用　風間書房

5 認知判断傾向

この領域について

認知判断傾向

　人間は社会的存在であり，周りの人や環境から，さまざまな影響を受けて行動している。しかし，私たちは，日常生活の中で，さまざまなことを感じたり，考えたり，判断したりしながら行動しており，単なる外的刺激の受動的再現者ではない。しかも，そのようなものの見方や考え方は，個人によって違いがあり，同じ状況においても必ずしも同じ判断結果や行動をもたらすものでもない。本章では，このように，外的刺激や状況の影響を越えて，ある程度個人に一貫したものの見方や考え方のことを「認知判断傾向」と呼ぶことにする。

　認知判断傾向は，心の内的なはたらきに関するものであり，直接的な観察が不可能である。そこで，実際の行動を観察することで，心のはたらきを間接的に推測することも可能であるが，行動を観察することが困難な場合，あるいは行動を観察することでは把握できないような場合は，質問紙によって「尺度」という形で，認知判断傾向をとらえようとすることが多い。本章では，そのような試みのいくつかを紹介する。

　ある出来事や自分のある行動の結果をもたらした原因を推測するプロセスのことを「原因帰属」というが，そのとき原因を何と考えるかによって，その後の行動が大きく変わることが考えられる。たとえば，自分の失敗を自分の努力不足だと考えるのと，たまたま運が悪かったと考えるのでは，その後の対処の仕方がまったく異なるだろう。このように，原因が自分に存在し，自分のコントロール下にあると考える場合を「内的統制」，反対に原因が外的なものとして存在し，自分のコントロール下にないと考える場合を「外的統制」という。これまでこの内的統制―外的統制すなわち「統制の所在（ローカス・オブ・コントロール）」を測定するのに，さまざまな尺度が開発され，検討されている。代表的なのは，ロッター（1966）による「I－E尺度（Internal-External Scale）」であり，これについては本邦でも多くの検討が行われている（辻，1970；速水，1973；次良丸，1975；吉田・白樫，1975；山田，1981）。本章では，ロッター（1966）のI－E尺度の問題点を克服して開発された，鎌原・樋口・清水（1982）による「Locus of Control尺度」を紹介する。これとは別に，内的―外的の枠にとらわれない，一般的な出来事の原因の推測の仕方の個人差を測定するものとして，「帰属スタイル」の研究もある（樋口・鎌原・清水・大塚，1982；小島，

1983；新名，1984；桜井，1987；成田・今田・新浜，1990；成田・嶋崎・今田，1994)。

　従来，心理学では，とくにヴィゴツキーの理論を中心にして，精神発達を明らかにするために「独り言」に注目してきた。ヴィゴツキーの指摘では，独り言は小学校に入る前までに音声が抜け落ち，内言へと移行するとされている。しかし，現実では，大人でも独り言を言うことはある。しかも，他者がいるときには生じにくいこと，自分が悩んでいるときに生じやすいことを考えると，独り言は大人においても心のはたらきを探るための重要な手がかりとなる。このような観点から，岩男ら（岩男，1995；岩男・堀，1996；1998）は，コミュニケーションのためのコトバも含めて広く発話の個人差を測定する，「発話傾向尺度」を作成した。発話傾向とは，個人が日常生活の中でどの程度発話しがちかを意味するものである。

　先のことを考えず，その場の欲求で行動する人もいれば，将来のことを考えて我慢する人もいる。これは，個人における「見通し」の違いといえるが，このような見通しのこと，すなわち「過去・現在・未来に関する意識や態度」のことを，心理学では「時間的展望」という。これまで時間的展望の領域では，さまざまな尺度が開発されている。たとえば，時間的展望に対する価値体系，すなわち現在の行為が未来を決定するととらえているか，未来を現在と切り離してとらえているかの信念を測定する「時間的信念尺度」（白井，1993）がある。これは時間的展望に対するメタ認知であり，過去・現在・未来についての関係の信念でもある。また，時間的展望の中でも，とくに将来の目標やその実現に向けての計画や実行について測定するものとして「目標意識尺度」（都筑，1995）がある。さらに，時間的信念尺度や未来指向質問紙など9つの質問紙より作成した，時間的展望を多次元的に測定する「将来展望質問紙」（日本語版：都筑・白井，1997）などがある。本章では，白井（1994；1997）による「時間的展望体験尺度」を紹介する。

　ところで，ある判断をするのに，より多くの情報を収集したうえで，じっくり考えて慎重に結論を下す人もいれば，ある程度の情報で早急に結論を下す人もいる。この違いを「認知的熟慮性―衝動性」という。従来の研究は，子どもを対象としてきており，その測定にMFFテスト（同画探索検査）という図版課題を用いてきた。それは，子どもの場合，言語報告に信頼性がないため，尺度による測定が難しいためである。本章では，滝聞ら（滝聞・坂元，1991ほ

この領域について

か）によって開発された，大人を対象とする言語報告による「認知的熟慮性―衝動性尺度」を紹介する。

　一般的に，曖昧な状況は不快であると考えられている。たとえば，相手が言っていることや考えていることが分からない，相手が自分をどのように評価しているか分からない，計画したことが成功するかどうか分からない，自分の思い通りにならない，などである。しかし，同じ曖昧な状況でも，気になる人もいればそうでない人もいる。このように，曖昧な状況に対する個人の反応の違い，言いかえれば，曖昧な状況に認知的に耐えられるかどうかの個人差のことを「曖昧さ耐性」という。これまで本邦では，今川（1981；1982）や吉川（1981）などが曖昧さ耐性尺度を作成している。一方で，とくに心理的ストレスとの関連に注目するならば，曖昧さに耐えられない人ほど，ストレスフルであることが考えられる。つまり，曖昧さに耐えられないという個人特性がストレスを助長する一つの要因になっているのではないかということである。本章では，ノートン（1975）の「曖昧さ耐性尺度（MAT-50）」をもとに作成された，増田（1994；1998）による「心理的健康と関連する曖昧さ耐性尺度」を紹介する。

　近年，態度変容あるいは説得研究の分野では，「精緻化見込みモデル」（Petty & Cacioppo, 1986）による説明がなされている。私たちは，誰かから何らかの説得を受ける際，いろいろな情報を考慮したうえで，その人の言う内容をよく考えてから態度を変える場合と，深く考えずに，直接的にはメッセージの内容に関係のない，相手の容姿のような周辺的な手がかりを参考に，短絡的に態度を変える場合がある。精緻化見込みモデルでは，そのいずれのパターンが生じるのかについての決め手として，その人がどれだけちゃんと考えようとしているのかという「動機づけ」と，その際どれだけ考えられることができるのかという「情報処理能力」があげられている。とくに，前者の動機づけの個人差，すなわちその人が普段からどれだけちゃんと考えたり，それを楽しんだりする動機づけがあるか，のことを「認知欲求」という。本章では，神山・藤原（1991）による，カシオッポとペティ（1982）の「認知欲求尺度」の日本語版を紹介する。

　物事を楽観的に考えるか，悲観的に考えるかには個人差がある。ではなぜこうした個人差が生じるのであろうか。客体的自覚状態理論によると，人にはこうありたい自分，つまり理想自己と，現在の自分の姿である現実自己があり，

自分自身を客観的に見つめられるような状態（これを客体的自覚状態という）になると，これら2つの自己を比較するようになるとされる。そして理想自己と現実自己が大きく食い違っているとき，人はそのズレを克服し，現実自己を理想自己に近づけようとするのだが，デュヴァルとウイックランド（1972）はズレを克服しようとする努力には個人差があると指摘する。具体的には，努力によってズレは克服できると考える人は楽観主義傾向が高く，努力によってもズレは克服できないと考える人は悲観主義傾向が高いとされる。シャイアーとカーヴァー（1985）はこうした傾向を測定するために Life Orientation Test を開発した。本章では中村を中心とする共同研究者ら（1993）がこれを邦訳したものを紹介する。なお中村（2000）にも詳細な解説がある。参照いただきたい。

【引用文献】

Cacioppo, J.T., & Petty, R.E.　1982　The need for cognition. *Journal of Personality and Social Psychology*, **42**, 116–131.

速水敏彦　1973　IE スケールの構成概念妥当性についての予備的検討　名古屋大学教育学部紀要（教育心理学科），**20**，77–91.

樋口一辰・鎌原雅彦・清水直治・大塚雄作　1982　原因帰属様式（Attributional Styles）に関する研究（3）——女子大学生の原因帰属様式と抑うつ傾向並びに統制感との関係　東京工業大学人文論叢，**7**，141–149.

池田善英・小口孝司　1993　対人行動に関わる既存の個別的パーソナリティ尺度の検討（2）——既存の尺度の構造分析について　日本グループ・ダイナミックス学会第41回大会発表論文集，Pp.172–173.

今川民雄　1981　Ambiguity Tolerance Scale の構成（1）——項目分析と信頼性について　北海道教育大学紀要第一部C教育科学編，**32**，79–93.

今川民雄　1982　AMBIGUITY TOLERANCE SCALE の妥当性について　日本心理学会第46回大会発表論文集，301.

岩男征樹　1995　発話傾向についての自己報告に基づく個人の分類　教育心理学研究，**43**，220–227.

岩男征樹・堀洋道　1996　発話傾向尺度の作成及び信頼性と妥当性の検討——社会的発話傾向に注目して　筑波大学心理学研究，**18**，147–155.

岩男征樹・堀洋道　1998　大人ではどのような人が独り言をよくいうのか？　筑波大学心理学研究，**20**，143–156.

この領域について

次良丸睦子　1975　Internal-External Locus of Control に関する研究——"価値"に対する認知型　心理学研究, **46**, 272-280.

辻　正三　1970　「依存性テスト」の検討（第2報）　東京都立大学人文学部人文報, **77**, 17-33.

鎌原雅彦・樋口一辰・清水直治　1982　Locus of Control 尺度の作成と, 信頼性, 妥当性の検討　教育心理学研究, **30**, 302-307.

神山貴弥・藤原武弘　1991　認知欲求尺度に関する基礎的研究　社会心理学研究, **6**, 184-192.

小島理恵　1983　女子大生における原因帰属スタイルと抑うつ水準との関係——ASQ 日本版による検討　日本心理学会第47回大会発表論文集, 425.

増田真也　1994　曖昧さに対する耐性と心理的ストレスに関する研究　日本心理学会第58回大会発表論文集, 91.

増田真也　1998　曖昧さに対する耐性が心理的ストレスの評価過程に及ぼす影響　茨城大学教育学部紀要（人文・社会科学, 芸術）, **47**, 151-163.

中村陽吉（編著）　2000　対人場面における心理的個人差——測定対象についての分類を中心にして　ブレーン出版

成田健一・今田　寛・新浜邦夫　1990　EASQ（Expanded Attributional Style Questionnaire）を用いた帰属様式の測定——その信頼性および抑鬱との関係　日本心理学会第54回大会発表論文集, 135.

成田健一・嶋崎恒雄・今田　寛　1994　日本版 EASQ（Expanded Attributional Style Questionnaire）の短縮版の検討　日本心理学会第58回大会発表論文集, 71.

新名理恵　1984　ASQ 日本版による大学生の原因帰属スタイルの検討　日本心理学会第48回大会発表論文集, 619.

Norton, R.W.　1975　Measurement of ambiguity tolerance. *Journal of Personality Assessment*, **39**, 607-619.

Petty, R.E., & Cacioppo, J.T.　1986　*Communication and persuasion: Central and peripheral routes to attitude change.*　New York: Springer-Verlag.

Rotter, J.B. 1966 Generalized expectancies for internal versus external control of reinforcement. *Psychological Monograph*, **80**, 1-28.

桜井茂男　1987　大学生の絶望感および抑うつに及ぼす原因帰属の影響　日本心理学会第51回大会発表論文集, 591.

Scheier, M. F., & Carver, C. S.　1985　Optimism, coping, and health : Assessment and implications of generalized outcome expectancies. *Health Psychology*, **4**, 219-247.

清水　裕・押見輝男　1993　対人行動に関わる既存の個別的パーソナリティ尺度の検討——既存の尺度の構成下位尺度の分類　日本グループ・ダイナミックス学会第

41回大会発表論文集，Pp.174–175.

白井利明　1993　時間的信念尺度の検討に関する研究　大阪教育大学紀要第Ⅳ部門，**42**，51–57.

白井利明　1994　時間的展望体験尺度の作成に関する研究　心理学研究，**65**，54–60.

白井利明　1997　時間的展望の生涯発達心理学　勁草書房

高良美樹・中村陽吉　1993　対人行動に関わる既存の個別的パーソナリティ尺度の検討（1）――関係の分析の枠組み　日本グループ・ダイナミックス学会第41回大会発表論文集，Pp.170–171.

滝聞一嘉・坂元　章　1991　認知的熟慮性－衝動性尺度の作成――信頼性と妥当性の検討　日本グループダイナミクス学会第39回大会発表論文集，39–40.

都筑　学　1995　目標意識尺度の作成　日本教育心理学会第37回総会発表論文集，325.

都筑　学・白井利明　1997　Future Time Perspective Questionnaire（将来展望質問紙）の日本語版の作成　日本心理学会第61回大会発表論文集，67.

山田兼尚　1981　Locus of ControlのInternal-External尺度に関する検討　国立教育研究所研究集録，**2**，47–62.

吉田道雄・白樫三四郎　1975　成功――失敗条件および成員の統制志向傾向が成員行動の認知におよぼす効果　実験社会心理学研究，**15**，45–55.

吉川　茂　1981　心理的曖昧さの測定とAmbiguity Tolerance　臨床教育心理学研究（関西学院大学臨床教育学会），**7**，1–8.

（成人用一般的）Locus of Control 尺度

鎌原・樋口・清水（1982）

測定概念・対象者

ロッター（1966）は，自分の行動とその結果に付随する強化（原因）が随伴しているかどうか，その強化の生起を統制することができるかどうかという信念に注目した。自分の行動と強化が随伴すると認知し，自分の能力や技能によって強化がコントロールされているという信念を「内的統制（Internal Control）」，反対に行動と強化が随伴しないと認知し，強化が運や他者などの外的要因によってコントロールされているという信念を「外的統制（External Control）」といい，この内的—外的統制のことをローカス・オブ・コントロールという。ロッターは，この概念を測定するI−E尺度（Internal-External Scale）を開発している。

これに対して，鎌原ほか（1982）は，ロッターのI−E尺度の問題点を指摘し，それを克服するために，新たに尺度を構成した。

対象者は，成人一般であるが，高齢者やうつ病者にも適用可能である。

作成過程

従来の関連尺度を参考にしながら，それらの問題点を克服して，47項目が作成された。女子大学生143名のデータより，因子分析の結果をもとに，高齢者・うつ病者にも適用できるように，18項目を選出した。この18項目を大学生426名に実施し，信頼性と妥当性の検討を行った。

信頼性

α 係数は.78であり，高い信頼性を示している。また，約2カ月をおいて行った40名に対する再テストの結果，再テスト信頼性は.76であった。

妥当性

統制感をもたない人つまり外的統制の人ほど抑うつ性が高いと考えられるが，TPIから独自に構成された抑うつ尺度との間に $r=-.41$，Y−G検査D尺度との間に $r=-.28$ の負の相関が得られた。本尺度は得点が高いほど内的統制を意味しているため，負の相関は構成概念妥当性を

認知判断傾向

項目内容 （成人用一般的）Locus of Control 尺度

教示

以下にさまざまな文が並んでいます。それを読んであなたがそれらの意見についてどのように思うか，一番あっていると思う番号に○印をつけて下さい。

項目

		そう思う	ややそう思う	ややそう思わない	そう思わない
		1	2	3	4

● 1　あなたは，何でも，なりゆきにまかせるのが一番だと思いますか。

　2　あなたは，努力すれば，りっぱな人間になれると思いますか。

　3　あなたは，いっしょうけんめい話せば，だれにでも，わかってもらえると思いますか。

　4　あなたは，自分の人生を，自分自身で決定していると思いますか。

● 5　あなたの人生は，運命によって決められていると思いますか。

● 6　あなたが，幸福になるか不幸になるかは，偶然によって決まると思いますか。

● 7　あなたは，自分の身におこることは，自分のおかれている環境によって決定されていると思いますか。

● 8　あなたは，どんなに努力しても，友人の本当の気持ちを理解することは，できないと思いますか。

● 9　あなたの人生は，ギャンブルのようなものだと思いますか。

　10　あなたが将来何になるかについて考えることは，役に立つと思いますか。

　11　あなたは，努力すれば，どんなことでも自分の力でできると思いますか。

　12　あなたは，たいていの場合，自分自身で決断した方が，よい結果を生むと思いますか。

　13　あなたが幸福になるか不幸になるかは，あなたの努力しだいだと思いますか。

（p.183 へ続く。）

示している。

また，Internalな人のほうが努力への帰属が高く，運への帰属が低くなることが予測される。学業達成領域と友人関係領域の2つの領域で，好ましい事態と好ましくない事態の2つの事態について，帰属を検討したところ，学業達成領域では予測が支持されたが，友人関係領域では好ましい事態での努力への帰属に有意差がみられなかった。

さらに，Internalな人は，目標に向かって積極的にはたらきかけるような行動方略をとるのに対して，Externalな人は，なりゆきにまかせるような行動方略がとらえることが予測できるが，結果はこれを支持するものであった。

以上のように，十分な構成概念妥当性が示されている。

尺度の特徴

従来のI−E尺度の問題点を克服して作成されたものであり，項目の選出，信頼性，妥当性の検討も十分である。また，対象が成人一般だけでなく，高齢者やうつ病者への適用を考慮している点で，意味がある。

採点方法

Internal項目は，「そう思う」を4点，「そう思わない」を1点とし，反対にExternal項目は，「そう思う」を1点，「そう思わない」を4点として，その項目の得点とする。全項目の合計点を算出し，得点が高いほど，Internal傾向が強くなる。大学生426名（男175名，女251名）における平均値は50.21，標準偏差は7.56。

出典論文・関連論文

樋口一辰・鎌原雅彦・清水直治・大塚雄作　1982　原因帰属様式（Attributional Styles）に関する研究（3）——女子大学生の原因帰属様式と抑うつ傾向並びに統制感との関係　東京工業大学人文論叢, **7**, 141–149.

鎌原雅彦・樋口一辰・清水直治　1982　Locus of Control尺度の作成と，信頼性，妥当性の検討　教育心理学研究, **30**, 302–307.

鎌原雅彦　1986　高校生のLocus of Controlに関する研究——期待及び学習動機との関連　東京大学教育学部紀要, **26**, 107–117.

鎌原雅彦・樋口一辰　1987　Locus of Controlの年齢的変化に関する研究　教育心理学研究, **35**, 177–183.

Rotter, J. B.　1966　Generalized expectancies for internal versus external control of reinforcement. *Psychological Monograph*, **80**, 1–28.

項目内容　（成人用一般的）Locus of Control 尺度

		そう思う 1	ややそう思う 2	ややそう思わない 3	そう思わない 4

14　あなたは，自分の一生を思いどおりに生きることができると思いますか。

●15　あなたの将来は，運やチャンスによって決まると思いますか。

●16　あなたは，自分の身におこることを，自分の力ではどうすることもできないと思いますか。

17　あなたは，努力すれば，だれとでも友人になれると思いますか。

●18　あなたが努力するかどうかと，あなたが成功するかどうかとは，あまり関係がないと思いますか。

（●は External 項目。実施時には，尺度名と External 項目を示す●マークを取り除くことが必要。項目の配列順はランダムに並べ替えるほうがよい。）

選択肢
1　そう思う
2　ややそう思う
3　ややそう思わない
4　そう思わない

著作権者連絡先

鎌原 雅彦

聖学院大学人間福祉学部

〒362-8585　埼玉県上尾市戸崎1-1

発話傾向尺度

岩男（1995），岩男・堀（1996；1998）

測定概念・対象者

　ピアジェとヴィゴツキーの論争に始まる独り言の研究は，主に子どもを対象として行われてきた。現在では，次のようなヴィゴツキー理論による説明がなされている。すなわち，子どもはコミュニケーションの道具として獲得したコトバを3歳ごろから自分に向けるようになり，問題解決の道具として用いるようになる。それが「私的発話（private speech）」であり，やがては音声が抜け落ちて，小学校に入る前に「内言」へと移行する。

　岩男（1995）および岩男・堀（1996；1998）は，大人でも独り言を言い得ることに注目し，コミュニケーションのためのコトバも含めて広く発話の個人差を測定する尺度を作成した。岩男らは，個人が日常生活の中でどの程度発話しがちかを「発話傾向」と呼び，コミュニケーションのための発話，話し手が伝達の意図を持った発話についての「社会的発話傾向尺度」と，考えごとをしているようなときに生じる思考や問題解決と関連した，自分に向けられた発話である「私的発話傾向尺度」を構成した。さらに，各尺度はそれぞれ，「一般的社会的発話傾向尺度」，「感情的社会的発話傾向尺度」と，「独り言傾向尺度」，「内面化能力」の2つの下位尺度に分かれることが示されている（岩男・堀，1998）。

　対象は，理論的には小学生からの適用が可能である。ただし，文章の内容から考えて中学生以降に実施するのが適切であろう。

作成過程

　独自に24項目を案出し，大学生225名のデータより，2つの発話傾向に対応した2因子に分かれることを最初に確認している（岩男，1995）。その後，文章表現の修正，項目を追加して34項目とし，別の大学生225名のデータから，すべての項目が.50以上の負荷を示すようになるまで項目を選んで因子分析を繰り返し，最終的に残った項目を尺度構成のための項目とした（岩男・堀，1996）。3回の因子分析の結果，社会的発話傾向尺度として9項目，私的発話傾向として12項目が選ばれた。これについては，I-T相関分析より，社会的発話傾向尺度が.59～.81，私的発話傾向尺度が.55～.81と十分な結果が得られている。また，大学生164名のデータより，各尺度はそれぞれ，さらに上述の2つの下位尺度に分かれることが示されている（岩

男・堀，1998)。

信頼性

社会的発話傾向尺度，私的発話傾向尺度の α 係数は，それぞれ .87, .90 であり，十分に高い信頼性を示している（岩男・堀，1996）。また，下位尺度については，岩男・堀（1998）の第1調査では，一般的社会的発話傾向尺度が .87，感情的社会的発話傾向尺度が .60，独り言傾向尺度が .89，内面化能力が .79 であり，第2調査では，それぞれ .88, .53, .88, .75 であった。感情的社会的発話傾向尺度の信頼性がやや低いものの，それが2項目からなることを考えると，いずれも十分な信頼性があるといえる。

妥当性

社会的発話傾向は，シャイネスと $r=-.53$，賞賛獲得欲求と $r=.21$ などの相関が得られており，構成概念妥当性を示している（岩男・堀，1996）。一方，私的発話傾向については，直接的に妥当性の検討は行われていないが，携帯式の音声メモレコーダーを用いて，実際の独り言を収集した岩男（1999a）によると，独り言を言いがちで社会的発話を言いがちでないタイプの人が，社会的発話を言いがちで独り言を言いがちでないタイプの人よりも，1週間で言ったであろう独り言の発話数が多いことが示されており，基準関連妥当性を示している。また，調査法により内面化の程度と独り言の表現上の長さの関係を検討した岩男（1999b）によると，内面化能力が低い人ほどぶつぶつと長いタイプの独り言を言いがちであることが示されている。これは，ヴィゴツキー理論の，内面化に伴い，音声が抜け落ちると同時に，表現が省略され，短くなるという説明と合致しており，構成概念妥当性を示している。

尺度の特徴

発話の研究は，実験的に実際の発話を記録することが多い。しかし，日常で生じる独り言については実験的に検討することが困難である。また，従来は発話の個人差に注目した研究が少ない。以上の点で，本尺度は特徴的といえる。

採点方法

「あてはまらない」を1点，「あてはまる」を5点として，その項目の得点とする。ただし，逆転項目は，反対に「あてはまらない」を5点，「あてはまる」を1点とする。大学生225名（男44名，女181名）における平均値（標準偏差）は，社会的発話傾向が28.58（7.02），私的発話傾向が29.32（10.23）。

発話傾向尺度

教示
以下のそれぞれの質問項目について，最も当てはまる欄に1つだけ○を記入してください。

項目

評価尺度：
1 あてはまらない　2 ややあてはまらない　3 どちらともいえない　4 ややあてはまる　5 あてはまる

【一般的社会的発話傾向】
- ●10　会話では相手の話を聞いていることのほうが多い。
- ●12　人と話す時，黙りがちになる。
- 17　会話では話していることのほうが多い。
- ●15　「おとなしいね」と人に言われる。
- 4　「よくしゃべるね」と人に言われる。
- 11　人と話をする時には，しゃべらずにはいられない。
- 1　人と話をしていて，思いついたことはすぐ口にするほうである。

【感情的社会的発話傾向】
- 18　会話の中で感情をすぐ口に出すほうである。
- 8　「静かにしろ」と言われることがある。

【独り言傾向】
- 13　よく独り言を言っている。
- 7　独り言をつい人に聞こえるくらいの声で言ってしまう。
- 6　1人でいる時，思いついたことを口にしていることが多い。
- 19　1人でしゃべりながら考えていることが多い。
- 2　何かに困って解決法を1人で考える時に，声を出していることがよくある。
- ●3　1人で部屋にいる時は，あまり声を出さないほうである。
- 21　1人でいる時，感情を口にすることが多い。
- 9　1人で勉強している時，考えていることをよく声に出している。

(p.189へ続く。)

出典論文・関連論文

岩男征樹　1995　発話傾向についての自己報告に基づく個人の分類　教育心理学研究，**43**，220-227．

岩男征樹　1999a　音声メモレコーダーを用いた大人の独り言の分析　日本心理学会第63回大会発表論文集，903．

岩男征樹　1999b　大人における独り言の内面化の程度は独り言の長さと関係があるのか？　日本社会心理学会第40回大会発表論文集，24-25．

岩男征樹・堀　洋道　1996　発話傾向尺度の作成及び信頼性と妥当性の検討――社会的発話傾向に注目して　筑波大学心理学研究，**18**，147-155．

岩男征樹・堀　洋道　1998　大人ではどのような人が独り言をよくいうのか？　筑波大学心理学研究，**20**，143-156．

著作権者連絡先

岩男征樹

東京工業大学大学院社会理工学研究科価値システム専攻

〒152-8552　東京都目黒区大岡山2-12-1

発話傾向尺度

認知判断傾向

	あてはまらない	ややあてはまらない	どちらともいえない	ややあてはまる	あてはまる
	1	2	3	4	5

【内面化能力（の低さ）】

- ●20　口に出して考えるより，頭の中で考えるほうが楽である。
- ● 5　声に出さずに，考えをまとめることができる。
- 14　声を出さずに黙ったままで考えていると，うまく頭の整理ができない。
- ●16　何かを考える時に，声を出すということはほとんどない。

（●印は逆転項目。実施の際は，●マークを取り除いて，番号順に並べること。）

選択肢

1　あてはまらない
2　ややあてはまらない
3　どちらともいえない
4　ややあてはまる
5　あてはまる

時間的展望体験尺度

白井（1994；1997）

測定概念・対象者

　万一のことを考えて生命保険に入る人のように，将来のことを考えて現在に行動している人と，将来のことなどあまり考えずに行動している人がいる。これはその人の「見通し」の違いによるものといえる。心理学では，このような見通し，すなわち「ある一定の時点における個人の心理学的過去および未来についての見解の総体」のことを「時間的展望」という。白井（1994；1997）は，従来の尺度は，過去に関する項目が取り上げられていたとしても1つの下位尺度として成立していない，SD法にもとづいている，項目数が多い，未来に関する希望と目標指向性という2つの側面を区別していない，などの問題点があるとし，新たに「時間的展望体験尺度」を作成した。

　対象は，青年期から老年期までである。

作成過程

　大学生と専門学校生400名（男女各200名）を対象に，「私にとって未来（今，過去）とは」に続ける形の文章完成法により，自由記述をさせた。その結果，過去は受容対後悔・無関心，現在は充実対退屈・苦痛の1次元，未来は希望対不安と，目標指向対予測不可能の2次元に整理できることが示された（白井，1989；1997の研究7）。次に，希望・目標指向性・充実感・過去受容のそれぞれに対応すると思われる項目を上述の研究から選んで，白井（1997，研究3）の時間的態度尺度（白井（1991）の時間的展望尺度）の項目に加筆・修正して，25項目を作成し，大学生と専門学校生460名（男174名，女286名）に対して，調査を行った。因子分析（主因子解）を行い，スクリー法により，5因子を抽出し，バリマックス回転を行った。各因子に，因子負荷量が.35以下だった項目および2つ以上の因子にわたって.40以上だった項目を除いて，再度因子分析を繰り返した。その結果，5因子が抽出され，当該の因子以外の負荷量が.32以上だった1項目を削除して，20項目によりもう一度因子分析を行ったところ，5因子が得られ，いずれの項目も当該の因子に.40以上の負荷を示す単純構造が得られた。ただし，第5因子は2項目しかなく，1つの下位尺度を構成するには不十分と考えられたため，残る4因子を下位尺度として用いた。各因子は，当初予想された4側面である「現在の充実感」，「目標指向

認知判断傾向

項目内容　時間的展望体験尺度

教示
次の項目は，あなたが希望や充実感，過去受容をどのくらい持っているのか，お聞きするためのものです。各項目ごとにあてはまる数字を下からえらんで（　）の中に入れてください。

選択肢
1＝あてはまらない
2＝どちらかといえばあてはまらない
3＝どちらともいえない
4＝どちらかといえばあてはまる
5＝あてはまる

項目
（1）私には，だいたいの将来計画がある。　　　　　　　　　　　　　（　）
（2）将来のためを考えて今から準備していることがある。　　　　　　（　）
（3）私には，将来の目標がある。　　　　　　　　　　　　　　　　　（　）
（4）私の将来は漠然としていてつかみどころがない。　　　　　　　　（　）
（5）将来のことはあまり考えたくない。　　　　　　　　　　　　　　（　）
（6）私の将来には，希望がもてる。　　　　　　　　　　　　　　　　（　）
（7）10年後，私はどうなっていのかよくわからない。　　　　　　　　（　）
（8）自分の将来は自分できりひらく自信がある。　　　　　　　　　　（　）
（9）私には未来がないような気がする。　　　　　　　　　　　　　　（　）
（10）毎日の生活が充実している。　　　　　　　　　　　　　　　　（　）
（11）今の生活に満足している。　　　　　　　　　　　　　　　　　（　）
（12）毎日が同じことのくり返しで退屈だ。　　　　　　　　　　　　（　）
（13）毎日がなんとなく過ぎていく。　　　　　　　　　　　　　　　（　）
（14）今の自分は本当の自分ではないような気がする。　　　　　　　（　）
（15）私は，自分の過去を受け入れることができる。　　　　　　　　（　）
（16）過去のことはあまり思い出したくない。　　　　　　　　　　　（　）
（17）私の過去はつらいことばかりだった。　　　　　　　　　　　　（　）

（p.193 へ続く。）

性」,「過去受容」,「希望」であった(白井, 1994; 1997 の研究 8)。

信頼性

α 係数は,希望が.67, 目標指向性が.79, 充実感が.83, 過去受容が.67 であり, 65 名に対して 2 週間をおいて実施した調査における再テスト信頼性はそれぞれ, .81, .84, .79, .79 であった。いずれも,各尺度の高い信頼性を示している。

妥当性

過去,現在,未来に対する感情的評価を測定する時間的態度尺度(日本語版)を用いて相関を検討したところ,未来と希望,未来と目標指向性,現在と充実感,過去と過去受容の間に有意な中位の正の相関が得られ,本尺度の収束的妥当性が示された。さらに,希望と未来の相関は,希望と現在および希望と過去の相関よりも高く,同様の結果は他のすべての下位尺度において確認された。これは本尺度の弁別的妥当性を示すものである。一方で,将来に対する恐れや不安を測定する将来態度尺度との間では,本尺度の希望とは強く関連するが目標指向性とは関連が弱いことが予想される。相関を検討したところ,希望では中位の負の相関が得られ,目標指向性では弱い負の相関がみられた。希望と目標指向性との間で,無視できない相関がみられたことから,偏相関を計算したところ,目標指向性における相関はみられなくなった。このことは,希望の併存的妥当性を示すものである。また,自己評価尺度との関連を検討したところ,目標指向性と充実感の間にのみ,有意な偏相関が得られた。これは,能動的に自己と関わって達成感のあるものは自己評価が高いという従来の指摘を支持するものであり,構成概念妥当性を示すものである(白井, 1994; 1997 の研究 8)。

尺度の特徴

文章完成法による自由記述の結果を踏まえたうえで,項目が作成されていること,従来の尺度の問題点を踏まえていることなど,尺度作成,項目選択の手続きは十分であり,信頼性,妥当性も十分に検討されている。また,ベルギーの青年を対象とした文化比較研究(白井, 1997)において,同様の構造が得られており,本尺度が文化を超えて適用できることも示されている。大学生の卒業後に至る 5 年間に渡る縦断研究に使用されるなど,大学生の研究も蓄積されてきている(白井, 1999)。

採点方法

「あてはまる」を 5 点,「あてはまらない」を 1 点とし,反対に逆転項目は「あてはまる」を 1 点,「あてはまらない」を 5 点として,その項目の得点とする。

項目内容　時間的展望体験尺度

(18) 私は過去の出来事にこだわっている。　　　　　　　　　　　　（　　）

注）下位尺度は，(1) ～ (5) は目標指向性，(6) ～ (9) は希望，(10) ～ (14) は現在の充実感，(15) ～ (18) は，過去受容である。逆転項目は，(4)，(5)，(7)，(9)，(12)，(13)，(14)，(16) ～ (18) である。

出典論文・関連論文

白井利明　1989　現代青年の時間的展望の構造（1）――大学生と専門学校生を対象に　大阪教育大学紀要（第Ⅳ部門），**38**，21-28.

白井利明　1991　青年期から中年期における時間的展望と時間的信念の関連　心理学研究，**62**，260-263.

白井利明　1994　時間的展望体験尺度の作成に関する研究　心理学研究，**65**，54-60.

白井利明　1997　時間的展望の生涯発達心理学　勁草書房

白井利明　1999　大学生から社会への移行における時間的展望の再編成に関する追跡的研究（Ⅰ）――91年度大学入学コーホートにおける時間的展望と自我同一性の5年間の変化　大阪教育大学紀要（第Ⅳ部門），**47**，335-342.

著作権者連絡先

白井利明

大阪教育大学（教員養成課程）学校教育講座

　〒582-8582　大阪府柏原市旭ヶ丘4-698-1

認知的熟慮性―衝動性尺度

滝聞・坂元（1991）

測定概念・対象者

　ある判断をするのに，より多くの情報を収集したうえで，じっくり考えて慎重に結論を下す人もいれば，ある程度の情報で早急に結論を下す人もいる。この違いを「認知的熟慮性―衝動性」という。従来の研究は，子どもを対象としてきており，その測定にMFFテスト（同画探索検査）という図版課題を用いてきた。それは，子どもの場合，言語報告に信頼性がないため，尺度による測定が難しいためである。しかし，大人を対象とする場合，MFFテストは手間がかかるという問題がある。そこで，滝聞らは，大人を対象とする言語報告による利用しやすい尺度を開発した。

　対象は成人である。

作成過程

　独自に作成した21項目と，Y–G性格検査からT尺度（思考的外向―内向）9項目，R尺度（のんきさ）4項目，G尺度（一般的活動性）3項目の16項目を選んで，合計37項目からなる仮尺度を構成した。大学生および専門学校生581名のデータに対して，因子分析（主成分解，バリマックス回転）を行ったところ，固有値の推移および回転後の因子構造の単純性，解釈可能性の観点から3因子を抽出した。各因子は，「熟慮性―衝動性」，「そそっかしさ」，「一般的活動性」と命名され，第1因子が対象としている熟慮性―衝動性の次元であると考えられた。そこで，第1因子における因子負荷量が.40以上で，約1カ月をおいて行った再調査による（項目ごとの）再検査信頼性の値が.45以上の項目を選び，最終的に10項目からなる「熟慮性―衝動性」尺度を構成した（滝聞・坂元，1991）。

信頼性

　上述の581名について，データ収集を行った学校ごとにα係数を算出したところ，.767～.842となり，また170名に対して約1カ月の間隔をおいて行った再調査による再検査信頼性が.827と，いずれも十分に高い信頼性を示している。

妥当性

いくつかの調査および実験を行ったところ，次のような結果が得られている。まず本尺度はMFFテストとの間に有意な相関があり（滝聞・坂元，1991），これは基準関連妥当性を示している。また，他者の判断を参考にしながら，最終的に自分の判断を下すという判断課題において，熟慮的な人は衝動的な人に比べて，自分とは異なる結論を下している他者の論拠への接触傾向が強いこと（滝聞，1990），性格特性語のリストから印象形成をするという課題において，熟慮的な人は，連続提示される情報を偏りなく用いるが，衝動的な人は，最初と最後に提示される情報よりも，中間に提示された情報の利用度が低いこと（滝聞，1991），熟慮的な人は衝動的な人よりも，多数の属性に言及した広告を少数の属性に言及した広告よりも好むこと（坂元・滝聞・高木，1991），見知らぬ人の意見からその人のイメージを形成するという対人判断課題では，熟慮的な人のほうが他者の意見の吟味により時間をかけていたこと（滝聞，1995）などの結果が示されている。いずれも，本尺度の構成概念妥当性を示すものである。

尺度の特徴

従来のMMFテストは，複数の絵の中から基本の絵と同一の絵を選択させるというもので手間がかかるという点，得点化が複雑であるという点で，利用しにくいという問題がある。これに対して，本尺度は，言語報告にもとづく尺度であるため，大人を対象とした場合に利用しやすいものとなっている。しかも，いくつもの研究より，信頼性，妥当性が十分に示されているため，確かな指標として用いることが可能である。

採点方法

順項目については，選択肢の「4」「3」「2」「1」をそれぞれ4点，3点，2点，1点と得点化し，逆転項目については，「4」「3」「2」「1」をそれぞれ1点，2点，3点，4点と得点化する。全10項目についての合計を尺度得点とする。尺度得点が高いほど熟慮性が高いと判断する。

出典論文・関連論文

滝聞一嘉　1990　認知的熟慮性―衝動性が他者の判断への接触傾向に及ぼす効果　日本グループダイナミクス学会第38回大会発表論文集，81-82.

滝聞一嘉　1991　認知的熟慮性―衝動性が印象形成における初頭効果と親近効果に及ぼす効果　日本心理学会第55回大会発表論文集，678.

滝聞一嘉・坂元　章　1991　認知的熟慮性―衝動性尺度の作成――信頼性と妥当性の検討　日本グループダイナミクス学会第39回大会発表論文集，39-40.

坂元　章・滝聞一嘉・高木栄作　1991　「時間的圧力」と「熟慮性―衝動性」が広告選好に及ぼす効果　日本グループダイナミクス学会第39回大会発表論文集，37-38.

認知判断傾向

項目内容　認知的熟慮性―衝動性尺度

教示

以下の各文を読み，その各々があなたに当てはまるかどうかを判断し，下の対応例にしたがって，右欄の「4」～「1」のいずれかを○印で囲んでください。

　　4：あてはまる
　　3：どちらかと言えばあてはまる
　　2：どちらかと言えばあてはまらない
　　1：あてはまらない

項目

何でもよく考えてみないと気がすまないほうだ。	4・3・2・1
何事も時間をじっくりかけて考えたいほうだ。	4・3・2・1
深く物事を考えるほうだ。	4・3・2・1
何かを決めるとき，時間をかけて慎重に考えるほうだ。	4・3・2・1
全ての選択肢をよく検討しないと気がすまないほうだ。	4・3・2・1
用心深いほうだ。	4・3・2・1
実行する前に考えなおしてみることが多いほうだ。	4・3・2・1
買物は，前もっていろいろ調べてからするほうだ。	4・3・2・1
●計画を立てるよりも早く実行したいほうだ。	4・3・2・1
●よく考えずに行動してしまうことが多いほうだ。	4・3・2・1

（●印は逆転項目。実施の際は，●マークを取り除き，項目の配列順はランダムに並べ替えるほうがよい。）

選択肢

4：あてはまる
3：どちらかと言えばあてはまる
2：どちらかと言えばあてはまらない
1：あてはまらない

滝聞一嘉　1995　認知的熟慮性―衝動性尺度の妥当性の検討――熟慮性得点と，対人判断場面での他者情報の精査時間との関連　日本心理学会第59回大会発表論文集，171.

著作権者連絡先
滝 聞 一 嘉
帝京大学文学部教育学科
　〒192-0395　東京都八王子市大塚359
坂 元　　章
お茶の水女子大学大学院人間文化創成科学研究科
　〒112-8610　東京都文京区大塚2-1-1

心理的健康と関連する曖昧さ耐性尺度

増田（1994；1998）

測定概念・対象者

　一般的に，曖昧な状況は不快であると考えられている。たとえば，相手が言っていることや考えていることが分からない，相手が自分をどのように評価しているか分からない，計画したことが成功するかどうか分からない，自分の思い通りにならない，などである。しかし，同じ曖昧な状況でも，気になる人もいればそうでない人もいる。このように，曖昧な状況に対する個人の反応の違い，言いかえれば，曖昧な状況に認知的に耐えられるかどうかの個人差のことを「曖昧さ耐性」という。中でも，曖昧さに耐えられない人は，何かとストレスフルであることが考えられる。本尺度は，ノートン（1975）の「曖昧さ耐性尺度（MAT-50）」をもとに，とくに心理的ストレスとの関連に注目して作成された，増田（1994；1998）による「心理的健康と関連する曖昧さ耐性尺度」である。

　対象者は成人である。

作成過程

　大学生175名に調査を実施し，そのうち欠損値のない156名（男性36名，女性119名，不明1名）のデータに対して分析を行った。オリジナルのMAT-50にしたがって下位尺度を構成すると各尺度の α 係数が低かったため，因子分析（バリマックス回転）を行った。7因子を抽出し，負荷量が.30以上の項目で下位尺度を構成すると，α 係数が高くなった。しかし，概念的に関係があると考えられる抑うつ性と相関をとってみたところ，第1因子と第5因子だけが有意な高い負の相関を示した。これらの項目は，因子分析の初期解で共に第1因子への負荷量が高く，1次元性が高いと解釈することが可能であったため，第1因子と第5因子の15項目と，初期解において第1因子に負荷量の高かった9項目の，合計24項目を心理的健康と関連する曖昧さ耐性尺度として設定することにした。

信頼性

　156名のデータにより，α 係数を算出したところ，.82となり，十分に高い信頼性を示した。

妥当性

曖昧さ耐性は，ネガティブ事件体験個数と−.16，平均生活事件得点（点が高いほどその体験をつらいと感じている）と−.30，抑うつ度と−.20の有意な相関があった（増田, 1998）。一方で，生活事件体験個数とは相関がなかった。このことは，曖昧さ耐性は生活事件を体験した場合の評価と関係があること，つまり認知的耐性が低い人は，同じように事件を体験したとしても，それをより脅威的ととらえることを意味している。このことは，本尺度の構成概念妥当性を示している。

尺度の特徴

とくに，心理的健康との関連に限定される可能性はあるものの，ノートン（1975）のオリジナルの尺度は61項目であるのに対して，本尺度は24項目と，使いやすい点が特徴である。それに加え，同じ156名のデータでは，61項目で尺度を構成した場合より，信頼性，妥当性が高いことも示されている（増田, 1998）。ただし，オリジナルの尺度も含めて，下位尺度については不明確なところがあり，今後の課題とされている（増田, 1998）。

採点方法

「そうだ」を1点，「ちがう」を5点として，その項目の得点とする。ただし，逆転項目は，反対に「そうだ」を5点，「ちがう」を1点とする。得点が高いほど，耐性が高い，すなわち曖昧な状況に耐えられること，白黒をはっきりさせたい傾向が低いことを意味する。

出典論文・関連論文

増田真也　1994　曖昧さに対する耐性と心理的ストレスに関する研究　日本心理学会第58回大会発表論文集, 91.

増田真也　1998　曖昧さに対する耐性が心理的ストレスの評価過程に及ぼす影響　茨城大学教育学部紀要（人文・社会科学，芸術），**47**, 151−163.

Norton, R.W.　1975　Measurement of ambiguity tolerance. *Journal of Personality Assessment*, **39**, 607−619.

著作権者連絡先

増田真也

慶應義塾大学看護医療学部

〒252-8530　神奈川県藤沢市遠藤4411

心理的健康と関連する曖昧さ耐性尺度

項目内容：心理的健康と関連する曖昧さ耐性尺度

教示

次の文を読んで，「1. そうだ」「2. どちらかといえばそうだ」「3. どちらともいえない」「4. どちらかといえばちがう」「5. ちがう」の中から，あなたに当てはまるものを一つ選び，番号に○をつけてください。

項目

1. もしはっきりした答えにたどり着けない可能性があるなら，問題に取り組むのは嫌だ。
2. 後になってからこう言っておけばよかったと後悔することが多い。
3. 答えがないような問題はつまらない。
4. 物事を成し遂げるためには，正しい方法と間違った方法があると考えている。
5. 冗談の意味がよくわからないときには，それがわかるまですっきりしない。
6. 初めて会う人がどんな反応を私に示すかわからないと困る。
7. 人の考えについていけなくて困ることがある。
8. 周りの人とのコミュニケーションが欠けていたら私は仕事がうまくできない。
9. ●私ははっきりしない状況にも耐えることができる。
10. 明確な議題があれば，会議はうまくいくものだ。
11. 仲の良い友達と意見が衝突すると困る。
12. 自分でコントロールできるような確実なことをするのが好きだ。
13. セールスマンに会うと，何を売っているのか知りたがる。
14. 自分の行動が周りの人にどんな影響を与えるのかわからないと不安である。
15. 知らない人の多いパーティやコンパはおもしろくないだろう。
16. 周りの人が笑っていると，なぜ笑っているのかが気になる。

(p.202 へ続く。)

5　認知判断傾向

項目内容　心理的健康と関連する曖昧さ耐性尺度

		そうだ	どちらかといえばそうだ	どちらともいえない	どちらかといえばちがう	ちがう
		1	2	3	4	5
17	周囲の人々についてよく知らないと，一緒にいても楽しくない。					
18	第一印象は重要だと思う。					
19	今何時なのかをいつも気にしている。					
20	成功するという確信がないなら，計画を実行に移したくない。					
21	今日が何日か知っていないと気持ちが悪い。					
22	他の人が私を評価するときは，はっきりとした評価をして欲しいと思う。					
23	一旦始めたら，それが終わるまで他の仕事を始めたくない。					
24	思い通りにできないような状況だと，かなり不安になる。					

（●印は，逆転項目。実施の際には，●マークを取り除くこと。）

選択肢
1　そうだ
2　どちらかといえばそうだ
3　どちらともいえない
4　どちらかといえばちがう
5　ちがう

認知欲求尺度

神山・藤原（1991）

測定概念・対象者

　私たちは，誰かから何らかの説得を受ける際，いろいろな情報を考慮したうえで，その人の言う内容をよく考えてから態度を変える場合と，深く考えずに，直接的にはメッセージの内容に関係のない，相手の容姿のような周辺的な手がかりを参考に，短絡的に態度を変える場合がある。この点について，近年の説得研究では，「精緻化見込みモデル」（Petty & Cacioppo, 1986）による説明がなされている。それによると，前者のプロセスを「中心的ルート」，後者を「周辺的ルート」といい，そのいずれのルートが生じるのかについては，その人がどれだけちゃんと考えようとしているのかという「動機づけ」と，その際どれだけ考えられることができるのかという「情報処理能力」が関係することが指摘されている。とくに，動機づけの個人差，すなわちその人が普段からどれだけちゃんと考えたり，それを楽しんだりする動機づけがあるかのことを「認知欲求」という。カシオッポとペティ（1982）は，34項目からなる「認知欲求尺度」を作成し，いくつかの研究によって，信頼性と妥当性を明らかにした。本尺度は，神山・藤原（1991）による，認知欲求尺度の日本語版である。

　対象は成人である。

作成過程

　カシオッポとペティ（1982）が認知欲求尺度を作成するのに用いた45項目を翻訳し，大学生184名（Univ88データ），340名（UnivPREデータ），313名（UnivPOSTデータ）と，市が主催する社会教育講座および税務大学の監督者研究を受講した社会人166名（Non・Univデータ）に対して調査を実施した。各サンプルごとに因子分析（主因子法）を行ったところ，いずれも1因子構造を示した。そこで，属性に偏りがあるNon・Univデータを除外し，残りの3つのサンプルの因子分析の結果において，共通して第1因子に.40以上の負荷を示した21項目をまず候補項目として選択した。その後，性差のある項目を除外するために，3つのサンプルごとに性別でt検定を行い，いずれのサンプルにおいても性差がなかった15項目を尺度項目とした。合計点を算出し，再度性差を検討したところ，項目選択の際に考慮しなかったNon・Univデータを含む，すべてのサンプルにおいて性差がなかったため，この15項目で最終的に尺度化を

行うことにした。

信頼性

各サンプルごとに α 係数を算出したところ，Univ88 データが .86，UnivPRE データが .88，UnivPOST データが .87，Non・Univ データが .87 といずれも高い信頼性を示した。また，各サンプルごとに折半法による検討を行ったところ，それぞれ r=.86，.89，.87，.91 となり，UnivPRE データと UnivPOST データによる再テスト法では，r=.74 となった。いずれにせよ，十分に高い信頼性を示している。

妥当性

上述の 4 つのサンプルにおける因子分析結果の第 1 因子への因子負荷量パターンがいずれも，カシオッポとペティ (1982) の研究 1 と研究 2 におけるものと類似していたため，因子負荷量間の相関をそれぞれとってみたところ，.48〜.60 となった。これは本尺度の因子構造および各項目の負荷の仕方がオリジナルのものと類似していることを示すものであり，因子的妥当性を示すものである。また，認知欲求が情報を処理しようとする動機づけに影響を及ぼす要因であることを考慮し，刺激や情報に対する感受性や対処様式などに関連した，感覚希求，セルフ・モニタリング，刺激透過性との関連を検討したところ，ほぼ相関がないことが明らかになった。同様に，知能検査による知能との関係を検討したところ，文章を論理的に理解する能力とは相関がみられたものの，それ以外のものとは関係がなかった。いずれにせよ，これらのことは本尺度は，独立の概念を測定していることを意味しており，弁別的妥当性を示している。一方で，神山 (1993) は，認知欲求の違いにより，CM の印象評定にプライミング効果が生じるかを検討している。プライミングに影響を与える先行課題として，ポジティブな語とネガティブな語を意識的に処理するか，自動的に処理するかで操作した。その結果，一部の評定においてではあるが，高認知欲求者において，自動的に処理させるよりも，意識的に処理させたほうが，より評定値が高くなった。これは，意識的処理では認知的な努力が求められるため，認知欲求の程度により，処理する概念の活性化レベルに違いをもたらしたと考えられた。このことは，構成概念妥当性を示している。

尺度の特徴

本尺度は，カシオッポとペティ (1982) のオリジナルの尺度と類似した因子構造をもっていること，大学生だけでなく，社会人においても同様の因子構造が得られていることから，安定した指標といえる。また，項目数が 15 項目と少なく，利用しやすい点も特徴といえる。

認知欲求尺度

項目内容

教示
この尺度はあなたの個人的な傾向を測定するものです。回答に正解・不正解はありませんので，次の各文章を読んで，あなたにあてはまるところ一つに〇をつけてください。

項目

評価尺度：
- 7: 非常にそうである
- 6: そうである
- 5: 少しそうである
- 4: どちらでもない
- 3: あまりそうでない
- 2: そうでない
- 1: 全くそうでない

No.	項目
4	あまり考えなくてもよい課題よりも，頭を使う困難な課題の方が好きだ。
5	かなり頭を使わなければ達成されないようなことを目標にすることが多い。
9	課題について必要以上に考えてしまう。
●10	新しい考え方を学ぶことにはあまり興味がない。
18	一生懸命考え，多くの知的な努力を必要とする重要な課題を成し遂げることに特に満足を感じる。
●19	必要以上には考えない。
●21	一度覚えてしまえばあまり考えなくてもよい課題が好きだ。
●24	長時間一生懸命考えることは苦手な方である。
●32	考えることは楽しくない。
●33	深く考えなければならないような状況は避けようとする。
●34	自分が人生で何をすべきかについて考えるのは好きではない。
38	常に頭を使わなければ満足できない。
39	自分の人生は解決しなければならない難問が多い方がよい。
40	簡単な問題よりも複雑な問題のほうが好きだ。
●41	問題の答えがなぜそうなるのかを理解するよりも，単純に答えだけを知っている方がよい。

(p.207 へ続く。)

採点方法

「全くそうでない」を1点,「非常にそうである」を7点として,その項目の得点とする。ただし,逆転項目は,反対に「全くそうでない」を7点,「非常にそうである」を1点とする。

出典論文・関連論文

Cacioppo, J.T., & Petty, R.E. 1982 The need for cognition. *Journal of Personality and Social Psychology*, **42**, 116–131.

神山貴弥 1993 認知欲求が情報処理活動および態度変容過程に及ぼす影響 博士論文(広島大学)

神山貴弥・藤原武弘 1991 認知欲求尺度に関する基礎的研究 社会心理学研究, **6**, 184–192.

Petty, R.E., & Cacioppo, J.T. 1986 *Communication and persuasion: Central and peripheral routes to attitude change*. New York: Springer-Verlag.

著作権者連絡先

神 山 貴 弥

同志社大学心理学部心理学科

〒602-8580 京都府京都市上京区今出川通烏丸東入 徳照館412号室

項目内容 　認知欲求尺度

（●は逆転項目。番号は神山・藤原（1991）における45項目中の番号。実施の際には，●印を除外し，ランダムに並び替えて改めて番号を付けるほうがよい。）

選択肢
7：非常にそうである
6：そうである
5：少しそうである
4：どちらでもない
3：あまりそうでない
2：そうでない
1：全くそうでない

楽観主義尺度
(Life Orientation Test)

中村ら（2000）

測定概念・対象者

　デュヴァルとウイックランド（1972）によると，人は自分に注意を向けなくてはならない状態におかれると（客体的自覚状態），こうありたいという自分（理想自己）と今の自分（現実自己）を比較するようになる。そして理想自己と現実自己との間にズレがある場合には不快感を感じ，それを克服し，現実自己を理想自己に近づけようとする。しかしズレを克服しようとするかどうかには個人差があり，努力すればズレを克服できると考える楽観主義傾向の者と，どうやってもズレを克服するのは無理と考えてしまう悲観主義傾向の者とがいる。

　シャイアーとカーヴァー（1985）はこのような楽観主義傾向の個人差を測定するために Life Orientation Test を開発した。ここで紹介するのは中村らを中心とした研究グループが原尺度を邦訳したものである。大学生を中心に，社会人でも利用可能である。

作成過程

　楽観主義尺度を含む14種類の尺度を冊子にまとめ，大学生1,234名（男性415名，女性819名）を対象に大規模な調査を実施。この大規模調査の一部として楽観主義尺度の検討が行われている。因子分析（バリマックス回転）により2因子を抽出している（累積寄与率は47.5%）。また14の尺度に含まれる合計39の下位尺度の尺度得点を元に因子分析（主因子法・バリマックス回転）を行い，各下位尺度間の関係についても検討されている。

信頼性

　因子分析の結果抽出された2因子は「楽観的自己感情」因子と「悲観的自己感情」因子と命名されている。楽観的自己感情因子の α 係数は .722, 悲観的自己感情因子の α 係数は .591 となっている。

妥当性

　39の下位尺度の合成得点を因子分析にかけたとき抽出された7因子のうち「楽観的自己感情」「悲観的自己感情」はいずれも第1因子に含まれていた（負荷量は楽観的自己感情＝－.53,

楽観主義尺度

認知判断傾向

項目内容　楽観主義尺度

教示

以下に，いろいろな行動や考え方を表した文章があります。

あなたの普段の生活や活動から考えて，それぞれの文章がどの程度あなたにあてはまるかを答えてください。あてはまると思う数字に○をつけてください。正しい答えとか，良くない答えというのはありません。あなた自身について正直に答えてください。あまり深く考えずに，思いついたままを記入してください。

選択肢

1. 全くあてはまらない
2. ややあてはまらない
3. どちらともいえない
4. ややあてはまる
5. 非常にあてはまる

項目

	全くあてはまらない 1	ややあてはまらない 2	どちらともいえない 3	ややあてはまる 4	非常にあてはまる 5
1. 結果がどうなるかはっきりしない時は，いつも一番良い面を考える。(楽観)					
2. たやすくリラックス出来る。(フィラー)					
3. なにか自分にとってまずいことになりそうだと思うと，たいていそうなってしまう。(悲観)					
4. いつもものごとの明るい面を考える。(楽観)					
5. 自分の将来に対しては非常に楽観的である。(楽観)					
6. 自分は多くの友人に恵まれている。(フィラー)					
7. 忙しくしていることは私にとって重要である。(フィラー)					
8. 自分に都合よくことが運ぶだろうなどとは期待しない。(悲観)					
9. ものごとが自分の思い通りに運んだためしがない。(悲観)					
10. 簡単には動揺しない。(フィラー)					
11. 「憂いの影には喜びがある」ということを信じている。					
12. 自分の身に思いがけない幸運が訪れるのを当てにすることは，めったにない。(悲観)					

(p.211 へ続く。)

悲観的自己感情＝.44）。同じく第1因子に含まれていた下位尺度の主なものとして自己卑下感（.85），自尊感情（－.79），抑うつ感情（.64），社交能力不全感（.64），学力不全感（.59），評価懸念（.56），容姿不満感（.56），自己確信的自己表明（－.51），自己十全感（－.50）などがあり，負荷量の高低，符合の向きなどを見るかぎり，楽観的自己感情，悲観的自己感情と他の下位尺度との間に整合的な関連があるとみることができるだろう。

尺度の特徴

近年楽観的認知傾向は精神的健康と強い関連をもっているのではないかといわれるようになっている。その意味でもこの楽観主義尺度は，楽観傾向と精神的健康の関連を明らかにするうえできわめて活用価値の高い尺度であるといえる。ただし，本来楽観的傾向と悲観的傾向は1次元の両極をなす概念のようにも思える。上記の妥当性の検討でも，本尺度で仮定されている2つの因子が同一の因子上で解釈され得る可能性を残しており，因子解釈の問題についてはもう少し十分な検討が必要かもしれない。

採点方法

本尺度は12項目で構成されているが，項目2, 6, 7, 10の4項目はフィラー項目なので分析には用いない。非常にあてはまる……5点，ややあてはまる……4点，どちらともいえない……3点，ややあてはまらない……2点，全くあてはまらない……1点として得点化する。悲観的自己感情は項目3, 8, 9, 12の4項目で構成されており，得点は4～20点の間に分布する。楽観的自己感情は項目1, 4, 5（シャイアーとカーヴァーの原尺度では項目11も楽観的自己感情因子に含まれる）の3項目で構成されており，得点は3～15点（項目11を含める場合には4～20点）の間に分布する。楽観的自己感情では得点が高いほど楽観的傾向が高く，悲観的自己感情では得点が高いほど悲観的傾向が高いことを意味する。

出典論文・関連論文

高良美樹・中村陽吉　1993　対人行動に関わる既存の個別的パーソナリティ尺度の検討（1）──関係の分析の枠組み　日本グループ・ダイナミックス学会第41回大会発表論文集，Pp.170-171.

池田善英・小口孝司　1993　対人行動に関わる既存の個別的パーソナリティ尺度の検討（2）──既存の尺度の構造分析について　日本グループ・ダイナミックス学会第41回大会発表論文集，Pp.172-173.

清水　裕・押見輝男　1993　対人行動に関わる既存の個別的パーソナリティ尺度の検討──既存の尺度の構成下位尺度の分類　日本グループ・ダイナミックス学会第41回大会発表論文集，Pp.174-175.

項目内容　楽観主義尺度

注)（楽観）は楽観的自己感情，（悲観）は悲観的自己感情のそれぞれの因子に対応している。また（フィラー）はフィラー項目。これらの項目は分析からは除外する。

実施の際には（楽観）（悲観）（フィラー）を削除する必要がある。項目11は，因子分析の結果2つの因子のいずれにも高い負荷量を示さなかったため場合によっては削除してもかまわない。

中村陽吉（編著）　2000　対面場面における心理的個人差——測定の対象についての分類を中心にして　ブレーン出版

Scheier, M. F., & Carver, C. S.　1985　Optimism, coping, and health: Assessment and implications of generalized outcome expectancies. *Health Psychology*, **4**, 219-247

著作権者連絡先
中 村 陽 吉
　　（自宅）　〒155-0031　東京都世田谷区北沢1-19-4-604

6 感情・気分

この領域について

孤独感・シャイネス

　私たちは日常，非常に多くの感情を体験する。「怒り」「喜び」「不安」「緊張」「孤独」「安心」などである。中でも本節で取り上げる「孤独感」「シャイネス」は，日常生活の中でとくに頻繁に体験しやすい感情であろう。孤独感もシャイネスも，その感情状態を頻繁に，あるいは慢性的に感じていると，日常生活の中で支障をきたす可能性がある。そうした感情状態を的確にとらえ，解決していくための一つのメソッドとして，本節で紹介するいくつかの尺度は非常に有効である。

　まず「孤独感」について本節では2つの代表的な尺度を紹介する。一つは落合（1983）による「孤独感の類型判別尺度」である。心理学では孤独感を人間関係の中で自分と相手とのコミュニケーションがうまくいかないときに生じる感情として取り扱っているが，「孤独感の類型判別尺度」は相手との関係だけでなく，自分が自分自身の個別性に気づいているかどうかも孤独感が生じる原因の一つとしてとらえている。信頼性，妥当性についても十分な検討がなされていることはいうまでもない。欧米で開発された孤独感尺度を邦訳する研究が多い中，この尺度は日本人大学生の孤独感の構造を明らかにするという研究目的の中から開発された尺度であり，オリジナリティは非常に高い。

　本節で紹介しているもう一つの尺度は「UCLA孤独感尺度」である。これはラッセルら（1980）によって作成された「改訂版UCLA孤独感尺度」を邦訳したものである。ラッセルらの原尺度は日本のいくつかの研究グループが邦訳している。たとえば工藤・西川（1983）の邦訳版尺度があるが，今回紹介するのは諸井によって邦訳された尺度である。諸井はこの尺度を多方面的に利用し，孤独感とさまざまな諸変数との関係について明らかにし，その成果には特筆すべきものがある。諸井の成果をすべて報告することはここではできないが，興味のある方はぜひ原論文にあたられたい。

　シャイネスとは"内気""恥ずかしがり""引っ込み思案""照れ屋""はにかみ"などを総称した感情である。本節では代表的な3つの尺度を紹介する。

　相川（1991）の「特性シャイネス尺度」はシャイネスを，特定の場面を超えて人々が一般にもっている人格特性の一つととらえ，その人格特性を測定する目的で開発したものである。十分な信頼性，妥当性の検討が行われていること，

項目数が少なく実施が容易なこと，また対人関係の中でのシャイネスの影響を検討した研究でこの尺度の有効性が報告されていること（たとえば栗林・相川，1995；飯塚，1995）などから本節で取り上げた。

桜井・桜井（1991）の「シャイネス尺度日本語版」はジョーンズとラッセル（1982）が作成したシャイネス尺度（原尺度名はSocial Reticence Scale；社会的控えめ尺度）を邦訳したものである。この尺度も信頼性，妥当性が検討されており利用価値は高い。

上記の2尺度はシャイネスを単一次元で構成された心理的構成概念ととらえているのに対して，鈴木ら（1997）の早稲田シャイネス尺度は，シャイネス反応が「認知」「感情」「行動」の3側面に現れる点に着目し，5つの下位尺度で構成された尺度を作成している。信頼性が高く，またシャイネスが極度に進んだ社会的恐怖を示す臨床群を健常群と判別できる可能性なども示されており，本節で取り上げた。

なお本節では特性シャイネス尺度，シャイネス尺度日本語版，早稲田シャイネス尺度の3尺度を紹介しているが，この他に今井・押見（1987）や，菅原（1998）によって作成されたシャイネス尺度もある。引用文献に記載してあるので参考にしていただきたい。

【引用文献】

相川　充　1991　特性シャイネス尺度の作成および信頼性と妥当性の検討に関する研究　心理学研究，**62**，149-155.

飯塚雄一　1995　視線とシャイネスとの関連性について　心理学研究，**66**，277-282.

今井明雄・押見輝男　1987　シャイネス尺度の検討　日本社会心理学会第28回大会発表論文集，p.66.

Jones, W. H., & Russell, D. 1982 The social reticence scale: An objective instrument to measure shyness. *Journal of Personality Assessment*, **46**, 629-631.

工藤　力・西川正之　1983　孤独感に関する研究（1）──孤独感尺度の信頼性・妥当性　実験社会心理学研究，**22**，99-108.

栗林克匡・相川　充　1995　シャイネスが対人認知に及ぼす効果　実験社会心理学研究，**35**，49-56.

諸井克英　1991　改訂UCLA孤独感尺度の次元性の検討　静岡大学文学部人文論集，**42**，23-51.

この領域について

落合良行　1983　孤独感の類型判別尺度（LSO）の作成　教育心理学研究, **31**, 332-336.

Russell, D., Peplau, L. A., & Cutrona, C. E.　1980　The revised UCLA loneliness scale: Concurrent and discriminant validity evidence. *Journal of Personality and Social Psychology*, **39**, 472-480.

桜井茂男・桜井登世子　1991　大学生用シャイネス（shyness）尺度の日本語版の作成と妥当性の検討　奈良教育大学紀要, **40**, 235-242.

菅原健介　1998　シャイネスにおける対人不安傾向と対人消極傾向　性格心理学研究, **7**, 22-32.

鈴木裕子・山口　創・根建金男　1997　シャイネス尺度（Waseda Shyness Scale）の作成とその信頼性・妥当性の検討　カウンセリング研究, **30**, 245-254.

孤独感の類型判別尺度

落合（1983）

測定概念・対象者

　落合（1974；1983 など）によると，青年期の孤独感は（1）人間同士共感しあえると感じ（考え）ているか否か，（2）人間（自己）の個別性に気づいているか否か，という2つの次元で構成されており，この2次元のクロスによって分類される4つの類型が，孤独感の代表的な類型であることが示されている。

　孤独感の類型判別尺度（Loneliness Scale by Ochiai；以下LSO）は上記の4つの類型のいずれにあてはまるかを判別するための尺度である。測定対象者は青年期にあたる者であり，中学生から大学生までの範囲で利用が可能である。

作成過程

　過去の研究知見をもとに作成された25項目からなる原尺度を277名の大学生に実施したデータをもとに因子分析を行い，2因子抽出後，各因子に負荷量の高い代表的な項目合計16個を選定しLSOを作成した。ここで作成されたLSOについては併存的妥当性，基準関連妥当性，再検査信頼性などが詳細に検討されている。

信頼性

　抽出された2因子はそれぞれ① 人間同士の理解・共感の可能性についての感じ方の次元（U）と② 人間の個別性の自覚についての次元（E）を表していた。1カ月後，6カ月後に実施した検査との再検査信頼性は**表1**のとおりであり，2因子とも再検査信頼性は高い。

表1　LSOの再検査信頼性（落合, 1983）

	LSO_U	LSO_E
1カ月後	0.83	0.81
6カ月後	0.66	0.67

妥 当 性

ジョン-ジールベルド（1978）の作成した孤独感尺度および，改訂版 UCLA 孤独感尺度との相関を検討した結果は**表2**のとおりである。LSO_U と併存尺度の相関は高いが，LSO_E と併存尺度との相関は低い。これは併存尺度が孤独感を対人関係に関わる内容に絞って作成していたからであり，むしろ相関が低いということが LSO の妥当性を示す根拠ともなる。また一般に孤独感と外向性との間には負の相関があることが知られている。そこで LSO_U と LSO_E それぞれの得点から上位 25% と下位 25% の被回答者を抽出し，Y-G 検査の思考的外向性と社会的外向性の得点を比較したところ，いずれにおいても下位 25% 群のほうが得点が有意に高かった。

上記の点を総合的に考えると，LSO の基準関連妥当性は高い。

表2 LSO の併存的妥当性

	LSO_U	LSO_E	LSO 全体
ジョン-ジールベルド版孤独感尺度	.65	.29	.40
改訂版 UCLA 孤独感尺度	.47	.12	.21
親密さの意識	.46	−.05	.17
理解者の存在意識	.80	.05	.36
疎外意識	.42	.24	.30
社交性	−.19	.28	.08

注）落合（1983）をもとに執筆者が一部改訂。
　　改訂版 UCLA 孤独感尺度の下位尺度は落合（1983）が命名したものを本文より引用。

尺度の特徴

日本で広く使われている孤独感尺度の大部分はアメリカで作成された尺度の邦訳版である。しかし LSO は日本人大学生を対象に孤独感に対する心情調査を行った結果（落合，1974 など）から孤独感の構造を探ってきた成果をもとに作成された尺度であり，とくに日本人を対象とした研究での利用価値は高い。

採点方法

はい……2点，どちらかというとはい……1点，どちらともいえない……0点，どちらかというといいえ……−1点，いいえ……−2点と得点化する。逆転項目では「いいえ」を2点と換算して得点化する。LSO_U は人間同士理解・共感できると感じているほど高得点になり，−18～18点に分布する。LSO_E は個別性に気づいているほど高得点になり−14～14点に分布する。4類型の分類基準は**表3**のとおり。B型に類型される者の孤独感は高く，A型では孤独感は感じていないとされるが，各類型で生じる孤独感は質的に異なっており，詳細は原文をあたられ

孤独感・シャイネス

項目内容　孤独感の類型判別尺度

教示
以下の問に対して，あなたにあてはまる所に○をつけて回答してください。

選択肢
はい
どちらかというとはい
どちらともいえない
どちらかというといいえ
いいえ

項目

● 1．私のことに親身に相談相手になってくれる人はいないと思う。（U）
2．人間は，他人の喜びや悩みを一緒に味わうことができると思う。（U）
3．私のことをまわりの人は理解してくれていると，私は感じている。（U）
4．私は，私の生き方を誰かが理解してくれると信じている。（U）
5．結局，自分はひとりでしかないと思う。（E）
6．私の考えや感じを何人かの人はわかってくれると思う。（U）
● 7．私の考えや感じを誰もわかってくれないと思う。（U）
8．自分の問題は，最後は，自分で解決しなくてはならないのだと思う。（E）
9．人間は，本来，ひとりぼっちなのだと思う。（E）
● 10．私の生き方を誰もわかってくれはしないと思う。（U）
11．結局，人間は，ひとりで生きるように運命づけられていると思う。（E）

（p.221 へ続く。）

たい。

表3 LSOによる類型判別 (落合, 1983)

LSO_U \ LSO_E		人間の個別性に気づいている	
		気づいていない (−14〜−1点)	気づいている (1〜14点)
人間同士は理解共感できると思っている	できると思っている (1〜18点)	A型	D型
	できないと思っている (−18〜−1点)	B型	C型

出典論文・関連論文

落合良行　1983　孤独感の類型判別尺度（LSO）の作成　教育心理学研究, **31**, 332-336.

落合良行　1974　現代青年における孤独感の構造（Ⅰ）　教育心理学研究, **22**, 162-170.

落合良行　1988　青年期における孤独感の構造　風間書房

著作権者連絡先

落 合 良 行

日本青年心理研究所

〒211-0062　神奈川県川崎市中原区小杉陣屋町1-21-15

項目内容　孤独感の類型判別尺度

	はい	どちらかといえばはい	どちらともいえない	どちらかといえばいいえ	いいえ

- ●12. 私とまったく同じ考えや感じを持っている人が，必ずどこかにいると思う。（E）
- 13. 私の人生と同じ人生は，過去にも未来にもないと思う。（E）
- ●14. 誰も私をわかってくれないと，私は感じている。（U）
- 15. 人間は，互いに相手の気持ちをわかりあえると思う。（U）
- 16. どんなに親しい人も，結局，自分とは別個の人間であると思う。（E）

注）「●」は逆転項目をあらわしている。「(U)」はLSO_Uに，また「(E)」はLSO_Eに対応する項目である。実施時には「●」「(U)」「(E)」を削除する必要がある。

改訂版 UCLA 孤独感尺度日本語版

諸井（1991）ほか

測定概念・対象者

　ラッセルら（1978；1980 など）は孤独感を「人間関係の中でわれわれがこうありたいという願望があるときに，その願望が十分に満たされなかったり，逆に心理的な満足感を低下させるような結果が生じた時に感じる感情の1つ」と定義している。そして孤独感を状況的観点から発生し，単一次元で構成される感情であるととらえ UCLA 孤独感尺度を作成している。ここで紹介する改訂版 UCLA 孤独感尺度日本語版はラッセルらによって作成された改訂版 UCLA 孤独感尺度を諸井が邦訳したものである。10代の青年から高齢者まで幅広く利用できる。

作成過程

　作成者によって初めてこの尺度が紹介されたのは諸井（1985）であるが，それ以降に実施された数多くの研究報告を 1991 年にまとめた論文上で日本語版尺度の因子構造の検討，信頼性・妥当性の報告がなされている。以下の信頼性，妥当性についてはこの 1991 年の報告を参考に紹介する。

　なお，本尺度は一般的な孤独感を測定する尺度として開発されているが，作成者はこれを過去の短期間（2週間）や長期間（1年間）に感じた孤独を測定する尺度としても工夫している。本節ではこの点についてはふれないが，興味のある方は原文にあたられたい。

信頼性

　高校生・大学生を対象にした調査を G‒P 分析にかけた結果，すべての項目で上位群と下位群に有意差が認められた。尺度全体の α 係数（高校生男女，大学生男女別に算出）は .865〜.905 と高い。

　本尺度は多次元的な解釈の余地も残されているが，上述の α 係数の値を見てもわかるとおり一因子構造による内的一貫性が高いことから，単一次元の尺度として利用可能である。

妥当性

　表1は高校生，大学生における UCLA 孤独感尺度と自尊心，公的自己意識，私的自己意識，

項目内容 改訂版 UCLA 孤独感尺度日本語版

教示
1から20までの文章に述べられているそれぞれのことからを，日頃あなたはどれくらい感じていますか。

選択肢
1. けっして感じない
2. どちらかといえば感じない
3. どちらかといえば感じる
4. たびたび感じる

項目

- ●1．私は自分の周囲の人たちと調子よくいっている。
- 2．私は，人とのつきあいがない。
- 3．私には，頼りにできる人がだれもいない。
- ●4．私は，ひとりぼっちではない。
- ●5．私は，親しい仲間達のなかで欠くことのできない存在である。
- ●6．私は，自分の周囲の人たちと共通点が多い。
- 7．私は，今，だれとも親しくしていない。
- 8．私の興味や考えは，私の周囲の人たちとはちがう。
- ●9．私は，外出好きの人間である。
- ●10．私には，親密感の持てる人たちがいる。
- 11．私は，無視されている。
- 12．私の社会的なつながりはうわべだけのものである。
- 13．私をよく知っている人はだれもいない。
- 14．私は，他の人たちから孤立している。
- ●15．私は，望むときにはいつでも，人とつきあうことができる。
- ●16．私には，私を本当に理解してくれる人たちがいる。
- 17．私は，たいへん引っ込み思案なのでみじめである。
- 18．私には，知人はいるが，私と同じ考えの人はいない。
- ●19．私には，話しかけることのできる人たちがいる。
- ●20．私には，頼りにできる人たちがいる。

（「●」は逆転項目。実施時には「●」を削除する必要がある。）

社会的不安,セルフモニタリングそれぞれとの相関を示したものである。自尊心とは中程度の負の相関,社会的不安と中程度の正の相関,セルフモニタリング尺度と低い負の相関があり,公的自己意識との相関は認められていない。

また諸井（1985）では高校生活の諸特徴とUCLA孤独感尺度の関連を調べ,孤独感の高いものは「母親に対する満足度が低い」「同性の親友が少ない」「サークル活動への熱意が低い」「サークル内の人間関係への満足度も低い」「塾通いをしていない」ことを報告し,基準関連妥当性（併存的妥当性）が高いことを示している。

表1 UCLA孤独感尺度と自意識傾向を測定する尺度との相関

	高校生		大学生	
	男子 (N=89)	女子 (N=93)	男子 (N=257)	女子 (N=139)
自尊心	−0.480	−0.522	−0.453	−0.442
私的自己意識	0.254	0.053	0.136	−0.033
公的自己意識	0.027	0.094	−0.085	0.066
社会的不安	0.301	0.419	0.392	0.444
セルフモニタリング	−0.221	−0.296	−0.299	−0.282

注）諸井（1985；1987）の2つの研究報告データを引用し,執筆者が作成。

尺度の特徴

UCLA孤独感尺度については多くの邦訳版が報告されているが,ここで紹介した諸井による改訂版UCLA孤独感尺度日本語版は,膨大なデータの蓄積が尺度の価値を高めている。ここでは十分に紹介できないが,本尺度を用いた研究として他には孤独感とペットへの態度,電話コミュニケーションとの関連も検討されている。

採点方法

けっして感じない……1点,どちらかといえば感じない……2点,どちらかといえば感じる……3点,たびたび感じる……4点と得点化する。ただし逆転項目ではたびたび感じるを1点として換算する。得点は20〜80点に分布する。

出典論文・関連論文

諸井克英 1985 高校生における孤独感と自己意識 心理学研究, **56**, 237-240.

諸井克英 1987 大学生における孤独感と自己意識 実験社会心理学研究, **26**, 151-161.

諸井克英 1991 改訂UCLA孤独感尺度の次元性の検討 静岡大学文学部人文論集, **42**, 23-51.

Russell, D., Peplau, L. A., & Cutrona, C. E. 1980 The revised UCLA loneliness scale: Concurrent and discriminant validity evidence. *Journal of Personality and Social Psychology*, **39**, 472–480.

著作権者連絡先

諸 井 克 英

同志社女子大学生活科学部人間生活学科

〒602-0893　京都府京都市上京区今出通寺町西入

特性シャイネス尺度
(TSS ; Trait Shyness Scale)

相川（1991）

測定概念・対象者

　シャイネスとは"内気""はずかしがり""引っ込み思案""てれ屋""はにかみ"などを指す概念として一般に知られている。シャイネス感情は人間誰しも一生のうちに必ず体験するものだと考えられているが，近年シャイネスをある特定の社会的場面で生起する感情的な反応と，特定の場面を越え人々が一般にもっている人格特性とに区別するようになっている。とくにリアリー（1986）は後者のシャイネスを"特定の社会的状況を超えて個人内に存在し，社会的不安という情動状態と対人的抑制という行動特徴をもつ症候群"と定義している。相川（1991）が作成した「特性シャイネス尺度（Trait Shyness Scale）；以下 TSS」はリアリーの定義に従い人格特性としてのシャイネスを測定するために開発された尺度である。尺度作成の対象となったのは大学生であるが，高校生から広く一般の人にまで応用できる。

作成過程

　TSS の原尺度は，ジンバルドーら（1975）が指摘したシャイネスの対人関係の障害に関する7側面（たとえば"人と会ったり友達を作ったり，あるいは新奇な経験を楽しむことに関する問題""不安，抑うつ，孤独感などの否定的情動状態"など）や，シャイネスと関連する性格特性語を含んだ既存の尺度から選定された。850名の大学生を対象に原尺度を実施し，I−T 相関，α 係数などの検討を経て，最終的に16項目からなる TSS を作成した。TSS を因子分析にかけたところ一因子性の高い尺度であることが確認されている。

信頼性

　16項目全体の α 係数は .890，また一部の被験者に6カ月後に実施した再検査との相関係数は .724 と信頼性は高い。

妥当性

　表1は TSS の構成概念妥当性を確認するために測定された諸測度との相関係数を示している。社会的スキル尺度の下位尺度である社会的表出性と高い負の相関があること，また評価懸念，

孤独感・シャイネス

項目内容 特性シャイネス尺度

教示
みなさんが毎日の生活の中で日頃感じていることや思っていることについてお尋ねします。次の各文章は，あなたにどの程度あてはまりますか。次の1～5の数字のうち，あなたにあてはまると思うところに○をつけて下さい

選択肢
1. まったくあてはまらない
2. あまりあてはまらない
3. どちらともいえない
4. ややあてはまる
5. よくあてはまる

項目

		まったくあてはまらない 1	あまりあてはまらない 2	どちらともいえない 3	ややあてはまる 4	よくあてはまる 5
●1	私は新しい友人がすぐできる					
2	私は人がいる所では気おくれしてしまう					
3	私はひっこみ思案（じあん）である					
4	私は人の集まる所ではいつも，後ろの方に引っ込んでいる					
●5	私は人と広くつきあうのが好きである					
6	私は他人の前では，気が散って考えがまとまらない					
7	私は内気（うちき）である					
●8	私は誰とでもよく話す					
9	私は自分から進んで友達を作ることが少ない					
10	私は，はにかみやである					
●11	私は初めての場面でも，すぐにうちとけられる					
12	私は人前（ひとまえ）に出ると気が動転してしまう					
●13	私は自分から話し始める方である					
14	私は人目（ひとめ）に立つようなことは好まない					
●15	私は知らない人とでも平気で話ができる					
16	私は人前（ひとまえ）で話すのは気がひける					

（「●」逆転項目。実施時には「●」印を取り除く必要がある。）

表1 TSS得点と諸測度の相関関係 (相川, 1991)

測　　度	相関係数
自意識尺度	
私的自意識	−.036
公的自意識	.081 *
社会的スキル尺度	−.305 ***
社会的表出性	−.720 ***
社会的感受性	.061 *
情動の表出性	−.107 ***
情動の感受性	−.159 ***
情動の統制性	−.262 ***
対人的操作性	.042
自尊心尺度	−.447 ***
評価懸念	.242 ***
劣等感	.342 ***
対人不安	.564 ***

* $p<.05$, ** $p<.01$, *** $p<.001$

表2　性別，学部別 TSS 得点 (相川, 1991)

	男			女		
	平均	標準偏差	人数	平均	標準偏差	人数
教育学部	46.27	8.43	90	45.00	9.57	187
工学部	47.56	9.16	238	43.00	11.96	8
農学部	46.65	8.53	252	45.24	11.89	41

劣等感，対人不安と正の相関があるなど，TSS の構成概念妥当性は十分に保証されている。

尺度の特徴

　信頼性，妥当性ともに高い。項目数も 16 項目と少なく，実施が容易である。対人関係に及ぼすシャイネスの影響を検討した研究（たとえば栗林・相川，1995；飯塚，1995；相川，1998）でも利用され，成果をあげている。

採点方法

　まったくあてはまらない……1点，あまりあてはまらない……2点，どちらともいえない……3点，ややあてはまる……4点，よくあてはまる……5点とし，16 項目の合計得点が尺度得点となる。ただし，逆転項目は 5 点を 1 点，4 点を 2 点，2 点を 4 点，1 点を 5 点に換算して合計点を算出する。

　合計得点は 16〜80 点までの範囲に分布する。

出典論文・関連論文

相川　充　1991　特性シャイネス尺度の作成および信頼性と妥当性の検討に関する研究　心理学研究, **62**, 149-155.

Leary, M. R.　1986　Affective and behavioral components of shyness: Implications for theory, measurement, and research. In W. H. Jones, J. M. Cheek, & S. R. Briggs（Eds.）, *Shyness: Perspectives on research and treatment.* New York : Plenum Press. Pp. 27-38.

著作権者連絡先

相川　充

シャイネス尺度日本語版

桜井・桜井（1991）

測定概念・対象者

　ジョーンズとラッセル（1982）は，シャイネスを「他者とうまくつきあうことを妨害する対人不安」と定義し，シャイネス尺度（原尺度名は Social Reticence Scale；社会的控えめ尺度）を作成している。ジョーンズとラッセルの作成したシャイネス尺度を日本語訳したのが，桜井・桜井（1991）の作成したシャイネス尺度日本語版である。大学生を中心に作成された尺度であるが，シャイネスが万人に共通の感情状態であること（Zimbardo, 1977），また質問項目の内容もそれほど難しくないことから中学生から社会人まで広範囲に利用が可能である。

作 成 過 程

　研究1ではジョーンズとラッセル（1982）のシャイネス尺度21項目を日本語訳し，関東地区の国立大学大学生241名に対して行った調査をもとにI-T相関，因子構造，基準関連妥当性，構成概念妥当性が検討されている。また研究2ではシャイネス尺度得点と対人距離の関連を実験的に検討することによって基準関連妥当性（予測的妥当性）が検討されている。

信 頼 性

　表1はI-T相関，項目平均およびその標準偏差を示したものである。I-T相関をみるとI-T相関が.5を下回るものも散見される。また「4. たとえ友達でも，自分のことをあまり知ってほしくないと思う」「21. 自分の考えや気持ちに，もっとこだわらなくなれたらいいなあ，と思う」の2項目はI-T相関が.4を下回っている。尺度全体の α 係数は.86と高い。ただし，因子分析の結果からは複数の潜在因子が存在する可能性もある。

妥 当 性

　基準関連妥当性を検討するために「自分は内気だと思う」「自分は引っ込み思案である」の2項目とシャイネス尺度得点との相関を求めたところ，それぞれ r=.53, .58であった。表2のとおり，構成概念妥当性についても十分な検討が行われている。
　この尺度では基準関連妥当性の一種である予測的妥当性についても検討がなされている。こ

孤独感・シャイネス

表1 シャイネス尺度日本語版の平均，標準偏差，およびI－T相関（桜井・桜井，1991）

項目別No.	平均	標準偏差	I－T相関
1	2.49	1.18	.56
2	3.61	1.10	.52
3	3.31	1.24	.59
4	2.32	1.07	.30
5	2.34	1.13	.66
6	2.29	1.19	.43
7	3.05	1.15	.49
8	2.20	1.10	.59
9	2.80	1.16	.64
10	2.60	1.20	.61
11	3.17	1.14	.42
12	2.09	1.10	.59
13	2.06	1.08	.64
14	3.75	1.08	.51
15	2.33	1.19	.56
16	3.53	1.18	.49
17	2.12	1.03	.59
18	2.36	0.98	.42
19	2.01	0.99	.47
20	3.43	1.25	.52
21	3.27	1.29	.39

表2 シャイネス尺度得点との相関係数
（桜井・桜井，1991）

尺度・下位尺度	r
疎外感	
孤独感	0.56 ***
空虚感	0.41 ***
圧迫・拘束感	0.36 ***
自己嫌悪感	0.48 ***
MPI	
外向性	−0.66 ***
神経症傾向	0.57 ***
虚偽反応（Lie スケール）	0.07
自尊感情尺度	
他者からの評価を気にする程度	−0.51 ***
自己からの価値観	−0.21 *
社会的場面における不安	−0.67 ***
劣等感	−0.47 ***

*** $p<.001$，* $p<.05$

れによるとシャイネス得点の上位25%群と下位25%群の被験者のパーソナルスペースを測定し上位25%群のほうが対人距離を長くとることが示されている。

尺度の特徴

尺度に潜在的な複数の因子が存在している可能性もあるが，一因子解釈による信頼性，妥当性についてともに十分な検討がなされている。とくにパーソナルスペースという一種の行動指標から予測的妥当性を検証している点は本尺度の有用性を十分に示している。利用に際してはI-T相関の低かった項目（項目4，項目21）を削除して利用することを勧める。

採点方法

「はい」を5点，「どちらかといえばはい」を4点，「どちらともいえない」を3点，「どちらかといえばいいえ」を2点，「いいえ」を1点として得点化を行い，各項目の合計点をシャイネス得点とする。21項目すべてを用いたときの得点は21点～105点に分布し（2項目を除いた19項目では19点～95点に分布），得点が高いほどシャイネス傾向が高い。

出典論文・関連論文

桜井茂男・桜井登世子　1991　大学生用シャイネス（Shyness）尺度の日本語版の作成と妥当性の検討　奈良教育大学紀要，**40**，235-243.

Jones, W. H., & Russell, D.　1982　The social reticence scale: An objective instrument to measure shyness. *Journal of Personality Assessment*, **46**, 629-631.

著作権者連絡先

桜井茂男

孤独感・シャイネス

項目内容　シャイネス尺度日本語版

教示

つぎの質問に答えてください。当てはまるところの数字に〇をつけてください。正しい答えとか，間違った答えとかはありませんから，正直に答えてください。回答が終わったら，すべての項目に〇がついているかどうか，確かめてください。

選択肢

1　はい
2　どちらかといえばはい
3　どちらともいえない
4　どちらかといえばいいえ
5　いいえ

項目

1．初対面の人と会うことが，たびたびつらくなる。
2．たびたび，落ち込んだり，悲しくなったりする。
3．人前で，自分の意見を言うことが，非常にむずかしいときがある。
4．たとえ友達でも，自分のことをあまり知ってほしくないと思う。
5．自分は周囲の人達とはなじめない人間であると見られているように思う。
6．他人のいるところで，何か考えることはむずかしい。
7．自意識過剰である。
8．新しい友達をつくることは，困難である。
9．周囲の人たちから孤立していると思うことが，たびたびある。
10．たとえ自分の意見を言うことが必要なときでも，そうすることはむずかしい。
11．周囲の人たちのほとんどは，本当の自分を知らないと思う。

（p.234 へ続く。）

項目内容 シャイネス尺度日本語版

	はい	どちらかといえばはい	どちらともいえない	どちらかといえばいいえ	いいえ
	1	2	3	4	5

12. つきあいが悪いために，おたかくとまっているとか，偏屈な人間であるとか，思われていると思う。
13. グループの中では，発言することはむずかしい。
14. 自分の気持ちや態度について，気にすることがたびたびある。
15. 楽しい経験であるはずなのに，そんな経験を避けたり，楽しくないと思い込んだりすることが，たびたびある。
16. ときどき寂しくなる。
17. グループの中では，何か言いたいことがあっても，黙っているのが普通である。
18. 友達がたくさんいても，自分の本当の長所は知らないと思う。
19. 自分が弱い人間だと思われているのではないかと心配になる。
20. 言いたいことをうまく伝えられないことが，しばしばある。
21. 自分の考えや気持ちに，もっとこだわらなくなれたらいいなあ，と思う。

早稲田シャイネス尺度
(WSS ; Waseda Shyness Scale)

鈴木・山口・根建（1997）

測定概念・対象者

　対人不安とは「現実の，あるいは想像上の対人場面において，他者からの評価に直面したり，もしくはそれを予測したりすることから生じる"不安"であり，その極端な場合が社会恐怖である」と定義される。鈴木ら（1997）はシャイネスをこうした対人不安の下位概念ととらえると同時に，シャイネスが対人場面で相手の反応に応じて自分の反応も変化させるような随伴的な場面で生じる反応であると考え，認知・感情・行動の3側面に現れる反応を統合的にとらえた早稲田シャイネス尺度（Waseda Shyness Scale；以下WSS）を作成している。尺度の作成段階でのサンプルは大学生であるが，高校生から広く社会人にまで利用可能だと考えられる。

作 成 過 程

　初めにシャイネスに関する既存の尺度，社会不安に関する尺度，不合理な信念に関する尺度などの中からシャイネスに特徴的な項目を選択し80項目からなる原尺度を作成した。2度の調査によって得られたデータに対して，項目分析，因子分析などを行い，最終的に5つの下位尺度からなる25項目のシャイネス尺度を作成した。WSSに含まれる下位尺度は「消極性」「緊張」「過敏さ」「自信のなさ」「不合理な思考」である。

　なお，原論文では因子を解釈する段階で「消極性」を「積極性」，「緊張」を「リラックス」と命名しているが，信頼性・妥当性の検討時には解釈の整合性を保つため，この2尺度を「消極性」「緊張」の意味合いが強くなるよう得点化している。そこで本稿では著作権者の許可を得て，それぞれ「消極性」，「緊張」と表記した。

信 頼 性

　再検査信頼性はWSS全体で.82，下位尺度では消極性＝.86，緊張＝.66，過敏さ＝.68，自信のなさ＝.75，不合理な思考＝.78となっている。また尺度全体のα係数は.85となっており，おおむね信頼性は高い。

妥当性

WSS は対人不安の下位概念を測定する尺度として開発されている。そこで鈴木ら（1997）は社会不安，特性不安の2尺度との相関を求め，中程度以上の相関を見出している（**表1**参照）。また健常群と社会恐怖を示す臨床群とにWSSを実施した結果，臨床群のほうがシャイネス度が高いことが確認されている（**表2**参照）。

表1 WSSの下位尺度と他の尺度との相関係数（鈴木ら，1997）

	社会不安	特性不安	自尊心
消極性	0.30**	0.33**	0.24**
緊張	0.24**	0.49**	0.57**
過敏さ	0.24**	0.59**	0.63**
自信のなさ	0.19**	0.50**	0.49**
不合理な思考	0.12**	0.40**	0.50**

** $p<.01$

注）原論文で用いられた自尊心尺度（Janis & Field, 1959）は，得点が高いほど自尊心が低くなるよう得点化されている。

表2 健常群と臨床群におけるWSSの各因子の得点と合計得点（鈴木ら，1997）

	健常群（N=42）		臨床群（N=42）		t値
	平均	標準偏差	平均	標準偏差	
消極性	14.12	(4.52)	16.81	(3.91)	2.94**
緊張	14.98	(3.84)	16.33	(3.20)	1.76†
過敏さ	13.74	(3.47)	15.98	(4.19)	2.68**
自信のなさ	12.67	(3.60)	13.33	(3.17)	0.90
不合理な思考	12.86	(3.80)	14.33	(3.38)	1.89†
合計得点	68.37	(15.47)	76.80	(13.77)	2.65**

** $p<.01$, † $p<.10$

尺度の特徴

再検査信頼性，α係数ともに高く，十分な妥当性の検討も行われていること，また健常群と臨床群を比較した結果でも弁別力があり，臨床場面にも応用できる尺度として評価が高い。

採点方法

まったく当てはまらない……1点，あまり当てはまらない……2点，どちらともいえない……3点，だいたい当てはまる……4点，ぴったり当てはまる……5点として計算する。逆転項目では5点を1点，4点を2点，2点を4点，1点を5点に換算して合計点を算出する。下位尺度はいずれも5点〜25点に得点が分布する。得点が高いほどシャイネス傾向が高いことを意味する。

早稲田シャイネス尺度

選択肢
1. まったく当てはまらない
2. あまり当てはまらない
3. どちらともいえない
4. だいたい当てはまる
5. ぴったり当てはまる

項目

因子1　行動〈消極性〉

- 私は人と広くつきあう方だ。
- 自分から進んで友達をつくることが多い。
- 知らない人と知り合いになるチャンスは生かすようにしている。
- 私は異性とよく話す。
- 初めての場面でもすぐうちとけられる。

因子2　感情〈緊張〉

- 人前に出ても冷静でいられる。
- 対人的な場面で赤面するようなことはほとんどない。
- 評価されるような場面で手や足がふるえることはほとんどない。
- 対人的な場面で緊張し，心臓がドキドキすることが多い。
- 私は社会的な場面でいつも落ち着いていてくつろいでいられる。

因子3　感情〈過敏さ〉

人と会話をしていて神経過敏になることがよくある。
気楽な集まりでも異性がいると神経過敏になったり，緊張したりすることがよくある。

(p.239 へ続く。)

出典論文・関連論文

鈴木裕子・山口　創・根建金男　1997　シャイネス尺度（Waseda Shyness Scale）の作成とその信頼性・妥当性の検討　カウンセリング研究，**30**，245-254．

著作権者連絡先

根 建 金 男

早稲田大学人間科学部

〒359-1192　埼玉県所沢市三ケ島2-579-15

項目内容　早稲田シャイネス尺度

評価尺度：
1 まったく当てはまらない
2 あまり当てはまらない
3 どちらともいえない
4 だいたい当てはまる
5 ぴったり当てはまる

人と話をしていて気が散って考えがまとまらないことが多い。

個人的な質問をされるとうまく答えられず、声をつまらせてしまうことがある。

対人的な場面で自分自身のことに過敏に注意が向くことが多い。

因子4　認知〈自信のなさ〉

私には人に好かれるような魅力がほとんどない。

他の人は私と一緒にいては不愉快にちがいない。

他の人は私を無能な人間だと思うにちがいない。

会話などで話題がとぎれてしまうのは、いつも自分の方に責任がある。

私が内気なのはもって生まれた性格だから変えられない。

因子5　認知〈不合理な思考〉

私は会う人すべてから好かれ、受け入れられなければならない。

私は他の人と同じようにたくさん話すことができなくてはならない。

デートの申し込みのように人に何かをたのんだ時、断られるのはみっともないことである。

人に自分の欠点を見つけられるのは、恐ろしいことだ。

● 初対面の人とうまく会話できなくても問題ではない。

(「●」は逆転項目。実施時には、質問項目の提示順序をランダマイズすること、逆転項目を示す「●」を取り除くことが必要である。)

6 感情・気分

この領域について

気　　分

　私たちが体験する感情経験の中には、「なんとなくうきうきする」「わけもなくもの悲しい」というように、比較的穏やかな感情状態もあれば、「飛び上がるほど嬉しい」「腹わたが煮えくりかえるほど悔しい」というように、非常に激しい感情状態もある。心理学では前者の例のような、比較的穏やかで原因が明確には意識されない持続的な感情状態を「気分」という。一方、後者の例のように一過性の激しい感情状態は情動と呼ばれ、気分とは区別されている。

　これらの感情経験を測定する試みについてみると、前節および他の章でも紹介されているように、「不安感」「孤独感」など特定の感情状態について測定する尺度が国内外で多数開発されている。一方、比較的穏やかな感情状態で日常的に頻繁に経験される気分については、欧米ではノリス（1965）の気分形容詞チェックリスト（MACL）に代表されるように、特定の気分に限定せず多様な気分状態を一度に測定しようとする試みがなされている。本節では、これらの研究にもとづきながら日本人向けに開発された尺度を2つ取り上げて紹介する。

　1つめは、寺崎・岸本・古賀（1992）の「多面的感情状態尺度」である。「抑鬱・不安」「敵意」「倦怠」「活動的快」「非活動的快」「親和」「集中」「驚愕」という8種類の感情状態について測定する尺度で、信頼性・妥当性ともに十分検討されている。また短縮版も開発されており、本尺度・短縮版ともに広く利用されている。

　2つめは、坂野・福井・熊野・堀江・川原・山本・野村・末松（1994）の「気分調査票」である。「緊張と興奮」「爽快感」「疲労感」「抑鬱感」「不安感」5種類の気分について測定する尺度で、比較的表現も容易で、一般成人を対象とした調査の他、臨床場面での使用にも適している。

　ところで、私たちの日常生活の中では、無意識のうちに気分によって認知過程や行動が方向づけられることがしばしば起こる。たとえば、すばらしい快晴で「気持ちが良い」ときには、初対面の人にも好感を抱き、その人から頼まれごとをされると快諾するかもしれない。一方、曇り空でじめじめと蒸し暑く「なんとなくうっとうしい」ときには、何らかのアンケートに答えるときにもつい批判的に書いてしまうかもしれない。このような気分が対人行動に与える影響については、近年、認知社会心理学において研究が蓄積されつつある。そ

のうち実験研究では，何らかの気分誘導法を用いて実際に被験者の気分を操作し，その後の社会的行動に与える影響を検討することが多い。このような気分誘導法の妥当性の確認の際にも本節で紹介した尺度は有用であると思われる。

【引用文献】

坂野雄二・福井知美・熊野宏昭・堀江はるみ・川原健資・山本晴義・野村　忍・末松弘行　1994　新しい気分調査票の開発とその信頼性・妥当性の検討　心身医学, **34**, 629-636.

寺崎正治・岸本陽一・古賀愛人　1992　多面的感情状態尺度の作成　心理学研究, **62**, 350-356.

Nowlis, V.　1965　Research with the Mood Adjective Check List. In S.S. Tomkins, & C. E. Izard（Eds.）, *Affect, cognition, and personality*. New York: Springer. Pp.352-389.

多面的感情状態尺度

寺崎・岸本・古賀（1992）など

測定概念・対象者

　欧米では多様な感情状態を測定するため尺度が多く開発され，広く応用されている。しかし日本においては，単一の感情状態を測定する尺度はあっても，複数の感情状態を同時に測定しようとする試みが少なかった。本尺度は日本人向きに作成された，多様な感情状態についての測定尺度である。寺崎正治と岸本陽一，古賀愛人が開発した。

　尺度構成には大学生サンプルが用いられているが，項目内容からみて高校生以上の男女に使用可能であると考えられる。

作成過程

　本尺度の作成過程は寺崎・岸本・古賀（1992），寺崎（1994）などにくわしく報告されているが，以下にその流れを簡単にまとめる。

　まず，欧米における感情状態尺度や分類語彙表（国立国語研究所，1984）から，感情状態を表す形容詞およびそれに類似した言葉を広く収集した。その中から予備調査等により感情を表す言葉として不適当であると判断された言葉をのぞいた結果，648語を基礎項目として採用した。

　第1調査ではこの648語をいくつかのリストに無作為に分割し，調査時点での感情状態の評定（4件法）を求め，この評定値について主因子解による因子分析を行った。その結果，いずれのリストにおいても肯定的感情と否定的感情に関する主要な2因子が抽出された。これをもとに肯定的感情語と否定的感情語に分類し，それぞれに主因子解に続いてプロマックス法により斜交回転を行ったところ，肯定的感情語6因子および否定的感情語10～11因子が抽出された。そこで各因子を代表する131語の感情語からなる新しいリストを作成した。

　新しいリストにもとづき，第2調査～第4調査において感情評定と因子分析（プロマックス法）を繰り返し，「抑鬱・不安」「敵意」「倦怠」「活動的快」「非活動的快」「親和」「集中」「驚愕」の8つの感情因子が安定して出現することが確認された。最終的には，これらの因子に高い負荷量を示した項目を10項目ずつ採択し，計80項目からなる感情状態尺度を作成した。

気　分

項目内容　多面的感情状態尺度

教示

次に，人の感情や気持ちを表すことばが並んでいます。一つ一つのことばについて今，現在それらの感情をどの程度感じているかチェックして下さい。

選択肢

1. 全く感じていない
2. あまり感じていない
3. 少し感じている
4. はっきり感じている

項目

実施の際には項目をランダムに提示し，【　】の項目名，（●）等の記号は削除する。また，短縮版で使用される項目は●で示した。

　　　　　　　　　　　　　　　　　　　1　2　3　4
　　　　　　　　　　　　　　　　　全あ少は
　　　　　　　　　　　　　　　　　くま　しっ
　　　　　　　　　　　　　　　　　感りで感き
　　　　　　　　　　　　　　　　　じ感いじり
　　　　　　　　　　　　　　　　　てじる　て感
　　　　　　　　　　　　　　　　　いて　　いじ
　　　　　　　　　　　　　　　　　ない　　るて
　　　　　　　　　　　　　　　　　　い　　　い
　　　　　　　　　　　　　　　　　　　　　　る

【① 抑鬱・不安】

1. 気がかりな（●）
2. 引け目を感じている
3. 不安な（●）
4. 悩んでいる（●）
5. 自信がない（●）
6. くよくよした（●）
7. 悲観した
8. 沈んだ
9. ふさぎこんだ
10. 物悲しい

【② 敵　意】

11. 敵意のある（●）
12. 攻撃的な（●）

(p.245 へ続く。)

信頼性

各状態尺度の α 係数は**表1**のとおりであった。

表1 多面的感情状態尺度の信頼性係数（寺崎ら，1992）

	男	女	全体
抑鬱・不安	.89	.92	.90
敵意	.89	.89	.90
倦怠	.78	.83	.81
活動的快	.90	.91	.90
非活動的快	.81	.86	.83
親和	.91	.89	.91
集中	.84	.85	.85
驚愕	.87	.84	.87

妥当性

古賀・寺崎・岸本（1991）は，平常時，試験直前，試験直後での各感情状態の変化を検討した。その結果，否定的感情である「抑鬱・不安」や「敵意」および中性的感情の「集中」や「驚愕」は試験直前になると大きく上昇した。一方，肯定的感情である「活動的快」「非活動的快」「親和」は試験直前には大きく低下した。さらに「敵意」「集中」「驚愕」は試験直後には直前に比べて低下するが，「抑鬱・不安」は試験直後も直前と同じに高いままであった。一方，「非活動的快」は試験直後には直前に比べて上昇するが，「活動的快」「親和」は試験直前と同じ低いままであった。

また，古賀・岸本・寺崎（1993）は，ビデオ視聴による各感情状態の変化の検討を行い，映像内容に応じた感情状態が喚起されており，それらが本尺度で測定されていることが確認された。これらの結果は，本尺度が構成概念妥当性を有していることを示していると思われる。

尺度の特徴

内的整合性や妥当性も綿密にチェックされており，安定性のある尺度といえる。本尺度が報告されて以来，映像や音楽などの刺激が感情経験に及ぼす影響や各感情状態と認知活動などとの関連を検討する際に，広く利用されている。また本尺度は項目数が多いために簡便性にやや欠けるが，各尺度項目を5項目に減らした短縮版も作成されており，本尺度との互換性も確認されている。

採点方法

感情状態尺度ごとに粗点を合計する。得点範囲は10点から40点である。大学生（男性495名，女性307名）の平均値および標準偏差を**表2**に示す。

多面的感情状態尺度

項目内容

	全く感じていない	あまり感じていない	少し感じている	はっきり感じている
	1	2	3	4

13. 憎らしい（●）
14. 挑戦的な
15. うらんだ（●）
16. むっとした（●）
17. かっとした
18. おこった
19. 気分を害した
20. むしゃくしゃした

【③ 倦　怠】

21. つまらない（●）
22. 不機嫌な
23. ばからしい
24. 疲れた（●）
25. 退屈な（●）
26. だるい（●）
27. 無気力な（●）
28. ぼんやりした
29. ぼやぼやした
30. 無関心な

【④ 活動的快】

31. 活気のある（●）
32. 元気いっぱいの（●）
33. 気力に満ちた（●）
34. はつらつとした（●）
35. 快調な

(p.247 へ続く。)

表2 多面的感情状態尺度得点の平均値と標準偏差 (寺崎ら, 1992)

尺度	男 平均	男 標準偏差	女 平均	女 標準偏差
抑鬱・不安	21.6	6.56	20.3	7.25
敵意	18.6	6.40	15.5	5.41
倦怠	25.0	5.16	22.6	5.42
活動的快	23.3	6.15	23.8	6.23
非活動的快	25.2	5.03	26.0	5.45
親和	21.2	7.26	19.9	6.39
集中	22.7	5.60	20.8	5.44
驚愕	18.0	5.87	16.5	5.09

出典論文・関連論文

古賀愛人・岸本陽一・寺崎正治　1993　多面的感情状態尺度（MMS）の妥当性（その2）　日本心理学会第57回大会発表論文集, 846.

古賀愛人・寺崎正治・岸本陽一　1991　多面的感情状態尺度の妥当性の検討　日本心理学会第55回大会発表論文集, 434.

寺崎正治　1994　多面的感情状態尺度の作成と性格研究への応用　磯　博行・杉岡幸三（編）情動・学習・脳　二瓶社　Pp. 139-150.

寺崎正治・岸本陽一・古賀愛人　1992　多面的感情状態尺度の作成　心理学研究, **62**, 350-356.

著作権者連絡先

寺 崎 正 治

気　分

項目内容　多面的感情状態尺度

	はっきり感じている	少し感じている	あまり感じていない	全く感じていない
	1	2	3	4

36．気持ちの良い
37．快適な
38．機嫌の良い
39．陽気な（●）
40．さわやかな

【⑤ 非活動的快】
41．のんびりした（●）
42．ゆっくりした（●）
43．のどかな（●）
44．おっとりした（●）
45．のんきな（●）
46．やわらいだ
47．平静な
48．気長な
49．ゆったりした
50．ゆるんだ

【⑥ 親　和】
51．いとおしい（●）
52．愛らしい（●）
53．恋しい（●）
54．すてきな（●）
55．好きな（●）
56．かれんな
57．あこがれた
58．うっとりした

(p.248へ続く。)

多面的感情状態尺度

項目内容

	全く感じていない	あまり感じていない	少し感じている	はっきり感じている
	1	2	3	4

59. かわいらしい
60. 情け深い

【⑦ 集　中】

61. 慎重な（●）
62. ていねいな（●）
63. 丁重な（●）
64. 思慮深い（●）
65. 用心深い
66. 懸命な
67. 注意深い（●）
68. 真剣な
69. 鋭敏な
70. 緊張した

【⑧ 驚　愕】

71. びっくりした（●）
72. びくりとした（●）
73. 驚いた（●）
74. 動揺した（●）
75. はっとした（●）
76. ぞくぞくした
77. おろおろした
78. どきどきした
79. うろたえた
80. ぼうぜんとした

気分調査票

坂野ら（1994）

測定概念・対象者

　臨床場面における患者の心理的状態を測定する方法として，抑うつ感や不安感など特定の心理的反応を測定する尺度が一般的に用いられてきた。しかし患者が訴える心理的反応は，状況との関わりの中で変化していく気分状態であることが多く，このような気分の変調を評価できる尺度は，国内では少ない。そこで主観的な気分状態を客観的かつ多面的に測定するために開発されたのが本尺度である。坂野雄二・福井知美・熊野宏昭・堀江はるみ・川原健資・山本晴義・野村　忍・末松弘行が開発した。

　尺度構成には大学生および一般成人サンプルが用いられているが，項目内容からみて中学生以上に使用可能と思われる。

作成過程

　個人の特性や気分状態を測定するために作成された既存の尺度を参考にして，気分状態の測定に適していると思われる43項目を選択した。大学生100名を対象にその項目で表された気分状態がどの程度自分に当てはまるかについて評定を求め（4件法），その因子分析結果から因子負荷量の小さい11項目を除外した。また，臨床心理学および心身医学の専門家3名によって，患者が「気分」や「気分の変調」を訴える際にしばしば用いられる表現がリストアップされ，その3名の判断が一致した27項目を新たに追加した。

　これら計59項目について，大学生286名および首都圏在住の一般成人118名を対象に本調査を行い，各項目で表された気分状態がどの程度自分に当てはまるかについて評定を求めた（4件法）。この評定値について，主因子法とバリマックス回転による因子分析を行った結果，「緊張と興奮」「爽快感」「疲労感」「抑うつ感」「不安感」を表す5因子が得られた。これら5因子について8項目ずつ，計40項目が最終的に採用された。

信頼性

　本調査の対象者から任意に抽出された大学生44名について，本調査の実施から1カ月後に再検査を行った。この44名のデータをもとにした再検査法による相関係数と折半法による信

頼性係数，および本調査の 404 名の回答にもとづく α 係数を**表 1** に示す。

表 1 気分調査票の信頼性の検討（坂野ら，1994）

	検査・再検査の得点の相関係数	スピアマン・ブラウンの折半法による信頼性係数	α 係数
緊張と興奮	.75	.96	.70
爽快感	.62	.90	.87
疲労感	.63	.84	.84
抑うつ感	.68	.93	.91
不安感	.79	.78	.82

妥当性

　STAI-S，SDS，POMS との関連から併存的妥当性の検討を行っている。その結果，本尺度の「緊張と興奮」の得点と POMS の「不安・緊張」得点との間には $r=.67$，STAI-S 得点との間には $r=.66$ という相関係数が得られた。また本尺度の「爽快感」の得点と POMS の「活気」得点との間には $r=.83$，本尺度の「疲労感」の得点と POMS の「疲労」得点との間には $r=.78$，本尺度の「抑うつ感」の得点と SDS 得点との間には $r=.70$，本尺度の「不安感」の得点と STAI-S 得点との相関は $r=.74$ という相関係数が得られた。これらの相関係数の値から，本尺度は併存的妥当性を有していると思われる。

　さらに，一般外来患者 77 名と心療内科の外来患者 81 名および本調査での大学生と一般成人について尺度得点の比較を行っている（**表 2**）。その結果，一般に抑うつ感や不安感が強いと考えられる心療内科群では，「緊張と興奮」「抑うつ感」「不安感」の得点において他の 3 群よりも有意に得点が高く，また「疲労感」の得点では一般成人群・一般外来群より有意に得点が高いことが示された。この結果は，本尺度が構成概念妥当性を有していることを示していると思われる。

表 2 気分調査票の平均値と標準偏差（坂野ら，1994）

	大学生		一般成人		心療内科受診群		一般外来受診群	
	平均	標準偏差	平均	標準偏差	平均	標準偏差	平均	標準偏差
緊張と興奮	13.18	4.33	12.89	4.45	16.31	5.59	12.69	4.25
爽快感	18.87	4.70	21.31	4.98	16.84	4.31	18.36	4.71
疲労感	16.66	4.95	15.00	4.87	18.41	5.70	14.96	4.80
抑うつ感	15.24	5.83	13.33	5.04	18.44	6.73	13.36	5.03
不安感	19.35	4.71	17.28	4.86	21.32	6.25	15.94	4.88

気　分

項目内容　気分調査票

教示

次の項目をよく読んで，今のあなたの状態に最もよく当てはまると思う番号に丸印をつけて下さい。

選択肢

1. 全く当てはまらない
2.
3.
4. 非常に当てはまる

（2．3．は原文では空欄であるが，「2．当てはまらない」「3．当てはまる」等の説明を入れてもよい。）

項目

実施の際には①～⑤の項目名を削除し，項目はランダムに提示する。

全く当てはまらない　　非常に当てはまる
　1　　2　　3　　4

【① 緊張と興奮】

1. 興奮している
2. 気分が高ぶってじっとしていられない
3. 緊張している
4. そわそわしている
5. 怒っている
6. 焦っている
7. いてもたってもいられない
8. いらいらしている

【② 爽快感】

9. 心静かな気分だ
10. 頭の中がすっきりしている
11. くつろいだ気分だ

（p.253 へ続く。）

尺度の特徴

　信頼性，妥当性ともに十分に検討されている。項目内容は日常的に使われる表現が使用されており理解しやすい内容になっている。臨床場面での患者の心理状態を客観的に把握することを念頭に開発された尺度ではあるが，中学生以上を対象とした調査にも適しているといえる。

採点方法

　各因子ごとに粗点を合計する。各因子の得点範囲は8点から32点である。

出典論文・関連論文

坂野雄二・福井知美・熊野宏昭・堀江はるみ・川原健資・山本晴義・野村　忍・末松弘行　1994　新しい気分調査票の開発とその信頼性・妥当性の検討　心身医学, **34**, 629-636.

著作権者連絡先

坂野雄二

北海道医療大学心理科学部

　〒061-0293　北海道石狩郡当別町金沢1757

項目内容　気分調査票

気　分

| | 全く当てはまらない 1 | 2 | 3 | 非常に当てはまる 4 |

12. 物事を楽にやることができる
13. 生き生きしている
14. 元気いっぱいである
15. 気持ちが引き締まっている
16. 充実している

【③ 疲労感】
17. 何もしたくない
18. 面倒くさい
19. 物事に気乗りしない
20. しらけている
21. わけもなく疲れたような感じがする
22. 集中できない
23. ぐったりしている
24. 誰にも話しかけられたくない

【④ 抑うつ感】
25. 気持ちがめいっている
26. 気分が沈んで憂うつである
27. みじめだ
28. がっかりしている
29. 気が重い
30. つらい
31. むなしい
32. 一人きりのようでさみしい

(p.254 へ続く。)

項目内容 — 気分調査票

【⑤ 不 安 感】

全く当てはまらない 1 — 非常に当てはまる 4

33．将来のことをあれこれ考えてしまう
34．なんとなく不安だ
35．いろんな思いが心をよぎる
36．自分のことが気になる
37．とまどいを感じている
38．自分の考えがまとまらない
39．何か具合の悪いことが起こりはしないか心配だ
40．何か物足りない

7

自己開示・
自己呈示

この領域について

自己開示・自己呈示

　他者とのコミュニケーションの中で，私たちは自分人についての情報を他者に伝えることがある。こうした自己情報の対人的伝達過程は，自己開示や自己呈示といった概念として扱われている。自己開示と自己呈示の厳密な区別は難しいが，通常は自己の内に秘めている自己の心情や事実を他者に伝える過程が自己開示，他者が抱く自己への印象や評価を意図的にコントロールしようとする過程が自己呈示と呼ばれる。自己開示は言語的な情報伝達が中心であるが，自己呈示の場合には容姿，服装，表情，一連の計算された行動など，非言語的なメッセージが関与することが多い。

　本章では自己開示に関する尺度として，遠藤（1989）の状況別自己開示傾向尺度と，ジュラードら（1958）による古典的な尺度（JSDQ）を紹介する。ジュラードらのJSDQは6つの話題領域別に，5つの対象者への自己開示の傾向を測定するもので60項目から構成されている。古典的な自己開示研究において用いられてきた定番的尺度であり，今回は中村（1983）による翻訳版をコラムとして掲載することにした。一方，遠藤の状況別自己開示傾向尺度では自己開示の実際の経験度ではなく，どのくらい他人に自分を開示したいのかという意向面が測定される。また，主として大学生や高校生が直面しやすい日常的場面を5つに分け，それぞれの状況下での自己開示傾向を測定できるよう配慮されている。また，項目数も18と使用しやすいよう工夫されている。

　自己呈示の尺度としては，沼崎・小口（1990）によるセルフ・ハンディキャッピング尺度，岩淵・田中・中里（1982）によるセルフ・モニタリング尺度，上野（1993）および宮戸，上野（1996）によるユーモア態度尺度を紹介する。セルフ・ハンディキャッピングとは，自己評価や社会的評価の低下が予想される課題場面において，あえて自己にハンディを与える行為をさす。失敗してもその原因は個人の能力に帰属されにくいので評価の低下を抑えることができるし（割引原理），成功した場合には，ハンディを乗り越えるほど高い能力があるとみなされる（割増原理）ことを狙った方略であり，具体的にいえば，テスト前に勉強不足や体調不良を訴えたり，実際に勉強や練習量を抑えるなどの行為をさす。将来の可能性を犠牲に，過去の栄光を維持する作戦であり，アルコール依存などとの関連が示唆されている。本尺度はそうした方略を採用しやすい程

度を測定するものである。

　セルフ・モニタリングとはシュナイダー（1974）によって提起された概念であり，自己をモニターし，社会的状況に応じた適切な自己像の維持を図る過程を指す。セルフ・モニタリングには個人差があり，セルフ・モニタリングが高い者は社会的状況に応じて自己表出を変える傾向が強く，逆に低い者は状況を通して一貫した行動をとりやすいと考えられているが，本尺度はこの個人差を測定するものであり，高得点者は自己呈示の能力に長けていることになり，社会的適応において有利であると考えられる。

　ユーモア態度尺度はユーモアに対する志向性を測定するものである。ユーモアには自己や他者を楽しませるための日常的でたわいのない遊戯的ユーモア，自己や他者を攻撃したり中傷することで楽しむ攻撃的ユーモア，自己や他者を励まし，許し，心を落ち着かせるための支援的ユーモアの3つがあるとの仮定から，それぞれのタイプのユーモアに対する感受性や志向性の程度を測定する。とくに，ユーモアの理解はストレス緩和効果と関連があるとの立場から研究が行われている。

【引用文献】

遠藤公久　1989　開示状況における開示意向と開示規範からのズレとについて——性格特徴との関連　教育心理学研究，**37**，20-28.

岩淵千明・田中國夫・中里浩明　1982　セルフ・モニタリング尺度に関する研究　心理学研究，**53**，54-57.

Jourard, S. M., & Laskow, P.　1958　Some factors in self-disclosure. *Journal of Abnormal and Social Psychology*, **56**, 91-98.

宮戸美紀・上野行良　1996　ユーモアの支援的効果の検討——支援的ユーモア尺度の構成　社会心理学研究，**67**（4），270-277.

中村陽吉　1983　自己開示尺度　中村陽吉　対人場面の心理　東京大学出版会　Pp.235-238.

沼崎　誠・小口孝司　1990　大学生のセルフ・ハンディキャッピングの2次元　社会心理学研究　**5**（1），42-49.

Snyder, M.　1974　Self-monitoring of expressive behavior. *Journal of Personality and Social Psychology*, **30**, 526-537.

上野行良　1993　ユーモアに対する態度と攻撃性及び愛他性との関係　心理学研究，**64**，247-254.

開示状況質問紙

遠藤（1989）

測定概念・対象者

社会的状況別の自己開示傾向（開示意向）を測定する尺度。遠藤公久（1989）によって開発された。

自己開示傾向の測定には，従来，ジュラードら（1958）による古典的な尺度（JSDQ）が用いられてきた。しかし，JSDQには，「開示対象者が家族や友人などの重要な他者に限定されているため，日常生活で頻繁に遭遇する初対面の人に対する開示が含まれない」，「自己開示の程度として過去の経験や習慣といった行動面のみが強調され，どの程度話したいのかといった本人の開示意向が測定されていない」，「自己開示という行為は社会的状況に応じてその適切度は異なるが，JSDQではそのような状況差を適確に判断する個人の技能や能力を取り扱っていない」といった問題がある。このような点をふまえ，シェルン（1976）による尺度（SDSS ; Self-Disclosure Situations Survey）を参考に，状況別の開示傾向を測定する質問紙を作成した。

本尺度では，状況を超えた一般的な自己開示傾向，5つの状況ごとの自己開示傾向，各個人の開示意向と平均的な傾向とのずれによる開示意向の適切度の3つの指標を測定できる。

測定対象についてとくに記載はないが，状況的内容からみると高校生以上が適切であると思われる。

作成過程

シェルン（1976）の開示状況質問紙を参考に，被開示者との関係，その人数，開示場所の3つを主な構成要因として18の項目を作成した。これを大学生429名（男子188名，女子241名）に対し，尺度項目の因子分析を行い開示状況の違いによって5つの下位尺度を設定した。友人・知人などと一緒にいる「個人的状況」，初対面の人と一緒にいる「社会的状況」，にぎやかな場所でアルコール類などの力を借り，日常性からの離脱を目的とした「非日常的状況」，恋人と一緒の密接で閉鎖的な「密接的状況」，クラスや家庭などの1次集団の中での「家族的状況」である。各状況における自己開示意欲の程度が測定される。

項目内容 　開示状況質問紙

教示
以下のような状況で，あなたは自分自身の事をどれだけ相手に話しますか。

選択肢

| 私ならこういうときがあっても，表面的な話ししか，しないであろう。 | 1　2　3　4　5　6 | こういうときには自分の感情や考えについて相手に分かってもらうために，できるだけ詳しく話そうとするだろう。 |

項目

1．友人と2人で喫茶店で雑談をしているとき。　　　　　　　1　2　3　4　5　6
2．数人の友達とコンパ・クラス会などに参加しているとき。　1　2　3　4　5　6
3．教室で数人のクラスの人たちと重要なテーマについて討論しているとき。
　　　　　　　　　　　　　　　　　　　　　　　　　　　　1　2　3　4　5　6
4．乗り物*の中で，臨席の人が話しかけてきたとき。　　　　1　2　3　4　5　6
5．友達の家族と初めて出会ったとき。　　　　　　　　　　　1　2　3　4　5　6
6．知人**と街の道端で出会ったとき。　　　　　　　　　　　 1　2　3　4　5　6
7．乗り物の中である友人と一緒のとき。　　　　　　　　　　1　2　3　4　5　6
8．知人たちが自分の家に遊びにきたとき。　　　　　　　　　1　2　3　4　5　6
9．1人で食事中，ある人が相席をしてよいかと尋ねてきたとき。1　2　3　4　5　6
10．レストランで友人たちと食事を一緒にしているとき。　　　1　2　3　4　5　6
11．公園でボーイフレンド（ガールフレンド）と散歩しているとき。
　　　　　　　　　　　　　　　　　　　　　　　　　　　　1　2　3　4　5　6
12．ある知人に喫茶店にさそわれたとき。　　　　　　　　　　1　2　3　4　5　6
13．初めてのクラスでまったく知らない人たちの前で自己紹介をするとき。
　　　　　　　　　　　　　　　　　　　　　　　　　　　　1　2　3　4　5　6
14．居酒屋で知人数名と一緒になったとき。　　　　　　　　　1　2　3　4　5　6
15．ボーイフレンド（ガールフレンド）と自宅で2人きりでいるとき。
　　　　　　　　　　　　　　　　　　　　　　　　　　　　1　2　3　4　5　6
16．乗り物の中でたまたま知人たちと一緒になったとき。　　　1　2　3　4　5　6
17．家族と自宅で夕食をしているとき。　　　　　　　　　　　1　2　3　4　5　6
18．何人かの人に自宅で紹介されたとき。　　　　　　　　　　1　2　3　4　5　6

*バス・電車など。**知り合って間もないが，自分が好意的に思っている人。

信頼性

　尺度全体についてのスピアマン・ブラウンの信頼性係数は男性で.85, 女性で.84, 全体で.84であった。また，G-P分析を行ったところ，すべての項目で合計得点の上位-下位群間の有意差が見出され，内的一貫性は高いことが示された。なお，下位尺度ごとのα係数は，個人的状況.79, 社会的状況.77, 非日常的状況.57, 密接的状況.82, 家族的状況.45であり，項目数の少ない下位尺度の値がやや低めである。

妥当性

　開示状況質問紙とJSDQとでは開示意向を測定するか，過去の行動経験を測定するかといった違いはあるものの，いずれも自己開示の程度を測定するものであり弱い正の相関が予測される。開示状況質問紙とJSDQとの相関は$r=.27$（$n=50$）であり，並存的妥当性が示されている。

　また，自己開示は精神的健康度を高める要因として概念化された尺度であることから，開示意向は社会的不適応の指標と負の相関を示すと予測される。419名の学生を対象に，本尺度と孤独感尺度（工藤・西川, 1983），およびMPI（Mauduley Personality Inventory）の神経症傾向尺度との相関を検討したところ，予測どおり-.30前後の負の有意な相関が得られ構成概念妥当性を示す結果となっている。

尺度の特徴

　本尺度は自己開示の個人差を従来のように行動面からではなく，どの程度開示したいかという意識面から測定している点に特徴がある。また，自己開示は場の規範の影響を受けやすいとの観点から，社会的状況ごとに開示意向を測定でき，さらに，全体の平均値を「集団規範」とみなすことで，個人の自己開示意欲がその規範からどの程度逸脱しているかを測定する工夫も施されている。

採点方法

　自己開示の全般的な意向度については，18項目すべての評定値を合計する。理論的には18点から108点まで分布し，得点が高いほど開示意向が高いことを示す。また，下位尺度ごとの得点は，下記項目の該当番号の合計得点を算出する。個人状況尺度（1, 7, 8, 10, 16），社会的状況尺度（4, 5, 6, 9, 13, 18），非日常的尺度（2, 14），密接的状況尺度（11, 15），家族的状況尺度（3, 17）である。

出典論文・関連論文

遠藤公久　1989　開示状況における開示意向と開示規範からのズレについて——性格特徴との関連　教育心理学研究, **37**, 20-28.

Chelune, G. J. 1976 The Self-disclosure situations survey : A new approach to measuring self-disclosure. *JSAS Catalog of Selected Documents in Psychology*, **6**, 111–112.

Jourard, S. M., & Laskow, P. 1958 Some factors in self-disclosure. *Journal of Abnormal and Social Psychology*, **56**, 91–98.

工藤　力・西川正之　1983　孤独感に関する研究（1）――孤独感尺度の信頼性，妥当性の検討　実験社会心理学研究，**22**，99–108.

著作権者連絡先

遠 藤 公 久

日本赤十字看護大学看護学部

〒153-0012　東京都渋谷区広尾４-１-３

セルフ・ハンディキャッピング尺度

沼崎・小口（1990）

測定概念・対象者

　本尺度は，沼崎・小口（1990）によるセルフ・ハンディキャッピング尺度であり，ジョーンズら（1986）による25項目版をもとに日本人への適用性を考慮して作成された。セルフ・ハンディキャッピングとは，課題遂行に失敗した結果として自己評価や社会的評価の低下が予想される場面において，あえてその遂行を妨げるような行為を行ったり，自己の弱点や問題点を表明する過程である。たとえば，入学試験やスポーツの試合などに際して，勉強不足や体調不良を訴えたり，実際に勉強や練習量を抑えるなど何らかのハンディキャップを自分に与えることがある。こうすることで，失敗してもその原因は個人の能力に帰属されにくいので評価の低下を抑えることができるし（割引原理），成功した場合には，ハンディを乗り越えるほど高い能力があるとみなされる（割増原理）。本尺度はこうした自己呈示的戦略を用いやすい程度の個人差を測定しようとするものである。測定対象についての規定はとくにない。

作成過程

　基本的にはジョーンズら（1986）によるセルフ・ハンディキャッピング尺度25項目版を邦訳しているが，うち日本人には不適切と思われた2項目を改変し，さらに新たに2項目を加えた27の尺度項目を作成した。第1研究では，この質問紙を大学生428名（男性318名，女性110名）に実施し，G-P分析の結果4項目を除外し，残る23項目をセルフ・ハンディキャッピング尺度の項目として採用した。ここで，再テスト法による信頼性の検討，α係数の算出，差異的妥当性，因子構造の検討を行った。また，第2研究では大学生260名（男性234名，女性26名）に対して実際の定期試験に際してのハンディキャッピング行動を測定し，予測的妥当性の検証を行っている。

信頼性

　大学生46名を対象に3週間の間隔で行った再検査法では高い信頼性係数を得た（$r=.80$）。α係数は.61と内的一貫性はやや低めであるが，この値はジョーンズら（1986）の原版とも共通した傾向であった。尺度の性質を理解し，この点に留意しながら使用すれば問題はないと考え

自己開示・自己呈示

項目内容　セルフ・ハンディキャッピング尺度

教示

以下の項目に関して，あなたにどの程度あてはまるかどうか，選択肢の番号に○を付けて回答してください。その際，以下の点に注意してください。

① 正しい回答や間違った回答はありません。
② あまり考え込まずに回答してください。
③ 周りの人と相談しないで自分の思ったまま回答してください。
④ 周りの人の回答を見たりしないでください。

選択肢

6. 非常によく当てはまる
5. 当てはまる
4. やや当てはまる
3. やや当てはまらない
2. 当てはまらない
1. まったく当てはまらない

項目

	非常によく当てはまる	当てはまる	やや当てはまる	やや当てはまらない	当てはまらない	まったく当てはまらない
	6	5	4	3	2	1

1. 失敗すると，すぐ状況のせいにしたくなる。
2. ぎりぎりまで物事を先のばすほうである。
●3. 試験を受ける時，十分すぎるほど準備をしてしまう。
4. 人より体調が悪いことが多い。
●5. どんなことでも，いつでもベストをつくす。
●6. 重要な活動などには，そのために必要な準備や経験が自分にあることを確かめてから参加する。
7. 試験の前にはとても不安になる。
8. 本を読もうとする時，物音や空想で集中できなくなりやすい。

(p.265 へ続く。)

られる。

妥当性

期末試験時における学生のセルフ・ハンディキャップ行動を，本尺度がどの程度予測できるかによって妥当性を検討している。セルフ・ハンディキャッピングの指標として試験のための準備量，ハンディキャッピングの種類や量などが測定され，尺度得点の高低群間の差異を検討した。その結果，おおむね期待された結果が得られ予測的妥当性は確認されている。その他，セルフ・エスティーム尺度との間に予測された負の相関がみとめられ，構成概念妥当性が示されている。

尺度の特徴

セルフ・ハンディキャッピングは，いわば未来の可能性を犠牲にすることで現在の自己評価維持を図る戦略であり，これが慢性化すると学業や仕事などの正常な遂行を妨げることになる。沼崎・小口（1990）は，この尺度が「やれない」因子，「やらない」因子という2つの因子構造を持つことを示し，かつ，後者が個人の学業成績にマイナスの影響を与えることなどを示唆している。教育心理学的な視点からも本尺度の有用性は高いと思われる。

採点方法

「非常によく当てはまる」を6点，「まったく当てはまらない」を1点として，23項目の合計を算出する。したがって，理論上は23点から138点まで分布し，点数が高いほど，セルフ・ハンディキャッピングを用いやすいといえる。

出典論文・関連論文

沼崎　誠・小口孝司　1990　大学生のセルフ・ハンディキャッピングの2次元　社会心理学研究，5（1），42-49.

著作権者連絡先

沼崎　誠

東京都立大学人文社会学部

〒192-0397　東京都八王子市南大沢1-1

セルフ・ハンディキャッピング尺度

項目内容

非常によく当てはまる	6
当てはまる	5
やや当てはまる	4
やや当てはまらない	3
当てはまらない	2
まったく当てはまらない	1

9. 人に負けたりうまくいかなくなったりしても、余り傷つかないですむように、人とは張り合わないことにしている。
10. 自分はもっと努力すれば、もっとうまく出来るのにと思う。
11. いつ手に入るかどうかわからない未来の大きな楽しみより現在の小さな楽しみの方を選ぶ。
●12. 何事にもベストでのぞめないのはいやだ。
13. いつの日か完璧になれたらと思う。
14. 1日か2日の軽い病気なら、時には病気であることを楽しんでしまう。
15. 感情に邪魔されなければ、もっとうまくできるのにと思う。
16. 何かがうまくできない時、他のことはうまくできると自分を元気づけることがよくある。
17. 他人の期待に答えられない時、理由づけをしようとする。
18. スポーツやテストをする時、運が悪い方だと思う。
●19. 重要なことがある前には、明瞭に考えたり、適切なことをする能力を妨げるようなものは飲まない。
20. 食べすぎたり飲みすぎたりすることがよくある。
●21. 生活のある場面での悩みや不安を、他の場面には持ちこまない。
22. 非常に落ち込んでしまい、簡単なことさえなかなかできなくなってしまうことが時々ある。
●23. 気分転換が早くできる方である。

（●は逆転項目。実施時には削除すること。）

ユーモア態度尺度

上野（1993），宮戸・上野（1996）

測定概念・対象者

　上野（1993）および宮戸・上野（1996）によるユーモア態度尺度である。上野（1992）は従来のユーモア研究の整理から，3つのタイプのユーモア態度を見出している。自己や他者を楽しませるための日常的でたわいのない遊戯的ユーモア，自己や他者を攻撃したり中傷することで楽しむ攻撃的ユーモア，自己や他者を励まし，許し，心を落ち着かせるための支援的ユーモアである。本尺度はこれらの3つのタイプのユーモアに対する好みの程度や反応性を測定するために作成されているが，とくに，ユーモアによるストレス緩和効果との関係が議論されている。対象者はとくに記載されていないが，本尺度を用いた研究の多くは大学生，短大生を対象にしたものである。

作成過程

　ユーモアや笑いに対する好みについての予備調査，面接調査を経てユーモアに対する態度を表す50の項目が作成された。407名の大学，短大，専門学校生に回答を求め，因子分析を行い遊戯的ユーモアと攻撃的ユーモアの2因子を抽出した。次に，各因子から代表的な8項目ずつを選び出し，因子分析によって2因子構造を確認した後，ユーモア態度尺度の項目として決定した（上野，1993）。

　宮戸と上野（1996）は上記の結果を振り返り，理論的に存在するはずの支援的ユーモア因子が抽出できなかった点を問題として，支援的ユーモア尺度の作成を行った。定義にもとづき21の尺度候補を独自に作成し，154名の女子大学生に回答を求め1因子構造を確認した。その後，他の2つの尺度と項目数をそろえるために，因子負荷量の高い8項目を選び支援的ユーモア志向尺度として構成した。結果として，ユーモア態度尺度は，遊戯的ユーモア志向，攻撃的ユーモア志向，支援的ユーモア志向の3つの下位尺度からなる18項目の尺度として構成されている。

信頼性

　407名の学生データにもとづき，遊戯的ユーモア尺度と攻撃的ユーモア尺度のα係数を求め

自己開示・自己呈示

項目内容　ユーモア態度尺度

教示
次にあげた項目は，あなたの考えやあなた自身にどのくらいあてはまりますか。

選択肢
1. あてはまらない
2. あまりあてはまらない
3. どちらでもない
4. ややあてはまる
5. あてはまる

項目

【攻撃的ユーモア志向尺度項目】

笑いには多少毒があったほうがおもしろい
友人を軽く皮肉ったりして楽しむことがある
過激な冗談が好きだ
ブラックユーモアが好きだ
きついことを言って人を笑うのは嫌いだ
変わっている知人の話しをよく笑いのネタにする
人を傷つけるような笑いは嫌いだ
まじめな話しをよくちゃかす

【遊戯的ユーモア志向尺度項目】

単純でわかりやすいユーモアが好きだ
もっと人を笑わせたい
人のものまねを見るのが好き
だじゃれを言うのが好きだ
ささやかな日常をおもしろく描いた漫画が好きだ
人間くささのある笑い話や，ユーモアが好きだ
ドタバタな漫画やお笑い番組が好きだ
もっと笑いたいなと思うことがある

(p.269へ続く。)

たところ，順に，0.72，0.74 の値が示された．支援的ユーモア尺度に関しても，154 名の女学生への調査から 0.76 の α 係数を得ており，いずれの尺度とも内的一貫性に関しては満足できる結果が得られている．

妥当性

攻撃的ユーモア志向と遊戯的ユーモア志向は愛他要求，攻撃要求，および，想定場面におけるユーモア表出行動などとの関連パターンが大きく異なり，これら 2 つのユーモア志向性尺度は明らかに異なる特性を測定していることが示された．また，支援的ユーモア志向は，遊戯的ユーモア志向，攻撃的ユーモア志向同様に享楽志向との相関が認められるものの，私的自意識との関連性や抑うつ傾向に対する抑制的影響力などが示唆されるなど，他の 2 つの尺度にはみられない特徴を示していた．このように，各ユーモア志向性尺度はそれぞれ理論的に予測される特徴を有しており，妥当性は確認されているといえる．

尺度の特徴

ユーモア感覚をもつことがストレス解消や精神的健康に結びつく可能性は従来から指摘されてきたが，実証的な研究結果は一貫しなかった．本尺度の製作者はその原因としてユーモア感覚には多様性があり，ストレス解消に結びつくのはその一部であるとの仮説を提起したが，その検証の目的から本尺度は作成された．研究の結果，3 つのユーモア志向性のうち実質的に精神的健康に寄与し得るのは支援的ユーモア志向であり，その他のユーモアの効果は一時的な気分転換に限定されることが見出されている．ユーモアに関する心理学的な基礎研究のためだけでなく，コーピング研究や臨床場面におけるユーモアの機能を検討するうえでも本尺度の活用が期待される．

採点方法

「あてはまる」を 5 点，「あてはまらない」を 1 点として，各下位尺度の合計得点を算出する．理論上は各下位尺度とも 8 点から 40 点まで分布し，点数が高いほどユーモア志向性が高いことを示す．

出典論文・関連論文

上野行良　1992　ユーモア現象に関する諸研究とユーモアの分類について　社会心理学研究，**7**，112-120．

上野行良　1993　ユーモアに対する態度と攻撃性及び愛他性との関係　心理学研究，**64**，247-254．

宮戸美紀・上野行良　1996　ユーモアの支援的効果の検討——支援的ユーモア尺度の構成　社

自己開示・自己呈示

項目内容　ユーモア態度尺度

【支援的ユーモア志向尺度項目】

	あてはまらない	あまりあてはまらない	どちらでもない	ややあてはまる	あてはまる
	1	2	3	4	5

ちょっと寂しそうな人がいると冗談などを言って笑わせたくなる

人をなぐさめるために，自分の失敗をおもしろおかしく語ることがある

友人を励ますために笑わせようとする

人を救うようなユーモアが好きだ

嫌なことがあっても笑いとばせる

あわてたり，騒いだりしている自分をこっけいに感じて人と笑うことがある

人が喧嘩を始めそうなとき，ユーモアを使って仲をとりもつ

気がめいるようなときでもユーモアで自分を励ます

（実施時には【　】内の項目名は削除する必要がある。）

会心理学研究, **67**(4), 270-277.

著作権者連絡先

上 野 行 良

福岡県立大学人間社会学部

〒825-8585　福岡県田川市大字伊田4395

セルフ・モニタリング尺度

岩淵・田中・中里（1982）

測定概念・対象者

　岩淵・田中・中里（1982）によるシュナイダー（1974）のセルフ・モニタリング尺度の日本語版である。

　飲み会とゼミの授業では，たとえ，そこに集まっているメンバーが同じであっても振舞い方は異なるはずである。すなわち，私たちは自分のおかれた社会的状況の性質を察知し自己の表出行動や自己呈示を統制するが，こうした社会心理学的過程をセルフ・モニタリングと呼ぶ。セルフ・モニタリングには個人差があり，セルフ・モニタリングが高い者は社会的状況に応じて自己表出を変える傾向が強く，逆に低い者は状況を通して一貫した行動をとりやすいと考えられている。この傾向を測定するのがセルフ・モニタリング尺度である。

　シュナイダー（1974）によるセルフ・モニタリング尺度は1次元構造を仮定して構成されているが，その後の研究（Briggs et al., 1980）において，この尺度が多次元的な構造をもつことが示され議論も多い。本尺度でも，外向性・他者志向性・演技性の3因子が抽出されており，下位尺度ごとの得点も算出できるようになっている。外向性（Extraversion）は，社会的な事柄への関心が高く，社交的な傾向，他者志向性はある状況で適切な行動をとることへの関心度の高さや自己の感情の統制力，演技性は場に応じてさまざまな役割を演じる傾向で，他者を喜ばせたり，会話が流暢である特性を示している。

　測定対象は明示されていないが，尺度の構成は大学生を対象に行われている。

作成過程

　シュナイダー（1974）のセルフ・モニタリング尺度25項目を邦訳した。ただし，原版では真偽法による回答形式であったが，ブリッグスら（1980）の研究に習い，本尺度では5件法による回答形式が採用されている。大学生500名（男女各250名）に実施し，因子分析を行い上記の3つの下位尺度を見出し，信頼性と妥当性の検討を行っている。

信頼性

　α係数は尺度全体で.78，外向性.78，他者志向性.72，演技性.65とおおむね満足できる値で

あった。

妥当性

　3因子の相互相関は，外向性と他者志向性では r=.44，外向性と演技性では.61，他者志向性と演技性は.45であった。また，自己意識尺度，対人不安尺度，自尊尺度，外向性尺度との相関パタンを検討しているが，全体尺度のレベルで公的自己意識，外向性と正の，また，対人不安と負の相関がみられるなど，理論的な予測と合致する結果を得ており，尺度の構成概念妥当性は示唆されている。

尺度の特徴

　セルフ・モニタリング概念は自己呈示の心理的プロセスを考えるうえで重要な意味をもち，その個人差を測定するセルフモニタリング尺度はこれまでに多くの研究の中で用いられてきた。とくに，社会的スキルとの関連性や，行動と性格との関連性に影響を及ぼす媒介変数として注目されるなど，多くの研究的文脈の中で取り上げられ議論されている。

　なお，シュナイダーの原版はその後，レノックスとウルフ（1984）によって改訂版が作成されており，この日本語版は岩淵・田中（1987）によって作成されている。また，尺度に関連した詳細な議論は岩淵（1996）を参照のこと。

採点方法

　「非常にそう思う」を5点，「全くそう思わない」を1点として，全25項目の合計点を算出する。理論的には25点から125点まで分布し，点数が高いほどセルフ・モニタリング傾向が高いことを示す。なお，下位尺度を構成する項目番号は次のとおりである。外向性（1, 3, 5, 6, 12, 14, 20, 21, 22, 23），他者志向性（3, 6, 7, 10, 11, 12, 15, 16, 17, 19, 24, 25），演技性（5, 6, 8, 18）。

出典論文・関連論文

Briggs, S. R., Cheek, J. M., & Buss, A. H.　1980　An analysis of the self-monitoring scale. *Journal of Personality and Social Psychology*, **38**, 679–686.

岩淵千明　1996　自己表現とパーソナリティ　大渕憲一・堀毛一也（編）　パーソナリティと対人行動　対人行動学研究シリーズ5　誠信書房　Pp.53–75.

岩淵千明・田中國夫・中里浩明　1982　セルフ・モニタリング尺度に関する研究　心理学研究, **53**, 54–57.

岩淵千明・田中國夫　1987　セルフ・モニタリング尺度改訂版への試み　日本社会心理学会第28回発表論文集, 67.

自己開示・自己呈示

項目内容　セルフ・モニタリング尺度

教示
　以下にいくつかの質問がありますが、自分に最もあてはまると思うところに○印をつけてください。

選択肢
　　　　　　非常にそう思う　I　I　I　I　I　全くそう思わない

項目

● 1．人の行動をまねるのは苦手だ。　　　　　　　　　　　　　　　　　I　I　I　I　I
● 2．自分の気持ちや、考え・信じていることを、行動にそのまま表す。　I　I　I　I　I
● 3．パーティや集まりで、他の人が気に入るようなことを、言ったりしたりしようとはしない。　I　I　I　I　I
● 4．確信をもっていることしか主張できない。　　　　　　　　　　　　I　I　I　I　I
　 5．あまり詳しく知らないトピックでも、即興のスピーチができる　　　I　I　I　I　I
　 6．自分を印象づけたり、他の人を楽しませようとして、演技することがある。　I　I　I　I　I
　 7．いろんな場面でどう振るまっていいかわからないとき、他の人の行動を見てヒントにする。　I　I　I　I　I
　 8．たぶん、良い役者になれるだろう。　　　　　　　　　　　　　　　I　I　I　I　I
● 9．映画や本・音楽などを選ぶとき、友人のアドバイスをめったに必要としない。　I　I　I　I　I
　10．実際以上に感動しているかのように振るまうことがある。　　　　　I　I　I　I　I
　11．喜劇を見ているとき、1人よりみんなと一緒の方がよく笑う。　　　I　I　I　I　I
●12．グループの中で、めったに注目の的にならない。　　　　　　　　　I　I　I　I　I
　13．状況や相手が異なれば、自分も違うように振るまうことがよくある。I　I　I　I　I
●14．他の人に、自分に好意をもたせるのが、特別上手な方ではない。　　I　I　I　I　I
　15．本当は楽しくなくても、楽しそうに振まうことがよくある。　　　　I　I　I　I　I
　16．私は、常に見かけのままの人間というわけではない。　　　　　　　I　I　I　I　I
●17．人を喜ばせたり、人に気に入ってもらおうとして、自分の意見や振まい方を変えたりしない。　I　I　I　I　I

(p.275 へ続く。)

Snyder, M.　1974　Self-monitoring of expressive behavior. *Journal of Personality and Social Psychology*, **30**, 526–537.

著作権者連絡先
岩 淵 千 明

項目内容 セルフ・モニタリング尺度

非常にそう思う Ｉ Ｉ Ｉ Ｉ 全くそう思わない

18. 自分は，エンターテイナーであると思ったことがある。　　　　Ｉ Ｉ Ｉ Ｉ
19. 仲良くやっていったり，好かれたりするために，他の人が自分に望んでいることをする方だ。　　　　Ｉ Ｉ Ｉ Ｉ
●20. これまでに，ジェスチャーや即興の芝居のようなゲームで，うまくできたためしがない。　　　　Ｉ Ｉ Ｉ Ｉ
●21. いろいろな人や状況にあわせて，自分の行動を変えていくのは苦手だ。　　　　Ｉ Ｉ Ｉ Ｉ
●22. パーティでは，冗談を言ったり，話したりするのは，他の人に任せて，自分は黙っている方だ。　　　　Ｉ Ｉ Ｉ Ｉ
●23. 人前ではきまりが悪くて思うように自分を出せない。　　　　Ｉ Ｉ Ｉ Ｉ
24. よかれと思えば，相手の目を見て，真面目な顔をしながら，うそをつくことができる。　　　　Ｉ Ｉ Ｉ Ｉ
25. 本当はきらいな相手でも表面的にはうまく付き合っていける。　　　　Ｉ Ｉ Ｉ Ｉ

（実施時には逆転項目を示す●印を取り除くことが必要である。）

コラム　自己開示尺度
(JSDQ；Jourard Self-Disclosure Questionnaire)

　ジュラード(1959)は、自分自身について他者に話すことを「自己開示(Self-Disclosure)」と呼び、よく自己開示する人物ほど精神的に健康であると主張した。本尺度はジュラードとラスコウ(1958)のJSDQを、中村(1983)が邦訳したものである。

　態度、趣味、仕事、金銭、パーソナリティ、身体・外観の6領域の内容に関して、父、母、同性の友人、異性の友人、配偶者それぞれ度の程度話すかを3段階で評定する(十分に詳しく語る……2点、いちおう語る……1点、何も語らない・うそを言う……0点)。その合計得点が自己開示の指標となるが、領域別、対象者別の自己開示度の算出も可能である。

態度
1．宗教について考えていることや感じていること―宗教感
2．自分の所属している宗派以外の宗教集団（たとえば、プロテスタント、カソリック、ユダヤ教など）についての意見や感想
3．共産主義についての見解
4．今の政府についての見解―大統領やその政府について
5．学校や乗物における人種差別撤廃の問題についての見解
6．飲酒についての私見
7．性道徳についての私見―性の問題にいかに対処すべきかについて感じていること
8．女性の魅力や美しさの判断基準―女性のチャームポイントについて
9．男性として備えていることが望ましいこと―男性に求めるもの
10．親はどのようにしてこどもに接するべきかについての私見

趣味
1．好きな食べ物、嫌いな食べ物、調理法の好みなど
2．好みの飲み物、嫌いな飲み物
3．好きな音楽、嫌いな音楽
4．読書の好み
5．どんな種類の映画をいちばん好むか、テレビの好きな番組はなにかなど
6．衣服についての好み
7．いちばん好きな住居の型や家具調度についての好み

8．いちばん好きなパーティとか会合の種類と，逆に，出席するのが気の重いようなパーティや会合の種類
9．余暇の過ごし方についての好み—たとえば，ハンティング，読書，スポーツ，ゲーム，パーティ，ダンスなど
10．おくりもので一番ありがたく思う物

仕事
1．自分の仕事（勉強）でいちばんの圧迫や緊張はなにか
2．仕事（勉強）の中で，いちばんわずらわしく，おもしろくない側面
3．自分の今の仕事（勉強）の中で，いちばん満足できることや楽しめること
4．仕事を発展させたり，満足のいく形でやり遂げたいと思っても，思うに任せない原因になっている自分の欠点や障害
5．自分の仕事（勉強）に関して強いところと弱いところ
6．仕事（勉強）ぶりを他の人（たとえば，ボス，同僚，教師，夫など）から賞賛されたときの気持ち
7．仕事（勉強）についての将来の目標や希望
8．仕事（勉強）への報酬や給料についての所感
9．自分の行った職業（コース）選択について—その満足度
10．自分の仕事（勉強）の目標となっている人や，一緒に仕事（勉強）する人たちへの印象

金銭
1．仕事への報酬金や給料の金額
2．借金の有無，あればその金額
3．現在自分が借金している相手はだれか，過去には，だれかから借りたことがあるかなど
4．預貯金はあるか，あればその金額
5．誰かに金を貸しているか，あれば，その氏名や金額
6．賭け事をするか，するとすれば，どんな賭け事で，いくらくらい賭けるかなど
7．現在の収入源のすべて—賃金，料金，給料，配当など
8．全財産額—不動産，預貯金，債権，保険などを含めて

9. 差し迫ってお金のいること—つけの支払いとか，大きな買い物
10. どんな予算を立てているか—必要な経費と贅沢な支出との配分率など

パーソナリティ
1. 自分のパーソナリティの中で，自分の好かない部分，気になる部分，ハンディキャップと思われる点など
2. 自分をうまく表現できないとか統制できないとか思えるような感情があるか。あればなにか
3. 現在の自分の性生活—性的欲求の処理法についての知識，性についての悩み，性的関係の相手（あれば）など
4. 異性への自分の魅力度。また，異性に魅力的であるためには障害となるような問題が自分にあるか。あれば，なにか。
5. 罪や恥の感情を抱いた経験。過去も現在も含めて
6. 非常に腹の立つような出来事
7. ゆううつな沈んだ気分にさせる出来事
8. 気に病み，心配し，恐れるような出来事
9. 深く感情を傷つけるような出来事
10. 自尊心を満足させ，誇りに思えるような出来事

身体・外観
1. 自分の容貌—目鼻立ち，毛髪，歯並びなど—の好きな部分や気に入らない部分
2. 理想的な外観
3. 容貌以外の身体各部についての自分の感じ—脚，ヒップ，ウエスト，バスト，体重など
4. 今までに気にやんだことがある外観上の問題
5. 健康について，現在なんらかの問題があるか否か—たとえば，不眠，消化不良，アレルギー，心臓病，頭痛，痔疾，生理不順など
6. 先々，長期的に健康について気になること—癌，潰瘍，心臓障害など
7. 既往症
8. 健康や美容のためになにか特別なことをやっているかどうか—たとえば，美容体操や食事制限など

9．現在の身体特徴—身長，体重，ウエストなど
10．自分の性行動が健康なものかどうかについての印象—性関係を正常に営めるかどうかなど

（実施時には，各領域名は削除する。）

【引用文献】

Jourard, S. M., & Laskow, P.　1958　Some factors in self-disclosure. *Journal of Abnormal and Social Psychology*, **56**, 91–98.

Jourard, S. M.　1959　Self-disclosure and other-cathexis. *Journal of Abnormal and Social Psychology*, **59**, 428–431.

中村陽吉　1983　自己開示尺度　中村陽吉（著）対人場面の心理　東京大学出版会，Pp.235–238.

この領域について

被服行動

　私たちの生活全般を表す言葉に,「衣食住」というものがある。また,「衣食足りて礼節を知る」という言葉がある。「衣」は,私たちの生活の基本的な要素であり,ななくてはならないものの一つである。

　被服 (clothing) とは,身体の外見を変えるために用いるすべてのものをさし,それには身体各部を覆い包むものから,かぶりもの,はきもの,ヘアスタイル,かつら,ヒゲ,化粧,アクセサリー,入れ墨までが含まれる。同じような用語について,衣服 (clothes) は身体の主要部分を覆い装飾する被服を,衣装 (costume) は特定の場を意識したひとそろいの衣服を,服装 (dress, attire, outfit) は被服を身につけることから形成される身なりや着こなしを,外見 (appearance) は他者の目に映る服装・容姿・風采を,それぞれ意味する。

　私たちが被服を着装するのには,大きく2つの目的がある。一つは,「生理的目的」である。これは,皮膚の保護,体温調節,運動促進などの,身体内部の生理的平衡状態を保ち,生命の維持と健康促進を目的とするものである。もう一つは,「社会・心理的目的」である。これは,私たちの心理的状態や行動をよりいっそう好ましいものとし,被服による,心理的,あるいは,社会的適応を目的とするものである。神山 (1996) は,社会・心理的目的を実現するための被服に一般的に認められる機能として,① 被服によって自分自身を確かめ,強め,また,変えるという「自己の確認・強化・変容」機能,② 被服によって他者に何かを伝えるという「情報伝達」機能,そして,③ 被服によって他者との行為のやりとりを調整するという「社会的相互作用の促進・抑制」機能の3つがあるとしている。

　被服心理学では,被服に関する行動のことを被服行動 (clothing behavior) とよんでいる。被服行動には,着装者,あるいは,消費者としての「選択・購入」,「使用・着用 (消費)」,「廃止・廃棄」の3つのフェーズが含まれる。本節では,被服行動全般について測定できる尺度2つと,被服行動の3つのフェーズのそれぞれに関連する尺度をそれぞれ1つずつ紹介している。

　まず,被服行動全般について測定できる尺度として,神山 (1983a) の「被服関心度質問表」と永野 (1994) の「被服行動尺度」の2つを紹介している。1つめの,「被服関心度質問表」は,Ⅰ. 個性を高めるものとしての被服関心,

Ⅱ．心理的安定感を高めるものとしての被服関心，Ⅲ．似合いの良さを追求するものとしての被服関心，Ⅳ．同調を図るものとしての被服関心，Ⅴ．快適さを求めるものとしての被服関心，Ⅵ．理論づけを図るものとしての被服関心，Ⅶ．慎みを求めるものとしての被服関心，そして，Ⅷ．対人的外観を整えるものとしての被服関心の 8 つの被服関心次元から構成される被服関心の傾向を測定するものである。2 つめの「被服行動尺度」は，4 つの被服行動次元，すなわち，衣服の流行性に関する「流行性」，衣服の機能性，快適性に関する「機能性」，衣服の社会的な適切さに関する「適切性」，そして，衣服の経済性に関する「経済性」から構成される被服行動の傾向を測定するものである。

つぎに，被服行動の 3 つのフェーズのうち最初の「選択・購入」のフェーズに関して，神山ら（1993）の「知覚されたファッション・リスク評定尺度」を紹介している。私たちは，ほとんどの被服を購入して着用している。素材はどうか？　デザインはよいか？　他者からどうみえるだろうか？　など，被服の購入に際して，私たちは，さまざまな懸念や不安を抱く。つまり，購買行動には，ほとんどの場合リスクが伴い，この意味からすれば，消費行動とは，危険敢行（risk-taking）を行っているともいえる。この尺度は，被服の購入に際して私たちが知覚するリスクの内容と程度を測定するものである。この尺度は，「規範からの逸脱懸念」，「品質・性能への懸念」，「着こなしへの懸念」，「自己顕示への懸念」，そして「流行性への懸念」の 5 因子構造から構成されるものである。また，この尺度を用いて，神山ら（1993），および，神山と高木（1993）は，知覚されたファッション・リスクが，購入商品の種類によってどのように異なるのかについて検討し，その違いにより，衣料品／お洒落用品の分類を試みている。さらに，神山ら（1989；1990）は，知覚されたファッション・リスクの低減法についても，検討を行っている。

そして，「使用・着用（消費）」のフェーズに関しては，西藤ら（1995）の「服装によって生起する多面的感情状態尺度」を紹介している。被服の着装に際して，私たちは，ネクタイを締めると気持ちが引き締まるとか，お気に入りのスカートを履くとうきうきするとか，着たくない制服を着て気分が滅入るなどといったように，着装する被服により経験する感情が異なることがある。この尺度は，被服が私たちの感情状態に与える影響について測定する尺度である。この尺度は，肯定的感情状態の「快活・爽快」，「充実」，「優越」，「安らぎ」の 4 下位次元と否定的感情状態の「抑鬱・動揺」，「羞恥」，「圧迫・緊張」の 3 下位

この領域について

次元とからなるものであり，広い対象について，さまざまな着装場面で，異なる被服が喚起する感情についての調査や実験での測度として，非常に有用であるといえる。

最後の，「廃止・廃棄」のフェーズに関しては，コラムで，高木（1985）の衣類の廃棄選択における評価基準項目を紹介した。私たちは，これまで着ていた服を，なんとなく着る気がしないと感じて着なくなったり，「死蔵」，つまり，まだ着ることができる服を着ないで，しかし，処分もしないでタンスなどにしまっておくことがある。この廃止，あるいは，廃棄の行動に関しては，環境問題やリサイクル等の問題と関連して，今後研究されるべき問題といえよう。牧野（1996）は，購買―消費―廃棄―（次期）購買―……の流れを念頭に，これらの過程間の関連性を明らかにする必要性を指摘している。

本節では，被服行動の3つのフェーズにそって尺度を紹介したが，藤原（1985）は，被服行動を規定する要因を，文化，社会，個人の3つの水準に大きく分類して説明している。文化の水準には，被服を構成する材料，冷暖房設備などの一般技術，規範，などが含まれる。社会の水準には，社会的役割，ファッションの変化などの流行，などが含まれる。そして，個人の水準には，パーソナリティ，態度，価値観，感覚，知覚などが含まれる。第Ⅲ巻で紹介されている身体カセクシス（Body Cathexis）は，この水準に含まれる要因である。そして，これらの要因は，水準を越えて相互に関連し合うのである。すなわち，被服行動は，さまざまな要因により複雑に規定されている。したがって，研究における変数の統制や経験的データを得ることが，非常に困難である。したがって，被服行動に関連する心理学的尺度は非常に少ないのが現状である。本節がさらなる，研究の発展に寄与することを期待したい。

【引用文献】

藤原康晴　1985　被服心理学の概要　日本繊維機械学会被服心理学研究分科会（編）　被服心理学　日本繊維機械学会　Pp. 3-17.

神山　進　1983a　被服関心の概念とその測定――ギュレルの研究の追試　繊維製品消費科学，**24**（1），35-41.

神山　進　1996　被服心理学の動向　高木　修（監修）　大坊郁夫・神山　進（編）　被服と化粧の社会心理学　北大路書房　Pp. 2-24.

神山　進・苗村久恵・高木　修　1993　"知覚されたファッション・リスク"にもとづく商品分類の提案——女子の衣料品／お洒落洋品について　繊維製品消費科学, **34** (1), 29-40.

神山　進・苗村久恵・田中早苗・高木　修　1989　'知覚されたファッション・リスク'の低減法　日本衣服学会誌, **33** (1), 5-14.

神山　進・苗村久恵・田中早苗・高木　修　1990　'知覚されたファッション・リスク'とその低減戦略に関する研究　繊維製品消費科学, **31** (4), 190-201.

神山　進・高木　修　1993　"知覚されたファッション・リスク"にもとづく商品分類の提案——男子の衣料品／お洒落洋品について　繊維製品消費科学, **34** (10), 548-560.

牧野圭子　1996　買う——被服の購買・消費行動　中島義明・神山　進 (編)　まとう　被服行動の心理学　朝倉書店　Pp.46-64.

永野光朗　1994　被服行動尺度の作成　繊維製品消費科学, 35-9, 468-473.

西藤栄子・中川早苗・藤原康晴　1995　服装によって生起する多面的感情状態尺度の作成　繊維機械学会誌, **48** (4), T105-T112.

高木　修　1985　衣服選択の評価基準とそれに基づくクラスター——購入, 着用, 廃棄選択における基準とその間の関連構造　関西大学「社会学部紀要」, **17** (1), 37-66.

被服関心度質問表

神山（1983a）

測定概念・対象

　被服関心は，「被服についての態度や信念，被服の知識や被服に払われる注意，人が自分自身また他者の被服について持つ関心や好奇心をいう。このような被服関心は，被服それ自身に関する個々人の行動——人が被服に関してすすんで費やさんとする時間，エネルギー，金銭の量，各種の着飾り方をためしてみるといったやり方で被服を使用する度合，また流行や新しい被服事象についての意識——により示されるであろう。」(Gurel & Gurel, 1979, 神山訳, 1983a）と定義される。本尺度は，この被服関心の傾向を測定するものである。

　基本的に，質問項目の内容が理解できれば，年齢や性別を問わず，広い範囲での測定が可能である。

作成過程

　まず，クリークモア（1971）の「被服重要性質問表；"Importance of Clothing" Questionnaire」を日本語に翻訳し，各質問項目を無作為に配列した後，5段階のリッカートタイプの評定尺度を附した89の質問文を作成した。そして，209名の被調査者を対象に，被服関心に関する質問紙調査（留置き法）を行った。209名の内訳は，京都府下ならびに滋賀県下にある7つの企業を含む15の組織単位より，8つの職業集団（企業＝① アパレル企画職（36名），② 製造一般職（28名），③ サービス職（48名）。公共団体＝④ 行政職（27名）。学校＝⑤ 教育職（17名）。教会＝⑥ 聖職（18名）。病院＝⑦ 看護職（15名）。特殊専門＝⑧ 和裁職（20名））にかかわる19〜50歳までの女性であった。調査は，1981年9〜10月に行った。そして，クリークモアの「被服重要性質問表」の妥当性を因子分析法により検討したギュレルとディーマ（1975）の手法を参考にして，98項目についての数回の因子分析（バリマックス法）から，8つの被服関心次元が導出された。すなわち，Ⅰ．個性を高めるものとしての被服関心，Ⅱ．心理的安定感を高めるものとしての被服関心，Ⅲ．似合いの良さを追求するものとしての被服関心，Ⅳ．同調を図るものとしての被服関心，Ⅴ．快適さを求めるものとしての被服関心，Ⅵ．理論づけを図るものとしての被服関心，Ⅶ．慎みを求めるものとしての被服関心，そして，Ⅷ．対人的外観を整えるものとしての被服関心の8次元である。そして，これら各次元に高い因子負荷量をもつ6

被服行動

被服関心度質問表

項目内容

教示

【記入上の注意】

以下に示された1～48の質問文を読んで，その回答をそれぞれの質問文の右に示されたスケール上の1～5のいずれかに○印をうってお答下さい。

選択肢

5 まったくそのとおり
4 それに近い
3 どちらともいえない
2 あまりあてはまらない
1 まったくあてはまらない

(例) 私はまわりの人々からほめられそうな衣服を
着用するよう心がけている。　　　　　　　　1　2　3　④　5

	まったくあてはまらない	あまりあてはまらない	どちらともいえない	それに近い	まったくそのとおり

項目

1. 新しいファッションが市場に出る時，私はそれらをまっさきに採用しようとする。　　1　2　3　4　5
2. ある種の衣服は，私に一層の自信を感じさせてくれる。　　1　2　3　4　5
3. 私は友人と，お互いが着用している衣服の似合いのよさについて話し合う。　　1　2　3　4　5
4. 私は，ある集まりに何を着ていくかについて，自分が決める前にいっしょに行く友人と打ち合わせをする。　　1　2　3　4　5
5. 衣服の肌ざわりは，私にとって重要である。　　1　2　3　4　5
6. 私は，なぜ人々がおもいおもいの衣服を着るのか知りたい。　　1　2　3　4　5
7. はっきりしたシルエットをもたない薄物の透けたドレスやブラウスは，体をあまりにあらわにしすぎると思う。　　1　2　3　4　5
8. 私は，シーズンのすぎた衣服がただしく洗濯・保管されているかどうかに気をくばる。　　1　2　3　4　5

(p.287 へ続く。)

項目を選定し，計48項目からなる尺度を作成した（神山，1983a）。

信 頼 性

信頼性を示す指標としては，クロンバックのα係数とスピアマン・ブラウンの公式による信頼性係数（**表1**）が報告されている（神山，1983a）。

表1 「被服関心度質問表」の信頼性評価（N=209）（神山，1983a）

被服関心次元	クロンバックのα係数	スピアマン・ブラウンの信頼性係数
I　個性を高める	.792	.765
II　心理的安定感を高める	.835	.845
III　似合いの良さを追求する	.790	.753
IV　同調を図る	.701	.739
V　快適さを求める	.686	.683
VI　理論づけを図る	.763	.702
VII　慎みを求める	.712	.673
VIII　対人的外観を整える	.637	.600

妥 当 性

妥当性については，とくに報告されていない。

尺度の特徴

　神山（1983b）は，アメリカの研究者であるクリークモア（1971）の「被服重要性質問表；"Importance of Clothing" Questionnaire」の質問項目が89項目であることは被調査者にとって負担が大きいとして，この尺度の日本語版簡略版を作成した。また，被服関心の次元について，神山（1983b）は，I．個性を高めるものとしての被服関心，IV．同調を図るものとしての被服関心，VIII．対人的外観を整えるものとしての被服関心の3次元は，他者に印象を与える手段としての被服の対人影響的側面と関係しており，V．快適さを求めるものとしての被服関心は，被服の機能的・実用的側面と関係しているとしている。

採 点 方 法

　「まったくあてはまらない」を1点，「まったくそのとおり」を5点としたうえで，8次元ごとに，6項目の得点を単純合計する。各尺度の得点範囲は，5点から30点となる。また，48項目の総合計得点をもって被服関心得点とする。得点範囲は，48点から240点である。いずれも，得点が高いほど関心が強いと解釈する。

項目内容　被服関心度質問表

	まったくあてはまらない	あまりあてはまらない	どちらともいえない	それに近い	まったくそのとおり

9. 私は，シャツのすそがたえず出てうまくおさまらないような時，わずらわしさを感じる。　　1　2　3　4　5

10. 私は，ジッパーをしめわすれているような人を見た時，不快感を覚える。　　1　2　3　4　5

11. 私は，快適な衣服とそうでない衣服があるのはどうしてであろうかと思う。　　1　2　3　4　5

12. 特定の布の風合い―例えば，ソフトな，毛羽だった，こしの強い，なめらかな―について，特に自分が愛好し，また買いたいと思うものがある。　　1　2　3　4　5

13. 私は，たとえ似合いそうにないものであっても，多くの人が着用している衣服を着る。　　1　2　3　4　5

14. どのようにアクセサリーを組み合わせれば，自分を魅力的にできるのかを知るため，私は店にならぶアクセサリー・コレクションを研究する。　　1　2　3　4　5

15. 私は，格別の衣服を着る時には，愛想よく，また，開放的になる。　　1　2　3　4　5

16. 私は，洋服ダンスに最新スタイルの服をそろえるように心がけている。　　1　2　3　4　5

17. 私は，新鮮なファッションを求めて近くの町（繁華街）に出かける。　　1　2　3　4　5

18. 私は，最上の（いっちょうらの）通勤着（通学服）を着ている場合とそうでない場合とでは，自分の気分やそのとる行動に違いを感じる。　　1　2　3　4　5

19. 服装に関する新しい情報を得るため，私は雑誌や新聞を読む。　　1　2　3　4　5

20. 私は，グループのなかで仲間意識をもつために，他の人々と同じような服装をするよう心がけている。　　1　2　3　4　5

21. 私は，たとえ気にいった衣服であっても，快適でないならば着用しない。　　1　2　3　4　5

22. 私は，なぜ皆とは違った衣服を着用する人がいるのか興味深く思う。　　1　2　3　4　5

（p.289 へ続く。）

出典論文・関連論文

Creekmore, A. M. 1971 Methods of Measuring Clothing Variavles, *Michigan Agricultural Experiment Station Project* No.783, Michigan State University, East Lansing, 96 – 101.

Gurel, L. M., & Deemer, E. M. 1975 Construct Validity of Creekmore's Clothing Questionnaire, *Home Economics Reserch Journal*, **4** (1), 42 – 47.

Gurel, L. M., & L. Gurel 1979 Clothing Interest:Conceptualization and Measurement, *Home Economics Research Journal*, **7** (5), 274 – 282.

神山　進　1983a　被服関心の概念とその測定──ギュレルの研究の追試　繊維製品消費科学, **24** (1), 35 – 41.

神山　進　1983b　被服関心と職務環境　繊維製品消費科学, **24** (2), 40 – 49.

神山　進　1985　個人と被服行動　光生館　被服心理学, 5章, 145 – 199.

著作権者連絡先

神山　進

（自宅）　〒520 – 0854　滋賀県大津市鳥居川町 11 – 11

被服行動

項目内容　被服関心度質問表

		まったくあてはまらない	あまりあてはまらない	どちらともいえない	それに近い	まったくそのとおり
23.	私は，胸もとの切り込みの深いドレスを着ている人を見ると，恥ずかしさを覚える。	1	2	3	4	5
24.	私は，衣服を選ぶ場合，服のシルエットから，それがどのような素材でできているのかを考える。	1	2	3	4	5
25.	私は，雨もようの日には，衣服が濡れるのを防ぐために，レインコートを着るか，傘をもつかする。	1	2	3	4	5
26.	私は，あまりにも体にぴったりとした衣服を着ている人を見るとなんとなく恥ずかしい。	1	2	3	4	5
27.	私は，衣服について，どのようにすれば最大限，時間，エネルギーまた金銭を節約できるのかを知りたい。	1	2	3	4	5
28.	私は，上腕（二の腕）を圧迫するような衣服を着用しないようにしている。	1	2	3	4	5
29.	特別の祝典などに対して，もし自分のもっている服が，友人が着るだろうと思われるものと違ったタイプなら，友人に合わせた新しい衣服を購入する。	1	2	3	4	5
30.	いろいろな衣服とアクセサリーについて，それらをどのように組み合わせた時，どのような効果が出るのかを研究してみることは興味深い。	1	2	3	4	5
31.	私は，自分の気分を高めるために衣服を買う。	1	2	3	4	5
32.	私は，普通の人が着ていない衣服を買うように心がけている。	1	2	3	4	5
33.	人とは違った衣服であるという気分にさせてくれない理由から，私はある種の衣服を着用しないことがある。	1	2	3	4	5
34.	私は，四六時中，同じ衣服を着ていると退屈する。	1	2	3	4	5
35.	たとえ友人の誰もが無関心であり，また，自分自身しいて着用したいと思わなかっても，何が新しい流行の服なのかを知りたいと思う。	1	2	3	4	5
36.	私は，たとえ自分に似合いそうにないものであっても，職場（学校）の仲間たちの間で流行している衣服を着る。	1	2	3	4	5
37.	私は，衣服が快適でないならば，いらだつ。	1	2	3	4	5

(p.290 へ続く。)

項目内容　被服関心度質問表

	まったくあてはまらない	あまりあてはまらない	どちらともいえない	それに近い	まったくそのとおり

38. 誰かがあまり似つかわしくない服装で職場（学校）にやってくる時，私はなぜその人がそのような服装をしてきたのか知りたいと思う。　1　2　3　4　5
39. 私は，あまりに体をあらわにしすぎるような衣服を着ている人とは近づきになりたくない。　1　2　3　4　5
40. 私は，たえず自分の靴をきれいにしている。　1　2　3　4　5
41. 私は，衣服とアクセサリーとがうまく調和するように注意している。　1　2　3　4　5
42. 私は，なぜ不謹慎な衣服を着る人がいるのか疑問に思う。　1　2　3　4　5
43. 私は，なぜある種の衣服が他より一層気分をよくしてくれるのか不思議に思う。　1　2　3　4　5
44. 私は，生地の風合に非常に敏感である。　1　2　3　4　5
45. 新しい衣料品を購入する場合，私は友人が着用しているものと似たものを買うように心がけている。　1　2　3　4　5
46. 新しい衣服を買う時，それを試着する前に，似合いそうなアクセサリーを探してみる。　1　2　3　4　5
47. 私は，最上の（いっちょうらの）通勤着（通学服）を着る時，強い自信を感じる。　1　2　3　4　5
48. たとえ人目を引くとしても，私は他の人とたいそう違った衣服を着用する。　1　2　3　4　5

注1）8つの被服関心次元を測定する質問項目番号は，次のとおりである。
　　Ⅰ　個性を高める……………………………………………… 1，16，17，32，33，48
　　Ⅱ　心理的安定感を高める…………………………………… 2，15，18，31，34，47
　　Ⅲ　似合いの良さを追求する………………………………… 3，14，19，30，35，46
　　Ⅳ　同調を図る………………………………………………… 4，13，20，29，36，45
　　Ⅴ　快適さを求める…………………………………………… 5，12，21，28，37，44
　　Ⅵ　理論づけを図る…………………………………………… 6，11，22，27，38，43
　　Ⅶ　慎みを求める……………………………………………… 7，10，23，26，39，42
　　Ⅷ　対人的外観を整える……………………………………… 8，9，2，25，40，41
注2）質問項目は，神山（1985）の改訂版のものである。

被服行動尺度

永野（1994）

測定概念・対象

本節の最初にも述べたように，被服に関する行動のことを被服行動（clothing behavior）とよぶ。被服行動には，着装者，あるいは，消費者としての「選択・購入」，「使用・着用（消費）」，「廃止・廃棄」の3つのフェーズが含まれる。本尺度は，個人が示す恒常的な被服行動の傾向を測定するものである。

基本的に，質問項目の内容が理解できれば，年齢や性別を問わず，非常に広い範囲で測定が可能である。

作成過程

尺度の作成に際しては，まず，以下の4つの条件を設定した。
1. 被服行動の構成次元についてあらかじめ十分に検討した上で，被服行動の次元として考えられるものを網羅して測定できること。
2. 日本文化の実情を反映した項目を設定すること。
3. 被服行動の様式には性差が存在するという仮定のもとに，その点を考慮して尺度を作成すること。
4. 個人の行動様式をできる限り簡便に測定できること。すなわち項目数を最小におさえ，短時間で記入でき，また実施後の採点も容易であること。

つぎに，被服行動（態度や信念を含める）に関する次元として以下の6次元を先見的に定めた。
1. **流行性**：衣服一般についての流行に関わる行動傾向。
2. **経済性**：衣服一般についての経済性に関わる行動傾向。
3. **社会性**：衣服のもつ社会的機能，もしくはその適切さに関わる行動傾向。
4. **快適性**：衣服着用時の快適性に関わる行動傾向。
5. **適切性**：外見，身だしなみを整えることに関わる行動傾向。
6. **機能性**：衣服の品質，機能性に関わる行動傾向。

そして，神山（1983）の被服関心度質問表やアイケン（1963）の被服行動質問表を参考にし，

前出の6つの次元に該当し，個人の行動，信念，態度を表現する項目を各次元についてそれぞれ10ないし11項目ずつ，計64項目作成した。

この64項目をランダムに配置し，日頃の自分自身の衣服に関する行動傾向について「全くあてはまらない」から「非常によくあてはまる」までの7段階の評定法により，男子332名，女子431名の大学生に評定させた。

被服行動の様式には性差があることが仮定されるため，分析は男女別に行われた。まず，男子について，評定尺度における7段階のそれぞれの回答，「全くあてはまらない」から「非常によくあてはまる」までに，1～7点を与えた。そして，分布に著しい偏りがみられる項目を除き，各項目間のピアソンの相関係数を求め，これにもとづき因子分析（主因子法，バリマックス回転）を行った。女子についても，男子と同様の手続きによる因子分析が行われた。その結果，男女とも，衣服の流行性に関する行動次元としての「流行性」，衣服の機能性，快適性に関する行動次元としての「機能性」，衣服の社会的な適切さに関する行動次元としての「適切性」，そして，衣服の経済性に関する行動次元としての「経済性」の4因子が導出された。また，それぞれの因子の解釈は，男女で非常によく類似していた。

この因子構造をもとに，採点の容易さとデータの信頼性および安定性を考慮して，まず，男女の因子負荷量の上位5位までに含まれる項目の中から，両性の結果に共通して含まれる項目を採用し，残りの項目は，それらを含めた5項目の内的整合性（クロンバックのα係数を指標とした）がもっとも高くなるものを選んだ。

信頼性

各下位尺度の内的整合性を示すクロンバックのα係数は，流行性尺度が.836，機能性尺度が.756，適切性が.745，そして，経済性尺度が.695であり，各尺度とも比較的高い内的整合性といえる。

妥当性

外的基準との関連の検討による妥当性の検証としては，尺度の作成過程において，男子大学生332名の被験者からランダムに選んだ67名に対して，日常の被服行動を具体的に表す項目についての質問を行い，4つの尺度それぞれについて，得点の上位25％を高群，下位25％を低群とし，2群間での質問項目の結果を比較したものがある（永野・小嶋，1991）。結果は，流行性尺度では，高群のほうが低群よりもクシを携帯している者の数が有意に多かった。また，経済性尺度では，高群のほうが低群よりも，衣服費や1シーズンあたりに購入する衣服の数，および，質問の時点で着用している衣服の総額において有意に低い値を示した。

被 服 行 動

項目内容 被服行動尺度

教示

以下に，衣服に関する行動の様式や考え方を表した文章が書いてあります。それぞれについて，自分自身にもっともよくあてはまる箇所の番号に○印を記入して下さい。

選択肢

7 非常によくあてはまる
6 かなりあてはまる
5 ある程度あてはまる
4 どちらともいえない
3 あまりあてはまらない
2 ほとんどあてはまらない
1 全くあてはまらない

項目

流行性尺度：衣服の流行性に関する行動次元

		全くあてはまらない	ほとんどあてはまらない	あまりあてはまらない	どちらともいえない	ある程度あてはまる	かなりあてはまる	非常によくあてはまる
1	最新のファッションについて知るために多くの店を見てまわる	1	2	3	4	5	6	7
2	最新のファッションを着るようにいつもこころがけている	1	2	3	4	5	6	7
3	いまどのようなファッションがはやっているかについてよく知っている	1	2	3	4	5	6	7
4	ファッション雑誌をよく読む	1	2	3	4	5	6	7
5	自分自身を人と区別してより個性的に見せるために流行している服を着る	1	2	3	4	5	6	7

機能性尺度：衣服の機能性，快適性に関する行動次元

1	衣服のデザインよりはそれを着たときの動きやすさを重視する	1	2	3	4	5	6	7
2	保温性や通気性の良い服を選ぶ	1	2	3	4	5	6	7
3	華美さよりは機能性を重視して衣服を選ぶ	1	2	3	4	5	6	7
4	吸湿性の良い生地の服を選ぶ	1	2	3	4	5	6	7

(p.295 へ続く。)

尺度の特徴

　個人が示す恒常的な被服行動の傾向を測定する方法には，観察法，投影法，質問紙法といった心理学的測定法が考えられる。本尺度は，この中で実施における簡便性，客観性，信頼性などの点からすぐれていると思われる質問紙法によるものである。

　被服行動は，着装者，あるいは，消費者としての，被服に関する，「選択・購入」，「使用・着用（消費）」，「廃止・廃棄」という3つの側面が含まれる。本尺度は，これらのうち，「選択・購入」と「使用・着用（消費）」の行動様式を簡便に測定し得る質問紙尺度である。

採点方法

　「全くあてはまらない」を1点，「非常によくあてはまる」を7点としたうえで，尺度ごとに5つの項目の得点を単純合計する。各尺度の得点範囲は，5点から35点となる。**表1**に，男女大学生の尺度別平均得点と標準偏差，および，性差の t 検定結果を示す。

表1　各下位尺度の平均，標準偏差，t 値および自由度（大学生男女）

尺度	平均（標準偏差）		t 値	自由度
	男子：n=332	女子：n=431	全て5%水準で有意	
流行性尺度	16.3 (5.87)	20.7 (5.31)	10.72	758
機能性尺度	22.9 (4.17)	23.8 (3.98)	3.01	750
適切性尺度	23.5 (4.32)	26.7 (4.16)	10.27	754
経済性尺度	16.9 (4.99)	14.5 (4.09)	7.2	755

注1）尺度により自由度が異なっているのは，データ中に欠損値が含まれているためである。
注2）永野（1994）にもとづいて，引用者が作成。

出典論文・関連論文

Aiken, L. R.　1963　The relationship of dress to selected Measures of personality in undergraduate women. *Journal of Social Psychology*, **59**, 119–128.

神山　進　1983　被服関心の概念とその測定──ギュレルの研究の追試　繊維製品消費科学，**24**(1)，35–41.

永野光朗　1992　被服行動尺度の作成（3）──女子用尺度の作成　日本繊維製品消費科学会1992年年次大会研究発表要旨，108–109.

永野光朗　1994　被服行動尺度の作成　繊維製品消費科学，35–9，468–473.

永野光朗・小嶋外弘　1990　被服行動尺度の作成──男子用尺度の項目選定のための予備的分析　日本繊維製品消費科学会1990年年次大会研究発表要旨，82–83.

永野光朗・小嶋外弘　1991　被服行動尺度の作成（2）──男子用尺度における項目の確定と信頼性・妥当性の分析　日本繊維製品消費科学会1990年年次大会研究発表要旨，120–121.

被服行動尺度

	全くあてはまらない	ほとんどあてはまらない	あまりあてはまらない	どちらともいえない	ある程度あてはまる	かなりあてはまる	非常によくあてはまる

| 5 | 丈夫で長持ちする服が良い | 1 | 2 | 3 | 4 | 5 | 6 | 7 |

適切性尺度：衣服の社会的な適切さに関する行動次元

1	不謹慎だと人に思われる服装はしたくない	1 2 3 4 5 6 7
2	その場に合った服装というものは必要であると思う	1 2 3 4 5 6 7
3	その時の仕事の内容にふさわしい服装をするようにしている	1 2 3 4 5 6 7
4	人が「場違いな」服装をしているのを見ることは耐え難い	1 2 3 4 5 6 7
5	自分の着ている衣服が社会的にみてふさわしいものであるかどうかをいつも考える	1 2 3 4 5 6 7

経済性尺度：衣服の経済性に関する行動次元

1	安い服であれば少しくらい気に入らなくても買うことがある	1 2 3 4 5 6 7
2	百貨店やブティックよりは，スーパーマーケットで服を買うことが多い	1 2 3 4 5 6 7
3	多少値段が高くても品質の良い衣服を選ぶ	1 2 3 4 5 6 7
4	自分にとって高価な衣服は必要がないと思う	1 2 3 4 5 6 7
5	どんなに気に入った服でも高ければ買わない	1 2 3 4 5 6 7

注1） 経済性尺度の3は逆転項目である。
注2） 実際の調査に際しては，下位尺度名を削除し，質問項目をランダムに並べ変え，項目番号もそれに合わせるようにするほうが望ましい。

著作権者連絡先

永 野 光 朗

京都橘大学健康科学部

〒607-8175　京都府京都市山科区大宅山田町34

知覚されたファッション・リスク評定尺度

神山・苗村・高木（1993）

測定概念・対象

　消費者は，商品の購入に際して，さまざまな懸念や不安を抱く。つまり，購買行動には，ほとんどの場合リスクが伴っており，その意味では，消費行動とは，危険敢行（risk-taking）を行っているともいえる。

　消費者が知覚するリスクの内容については，これを，①機能的リスク：商品の品質や性能に関連した懸念や不安と②心理・社会的リスク：商品が使用者に与える幸福感や自己概念への影響に関連した懸念や不安の2つに分類する考え方（Robertson, 1970）がある。一般に，医薬品や食品には機能的リスクが，流行に敏感に影響される衣服やお洒落用品には心理・社会的リスクが，そして，自動車や家具などには機能的リスクと心理・社会的リスクの両方が強いとされている（神山，1997）。この他には，①経済的リスク：金銭やその他の資産の損失を被ることの懸念，②社会的リスク：他者や所属集団から，不承認を受ける見込み，③心理的リスク：美しさへの不満や，屈辱を経験することへの不安，④機能的リスク：品質・性能面の不良性に関する危惧，⑤身体的リスク：使用による，病気やけがの発生，あるいは，身体への悪作用の不安，⑥時間的リスク：買い換えたり，修理したりすることで発生する，時間の損失に関する懸念の6つに分類する考え方がある（Cox & Rich, 1964；Roselius, 1971；Jacoby & Kaplan, 1972）。

　知覚されたファッション・リスク（perceived fashion risk）とは，「流行に左右される商品を購入する際に知覚されるリスク」（神山・高木，1987a）のことである。本尺度は，知覚されたこのファッション・リスクについて，その内容と程度を測定するものである。

　基本的に，質問項目の意味が理解できれば，年齢や性別を問わず，非常に広い範囲で測定が可能である。

作成過程

　まず，前述の概念的なリスクの6分類（経済的，社会的，心理的，機能的，身体的，時間的な各リスク），および，ジェンキンスとディッケイ（1976）や高木（1983）が，経験的データから報告している衣料品の購入評価基準項目などを参考にして，90個のファッション・リスク項目を選定した。そしてこれらに質問内容の重複や類似性の観点から検討を加えて，最終的に38

項目からなるファッション・リスク評定尺度を作成した。被調査者は，これらの項目について，購入しようと思っている衣服にそれぞれのリスクが伴うものとして，そのことによって，購入しようという自分の気持ちがどの程度影響されるかを，一般的な観点から答えるように求められた。被調査者は，成人男女 492 名（男性 249 名，女性 243 名；以下同様に記す）であった。その内訳は，大学生 177 名（男性 89 名，女性 88 名），30 代 116 名（男性 61 名，女性 55 名），40 代 102 名（男性 47 名，女性 55 名），50 代 97 名（男性 52 名，女性 45 名）である。なお有効回答数は，492 名のうちの 478 名（97.2%）であった。調査は，1985 年 11 月から 12 月にかけて実施された。このようにして得られた評定結果をデータとして，反復推定を含む主因子法による因子分析（直交バリマックス回転，および，斜交プロマックス回転）の結果にもとづいて，知覚されたファッション・リスクの構造を導出した。因子構造は，購入しようとする衣服に対して，他者がどのような評価を下すか，また仮によい評価を受けたとしても，何となく気恥ずかしさを覚えるのではないか，などを考慮する「ふさわしさへの懸念」（神山ら（1993）では「規範からの逸脱懸念」），衣服を購入した後の維持や管理，また着用時の着心地などを考慮する「品質・性能への懸念」，似合い，着こなし，組合せなどへの不安から，無用な金銭の浪費を心配した「着こなしへの懸念」，衣服が自分を十分に表示してくれるかどうかを考慮した「自己顕示への懸念」，そして流行感覚に対する不安や，流行変化に対する対応上の不安などを考慮した「流行性への懸念」と解釈できる 5 因子構造であった。そして，この因子構造について，単一の因子にのみ高く負荷している項目（因子負荷量のもっとも低い値は，.458）から 20 のリスク項目が選定された（神山・高木，1988）。さらにその後，衣料品だけでなく，装飾品や化粧品などのお洒落用品についてのファッション・リスクをも測定するために，項目の改訂を行い，最終的に，15 項目からなる尺度が作成された（神山ら，1993；神山・高木，1993）。

信 頼 性

信頼性に関する指標は算出されていないが，神山・高木（1987a,b；1988；1990），および，神山ら（1990, 1993）では，各因子に含まれる項目は若干異なるものの，一貫して「ふさわしさへの懸念」，「品質・性能への懸念」，「着こなしへの懸念」，「自己顕示への懸念」，そして「流行性への懸念」と解釈できる 5 因子構造が確認されている。これらから，下位尺度の内的一貫性は高いと考えられる。

妥 当 性

外的基準との関連の検討による妥当性の検証としては，神山・高木（1987b）が，知覚されたファッション・リスクの 5 つのリスク因子と 9 つの社会心理的特性の間の関連性について，「ふさわしさへの懸念」と「同調性，劣等感，情報欲求」とが，「着こなしへの懸念」と「情緒不安，劣等感，自己実現欲求」とが，「自己顕示への懸念」と「自己実現欲求，自己顕示欲求」

知覚されたファッション・リスク評定尺度

項目内容

教示
被調査者は，購入しようと思っている衣服にそれぞれの懸念が伴うものとして，そのことによって，購入しようという自分の気持ちがどの程度影響されるか答える。

選択肢
5　非常に影響される
4　少し影響される
3　どちらともいえない
2　あまり影響されない
1　全く影響されない

項目

【品質・性能懸念】

	全く影響されない	あまり影響されない	どちらともいえない	少し影響される	非常に影響される
③肌ざわりが，悪いのではないか。	1	2	3	4	5
⑥手入れや，取り扱いが，難しいのではないか。	1	2	3	4	5
⑧品質が，悪いのではないか。	1	2	3	4	5

【規範からの逸脱懸念】

⑨愚かに，思われるのではないか。	1	2	3	4	5
⑫大胆すぎるのではないか。	1	2	3	4	5
⑭人から，変な目で見られるのではないか。	1	2	3	4	5

【着こなし・使いこなし懸念】

④着こなし（使いこなし）が，難しいのではないか。	1	2	3	4	5
⑦自分には，似合わないのではないか。	1	2	3	4	5
⑩手持ちのものと，組み合わせにくいのではないか。	1	2	3	4	5

【流行性懸念】

①すぐ流行遅れになってしまうのではないか。	1	2	3	4	5
⑤流行に鈍感だと，思われるのではないか。	1	2	3	4	5

(p.301へ続く。)

とが，そして，「流行性への懸念」と「自己顕示欲求，自己実現欲求，情緒不安，情報欲求，劣等感，同調性，好奇心」とが，それぞれ正の関係が推察されたと報告している。

尺度の特徴

ファッション・リスクの分類は，先に述べたロバートソン (1970) やコックスとリッチ (1964)，ロゼリウス (1971)，ジャコビーとキャプラン (1972) などがあるが，これらは概念的な分類である。本尺度は，これらの研究をもとに経験的に明らかにされたファッション・リスク構造から作成された尺度である。

採点方法

「知覚されたファッション・リスク」度の計算は，各リスク因子に高い負荷量を示す項目の評定値を合計することによって行う。評定値は，「非常に影響される」から「全く影響されない」までの5段階とし，順に5点から1点までを配点する。よって，得点が高いほど，懸念度が大きいことを表す。

神山ら (1993) では，下記のように，各リスクの懸念度とその各懸念度合計が算出された。

「品質・性能」懸念度　　　　＝　③+⑧
「規範からの逸脱」懸念度　　＝　⑨+⑭
「着こなし・使いこなし」懸念度＝　④+⑩
「流行性」懸念度　　　　　　＝　①+⑤
「自己顕示」懸念度　　　　　＝　②+⑪

懸念度の合計　＝　①+②+③+④+⑤+⑧+⑨+⑩+⑪+⑭

ただし，本尺度は，さまざまな衣服を購入するときに，一般的に経験する懸念や不安に関するリスクを測定するものである。このような懸念や不安の度合いは，購入衣服の種類や価格によって（たとえば，外衣と肌着によって，また高級品と大衆品によって），あるいは，購入の方法や場所によって，また，購入衣服の着用目的によって，大きく異なる（神山，1997）と考えられる。したがって，調査しようとする衣服や，調査の対象者が限定される場合などは，因子分析によって，リスクの因子構造を確認する必要がある。この場合，神山と高木 (1987a) の38項目のファッションリスク項目が参考になると思われる。

出典論文・関連論文

Cox, D. F., & Rich, S. U.　1964　Perceived Risk And Consumer Decision Making:The Case of Telephone Shopping. *Journal of Marketing Research*, **1** (4), 32-39.

項目内容 知覚されたファッション・リスク評定尺度

	全く影響されない	あまり影響されない	どちらともいえない	少し影響される	非常に影響される
⑬趣味やセンスが悪いと，思われるのではないか。	1	2	3	4	5
【自己顕示懸念】					
②自分を引き立てることが，出来ないのではないか。	1	2	3	4	5
⑪個性を発揮することが，できないのではないか。	1	2	3	4	5
⑮自分の品位が，損（そこ）なわれるのではないか。	1	2	3	4	5

（実施にあたっては，【 】内に示されている項目名は削除する必要がある。）

Jacoby, J., & Kaplan, L. B. 1972 The Components of Perceived Risk. In M. Venkatesan, (Ed.), *Proceedings, Third Annual Conference. Association for Consumer Research*, **3**, 382–393.

Jenkins, M. C., & Dickey, L. E. 1976 Consumer Types Based on Evaluative Criteria Underlying Clothing Decisions. *Home Economics Research Journal*, **4** (3), 150–162.

神山　進　1997　消費者の心理と行動――リスク知覚とマーケティング対応　中央経済社

神山　進・苗村久恵・高木　修　1993　"知覚されたファッション・リスク"にもとづく商品分類の提案――女子の衣料品／お洒落洋品について　繊維製品消費科学, **34** (1), 29–40.

神山　進・苗村久恵・田中早苗・高木　修　1990　"知覚されたファッション・リスク"とその低減戦略に関する研究　繊維製品消費科学, **31** (4), 36–47.

神山　進・高木　修　1987a　ファッション・リスクに関する研究（第1報）'知覚されたファッション・リスク'の構造　日本衣服学会誌, **31** (1), 32–39.

神山　進・高木　修　1987b　ファッション・リスクに関する研究（第2報）'ファッション・リスクの知覚に影響する個人的要因'　日本衣服学会誌, **31** (1), 40–46.

神山　進・高木　修　1988　流行志向性とファッション・リスクの知覚　日本衣服学会誌, **32** (1), 22–30.

神山　進・高木　修　1990　知覚された"ファッション・ベネフィット"と"ファッション・リスク"との心理的取引に関する研究　繊維製品消費科学, **31** (10), 42–50.

神山　進・高木　修　1993　"知覚されたファッション・リスク"にもとづく商品分類の提案――男子の衣料品／お洒落洋品について　繊維製品消費科学, **34** (10), 548–560.

神山　進・高木　修　1996　ファッション・リスクの知覚と独自性欲求　日本衣服学会誌, **39** (2), 15–26.

Robertson, T. S. 1970 *Consumer Behavior*. Scott, Foreman and Company. 社会行動研究所・河村豊次（訳）1973　消費者行動の科学　ミネルヴァ書房　Pp.156–162.

Roselius, T. 1971 Consumer Rankings of Risk Reduction Methods. *Journal of Marketing*, **35** (1), 56–61.

高木　修　1983　衣服選択決定における評価基準とそれに基づく消費者の類型　関西大学社会学部紀要, **15** (1), 23–63.

著作権者連絡先

神山　進

　（自宅）〒520–0854　滋賀県大津市鳥居川町11–11

服装によって生起する多面的感情状態尺度

西藤・中川・藤原（1995）

測定概念・対象

　本尺度は，服装によって生起する多面的感情状態を把握することを目的としたものである。着装する衣服は刺激として作用し，自己や他者の感情を左右する。このように服装とそれによって生起する感情とは大きく関連し，この服装による感情状態を把握することによって，心理的快適感を追求した衣服や，より気分を高揚させる衣服の提案などができると考えられる（西藤ら，1995）。なお，感情の中の比較的弱いものを気分とする考え方があるが，本尺度で問題にする「感情」は，感情と気分とを区別することなく用いている（藤原ら，1996）。

　基本的に，質問項目の意味が理解できれば，年齢や性別を問わず，非常に広い範囲で測定が可能である。

作成過程

　測定尺度作成のための感情用語は，実際の着装経験をもとにした自己記述法，および，写真の提示による場面想定法により収集された。具体的には，まず，女子学生931名（18～21歳）に対して，服装によって気分が変化した経験（場面，服種，気分の具体的な内容）を自由に記述することを求め，実際の着装経験をもとに，服装によって生起する感情を表現する感情用語を収集した（渡辺・泉，1994）。また，女子学生が体験すると考えられる5場面，すなわち，通学，学外サークル活動，デパートへのショッピング，卒業記念パーティ，そして，会社訪問を設定し，女子学生（18～21歳）（各場面328～508名）に，各場面ごとで，その場面に適合した，あるいは，不適合な服装の写真を提示し，それを着用したと想定して誘発されるであろう感情の自由記述を求め，場面想定により，服装によって喚起される感情を表現する感情用語を収集した。そして，これらの感情用語の同義語，類似語を整理するとともに，用語間の類似度にもとづくクラスター分析によって感情状態の構造を明らかにした（泉・渡辺，1994）。また，感情を表現する用語として必要と考えられるにもかかわらず，これらの先行研究で得られなかった用語は，寺崎ら（1992）を参考にして，最終的に肯定的感情用語51語，否定的感情用語44語の計95語選定した。そして，泉・渡辺（1994）と同じ5場面を設定し，女子大学生（各場面160～225名）に対して，各場面ごとで，その場面に適合した，あるいは，不適合な服装の写真

を提示し，その服装を着装したと想定したときの感情状態の程度を「その気分にはならないだろう」から「大いにその気分になるだろう」までの4段階のSD尺度による評定を求めた。得られた評定値をもとに，まず，95語の感情用語すべてについての因子分析（主因子法・バリマックス回転）を行い，感情状態の構造が，肯定的感情因子と否定的感情因子とで異なる因子構造であることを確認した。つぎに，肯定的感情用語51語と否定的感情用語44語について，同様の方法にて因子分析を行い，各因子構造を明らかにした。また，因子分析と同様の評定値をもとに，まず，95語すべてを変数にして，ユークリッド距離のマトリクス・データについて，ウォード法によるクラスター分析を行い，抽出された各クラスターが，肯定的感情状態と否定的感情状態に分かれることを確認した。つぎに，肯定的感情用語と否定的感情用語とをそれぞれ変数にした同様のクラスター分析を行い，各クラスター構造を明らかにした。そして，因子分析の結果とクラスター分析の結果とを比較検討し，肯定的感情状態の「快活・爽快」，「充実」，「優越」，「安らぎ」の4下位次元と否定的感情状態の「抑鬱・動揺」，「羞恥」，「圧迫・緊張」の3下位次元とからなる，計7下位次元を設定し，各下位次元について5項目ずつ，計35項目（**表1**）を選定した。

表1 服装によって生起する多面的感情状態尺度および，クロンバックのα係数（西藤・中川・藤原，1995）

肯定的感情状態（Ⅰ～Ⅳ）			
Ⅰ：快活・爽快	Ⅱ：充実	Ⅲ：優越	Ⅳ：安らぎ
はつらつとした	知的になった	自慢したい	安らいだ
軽快な	あらたまった	きどった	ゆったりした
うきうきした	落ち着いた	優越した	くつろいだ
さわやかな	上品になった	有頂天になった	安心した
すっきりした	ひきしまった	リッチになった	やさしい
クロンバックα係数			
0.822	0.855	0.854	0.801

否定的感情状態（Ⅴ～Ⅶ）		
Ⅴ：抑鬱・動揺	Ⅵ：羞恥	Ⅶ：圧迫・緊張
しずんだ	恥ずかしい	堅苦しい
いらいらした	ぎこちない	きゅうくつな
動揺した	照れくさい	緊張した
ゆううつな	落ち着かない	息苦しい
みじめな	きまずい	重苦しい
クロンバックα係数		
0.897	0.876	0.800

注）項目の配列順は，ランダムに並べ替えるほうがよい。

信頼性

信頼性を示す指標としてのクロンバックのα係数（**表1**）は，いずれの下位次元においても.80以上の高い値が示されている。

服装によって生起する多面的感情状態尺度

項目内容

教示
（　　　）の場面において，スライドに示す服装をしたと仮定して下さい。その着装によってあなたはどのような気分になると思いますか。次に示す気分や感情を表す用語について，それぞれ該当するところに〇印をつけて下さい。

選択肢
1　その気分にはならないだろう
2　あまりその気分にならないだろう
3　まあその気分になるだろう
4　大いにその気分になるだろう

項目

【肯定的感情状態】

	その気分にはならないだろう	あまりその気分にはならないだろう	まあその気分になるだろう	大いにその気分になるだろう
	1	2	3	4

Ⅰ．快活・爽快
はつらつとした
軽快な
うきうきした
さわやかな
すっきりした

Ⅱ．充　実
知的になった
あらたまった
落ち着いた
上品になった
ひきしまった

Ⅲ．優　越
自慢したい
きどった
優越した
有頂天になった
リッチになった

（p.307 へ続く。）

妥当性

「パーティ」，「通学」，「小旅行」，「会社訪問」の4つの場面について，その場にふさわしい／ふさわしくない，あるいは，着たい／着たくない（西原ら，1996），または，同じ4つの場面について，派手／地味，あるいは，フォーマル／カジュアル（藤原ら，1996）という服装に対する評価とその服装によって生起する感情状態との関連性について，たとえば，「パーティ」と「会社訪問」の場面で，「その場にふさわしく，着たい」と評価された服装は，「充実」の感情を強く喚起する（西原ら，1996）などといった，統計的に有意な関連性を示す結果が報告されている。これらの結果は，尺度の妥当性を示すものと考えられる。

尺度の特徴

服装や化粧などの外観による気分への影響については，これまで，ある種の化粧や服装が，高齢者や心身に障害をもつといった特定の人々に適用され，その効果が継続的に観察されることが多かった（伊波，1996）。しかし，一般の人々に対しては，この外観のもつ効用は外部から観察されにくく，また，個人差も大きい（藤原ら，1996）。また，着装によって生起する感情は，被服と人間と場面の相互作用から形成されることが報告されている（泉・渡辺，1994）。これらの理由などから，これまで多くの人を対象とした研究はまれであった。本尺度は，広い対象に関して，さまざまな着装場面で，異なる被服が喚起する感情についての調査や実験での測度として，非常に有用であるといえる。

採点方法

各対象者の各感情状態は，それぞれの感情状態を表す5項目の評定値をそれぞれ加算する。したがって，各感情状態で，5点から20点の間の値を取る。この得点が高いほど，当該感情状態が強く生起されると解釈できる。

出典論文・関連論文

藤原康晴・多久慶子・西藤栄子・木村恵子・林　泰子・宇野保子・近藤信子・家本　修・中川早苗　1996　服装に対する評価とその服装によって生起する多面的感情状態との関係　派手／地味あるいはフォーマル／カジュアルと評価される服装の場合　繊維機械学会誌，**49** (8)，T189－T196．

伊波和恵　1996　化粧と社会的適応　高木　修（監修）　大坊郁夫・神山　進（編）　被服と化粧の社会心理学　8章　北大路書房　Pp.178－196．

泉　加代子・渡辺澄子　1994　服装によって生起する多面的感情状態　（第2報）提示衣服の着装を想定して生起した多面的感情状態の構造　繊維機械学会誌，**47** (2)，T30－T37．

西藤栄子・中川早苗・藤原康晴　1995　服装によって生起する多面的感情状態尺度の作成　繊

項目内容 服装によって生起する多面的感情状態尺度

	その気分にはならないだろう 1	あまりその気分にはならないだろう 2	まあその気分になるだろう 3	大いにその気分になるだろう 4

Ⅳ．安らぎ
- 安らいだ
- ゆったりした
- くつろいだ
- 安心した
- やさしい

【否定的感情状態】

Ⅴ．抑鬱・動揺
- しずんだ
- いらいらした
- 動揺した
- ゆううつな
- みじめな

Ⅵ．羞　恥
- 恥ずかしい
- ぎこちない
- 照れくさい
- 落ち着かない
- きまずい

Ⅶ．圧迫・緊張
- 堅苦しい
- きゅうくつな
- 緊張した
- 息苦しい
- 重苦しい

維機械学会誌, **48**(4), T105-T112.

西原容以・土井千鶴子・黒田喜久枝・山本昌子・渡辺澄子・川本栄子・中川敦子・藤原康晴・家本　修・中川早苗　1996　服装に対する評価とその服装によって生起する多面的感情状態との関係　場面にふさわしい，あるいは着たい服装の場合　繊維機械学会誌, **49**(8), T197-T204.

寺崎正治・岸本陽一・古賀愛人　1992　多面的感情状態尺度の作成　心理学研究, **62**, 350-356.

渡辺澄子・泉　加代子　1994　服装によって生起する多面的感情状態　（第1報）着装経験に基づく多面的感情状態の構造　繊維機械学会誌, **47**(2), T23-T29.

著作権者連絡先
藤原康晴

コラム　衣類の廃棄選択における評価基準項目

　被服行動の「選択・購入」，「使用・着用（消費）」，「廃止・廃棄」の3つのフェーズのうち，「廃止・廃棄」に関する被服心理学的研究は，非常に少ない（牧野，1996）。高木（1985）は，私たちが経験する被服場面から，くつろぎ着とフォーマル着とを取りあげ，両場面における被服行動の3つのフェーズの関連性について検討している。ここで紹介するのは，調査で使用した衣類の廃棄選択における評価基準項目である。

　項目の選定は，まず，72名の女子大学生に，衣服を廃棄する際，どのような点に気をつけるかを自由記述法で調査し，得られたデータを内容分析し，藤原（1984）の廃棄基準項目などを参考にして，最終的に，30項目を選定した（高木，1985）。

教示
　〇〇の場面で使用する衣服を廃棄するとしたら，それぞれの項目の内容がどの程度気になりますか？

選択肢
　5　とても気になる
　4　少し気になる
　3　どちらともいえない
　2　あまり気にならない
　1　全く気にならない

項目
1　ブランドの価値がなくなってしまったこと
2　デザイン・スタイルが流行遅れになったこと
3　体型の変化によってサイズが合わなくなったこと
4　色・柄が自分に似合わなくなったこと
5　ヘアースタイルに合わなくなったこと
6　色・柄が流行遅れになったこと
7　新しい服を購入して，そのタイプの服の必要性がなくなったこと
8　何回か着用しているうちに飽きてしまったこと
9　取り扱いや手入れが面倒になったこと

10　同じ服を嫌いな人が着用していること
11　他に多くの衣服が揃っていること
12　デザイン・スタイルが他者に認められなくなったこと
13　色・柄が自分の好みに合わなくなったこと
14　デザイン・スタイルが自分に似合わなくなったこと
15　その服に嫌な思い出があること
16　洗濯などによって縮んで着れなくなったこと
17　人に似合わないと言われたこと
18　長年の着用によって汚れてしまったこと
19　素材が流行遅れになったこと
20　新しく購入したものに合わなくなったこと
21　肌ざわりや着心地が悪くなったこと
22　他の服と合わなくなったこと
23　購入時の値段が安かったこと
24　色・柄が他者に認められなくなったこと
25　あまり機能的でないこと
26　衝動的に買ってしまって，後で着用しにくいことがわかったこと
27　他の装飾品（鞄・靴・アクセサリー等）に合わなくなったこと
28　自分が着用している服と同じものを多数の人が着用するようになったこと
29　デザイン・スタイルが自分の好みに合わなくなったこと
30　着用や洗濯によって型くずれしたこと

引用文献

藤原康晴　1984　衣服の廃棄基準の因子分析的研究　日本繊維機械学会被服心理学研究分科会研究発表会資料，23–24.

牧野圭子　1996　買う——被服の購買・消費行動　中島義明・神山　進（編）　まとう　被服行動の心理学　朝倉書店　Pp.46–64.

高木　修　1985　衣服選択の評価基準とそれに基づくクラスター——購入，着用，廃棄選択における基準とその間の関連構造　関西大学「社会学部紀要」，**17**（1），37–66.

心理尺度の使い方

　本書では，3巻にわたって心理（測定）尺度が150余り紹介されている。そこで，第Ⅰ巻の最後の章として，心理尺度とは何か，心理尺度の特徴とここで紹介されているような既存の心理尺度の使用上の注意について，簡単に述べてみたいと思う。なお，心理尺度の適切性を問題とするときに中心的な指標となる信頼性と妥当性についての詳しい説明が第Ⅱ巻の最後の章で述べられている。本書では，各心理尺度の紹介にあたって，信頼性や妥当性に関する情報が示されているが，それらがどのような意味をもつのかについての説明は改めてしてはいない。心理尺度についての詳しい知識を必要とする人は第Ⅱ巻の最終章をぜひ読まれるようお願いしたい。また，新たに自分で心理尺度を作成する際の手順と注意点については第Ⅲ巻の最終章で詳しく紹介されている。第Ⅲ巻のこの章を読まれると，どのような手順で各心理尺度が作成されてきたのかについて詳しい知識が得られると同時に，新たな心理尺度を作成する際にどのような検討が必要となるのかが理解できる。本書で取りあげた各尺度は，第Ⅲ巻の最終章で示されている手順にのっとり，十分な検討が行われたうえで作成されてきているものであるといえる。

心理尺度とは

　私たちは，自分や他の人々の心理的特徴について知りたいと思うことがよくある。また，さまざまな機会にいろいろな方法で自分の心理的特徴を測定されていることもよくある。知能検査や職業適性検査なども広い意味での心理尺度といえる。臨床心理学やカウンセリングの現場でその人の問題となる心理的特徴を測定するために心理尺度が用いられることも多い。

　このように，心理尺度が対象としているものは，個人差として測定される特定の心理的傾向である。そして，この心理的傾向とは，特定の心理的概念として定義されるものである。

　心理学が問題としている心理的傾向の多くは，行動そのものとしてそのまま私たちが直接観察することができるものではなく，「これこれこのような内容をあらわす特徴」と研究者が定義した，心理学的概念である。本書で取り上げられているものを例にとっても，「自尊感情」「孤独感」「セルフモニタリング傾向」など，いずれも特定の心理学研究者が「こういう心理的

傾向を〇〇と呼ぼう」と定義した心理学的概念である。

　このように心理尺度で測定されている心理的傾向の中には，心理学的知識をあまりもっていない人でもこういう心理的傾向を指しているのかなと，その心理学的概念の内容を理解しやすいものも多くあるが，多くの心理学者によって長い時間をかけて理論的に検討され洗練されてきた概念もある。たとえば「自我同一性」尺度はその一例である。これは，特定の心理学的理論にもとづいてその理論を精緻化するための概念として作成された心理尺度である。したがって，このような心理尺度を利用する際には，そこで取り扱われている心理学的概念が何であるのか，それを十分に理解することが必要である。各尺度の紹介の冒頭に測定概念の紹介があるのは，この尺度では何を測定しようとしているのかがまず一番大事な点であるからである。

　心理学の知識の少ない人にとっては，後者の場合にはその概念を理解することが難しいものも出てきてしまうかもしれない。そこで本書では，それらの概念の理解を助けるために各尺度を紹介する際にキーになる心理学的概念をもとに該当する複数の尺度を章や節としてまとめ，その章や節のはじめに扉を設け，心理学的概念になじみのない方にも理解できるように心がけて，関連する心理学的概念の説明をしてある。

　そして，このような心理学的概念を特定の方法でデータ化し，一つの数値として把握しようとするのが心理尺度であるといえる。

　データ化する方法にはさまざまなものがある。心理検査法の一つである作業検査法，観察法なども，心理学では特定の心理的傾向を測定するものとして用いられているが，本書ではこれらの方法によってデータ化されているものは，取り扱っていない。測定されている本人が自分自身について回答する自己報告データが中心となる。しかしまた，自己報告データでも，文章完成法などの投影法的手法にもとづいたものや場面想定法など，得点化するのが難しいものなども含めないことにした。

　したがって，本書で紹介している心理尺度はすべて，特定の心理的傾向を反映していると思われる複数の質問項目を用意し，それらに自分自身がどの程度当てはまるかを回答させて，それらの回答を元にその心理的傾向を持ち合わせている強度を一つの得点として算出しているものである。

　本書に収められている尺度は，多くの場合個人差を測定する心理特性を問題にしている。心理特性は，その個人について比較的安定的で一貫性のある心理的傾向を表すものである。しかし，本書の心理尺度の中には，状況によって変化する個人内の心理的傾向を測定する尺度も多少含まれてはいるが，このようなその時々の個人の心理的状態をあらわす尺度は，あまり多くはない。

心理尺度の2つの使い方

　前項でも述べたように，心理尺度法とはある心理現象をまとまった複数の項目によって，測

定し，一つの物差し（尺度）の上に表そうとするものである。つまり，複数の項目への回答をもとに一人一人の合成点を求め，その得点の高さによってある心理傾向をその人が備えている強度を測定しようとするものである。私たちが心理尺度を用いるときは，個々の項目への回答結果一つ一つを吟味するのではなく，全項目の回答結果をまとめて一つの得点を求め，その得点の高さを問題とするのである。このように特定の心理的傾向を得点として求めることができるところに心理尺度の特徴がある。

多くの心理尺度は，このように最終的に一つの得点を求めるために，複数の項目を用いている。しかし，ある心理現象の中には複数の側面（下位概念）から構成されていると考えられているものもある。この場合には，それらの側面ごとに合成点を求めて使うことになる。これを下位尺度という。本書に紹介されている尺度の中にもいくつかの下位尺度から構成されているものが多数ある。下位尺度も一つ一つはやはり心理尺度であるので，基本的には同様に扱えばよいが，下位尺度の得点を合計してさらに全体的尺度得点を求める場合がある。このあたりのことについては，各尺度の説明に従ってほしい。

さて，心理尺度得点は，二通りの使い方ができる。一つは，いま問題としている人々の心理的特徴の全体的傾向を把握することである。特定の集団の心理的傾向を把握し，複数の集団同士の差異を数値として比較する。たとえば，男性と女性の孤独感の強さを比較するというのがそれである。また，特定の心理的傾向と他の心理的特徴との関連を問題にするという使い方もある。孤独感と親和欲求や依存性，プライバシー志向性との関係を検討し，孤独感が生じる心理的背景を探るという場合もこれに該当する。

もう一つの使い方は特定の個人の心理的傾向の診断である。心理得点をもとにその個人の偏差値やパーセンタイル値などの統計値を求めれば，その人の心理的傾向の強さが全体の中でどの程度の位置にあるかを把握することである。たとえば，自分は孤独感の強い方なのかそうでないのかを知るということもできる。しかし，このような個人の診断に心理尺度得点の結果を用いるときに注意しなければならないことがある。それは，基準となる全体の人々がどのような人々であるかということの吟味（母集団の定義）と，心理得点として得られたデータが全体の人々を偏りなく代表している人々の回答をもとに求められたものであるかということ（標本抽出）である。この2つの条件を満たすためには，ランダムサンプリング法などにより科学的に厳密な方法でデータが収集されている必要がある。本書に取り上げられている尺度のほとんどは上記の第1の使い方を目的とした研究のために作成されているものである。第2の使い方に関するこの2つの条件を満たしているデータを用いているものは本書で取りあげている心理尺度の中にはほとんどない。残念ながら，本書に示されている平均値などの結果だけからでは，個人の診断はしにくい。参考にする程度にとどめておく必要がある。

心理尺度の構成内容と心理尺度得点の求め方

それでは次に，各心理尺度の具体的な使い方に関していくつか述べてみよう。

心理尺度は，具体的には，質問文，質問項目，回答選択肢の3つの要素から成っている。本書では，質問文，質問項目，回答選択肢が，実際にそのまま使用できる形式で示されている。実際に実施するときには，本文中に示されている形式をそのまま踏襲して使うとよい。

質問項目は本書に示されているものすべてを必ず使う。自分の都合で適当な項目を勝手に選んで使用したりしてはいけない。質問項目の量が多いなどの理由で質問項目をどうしても減らさざるを得ないときは，新たな心理尺度を作る場合に該当するので，第III巻の最終章に記述されている「心理尺度の作成方法」を参考にして，信頼性，妥当性をチェックし直す必要がある。また，尺度の中には，著作者の原論文をみると，内的一貫性のチェックのために因子分析の結果として因子負荷行列が示されていることがある。そのようなときは，例外的ではあるが，因子負荷量の大きい順に項目数を必要に応じて削減できることがある。しかしその場合でも，データを収集したら，自分のデータについて再度念のため因子分析等を行って，内的一貫性のチェックをするのが望ましい。

なお，下位尺度の一つを選んで使用するのは，下位尺度の項目をすべてそのまま使用するなら問題はない。しかしその場合，測定されているのは問題としている心理的傾向の当該の側面だけであることはいうまでもない。

本書に示されている尺度項目の中には下位尺度の名称が記号などで示されているものがあるが，実施時にはこれらは外す。また，尺度項目についている●のマークは，採点時に数値を逆転させる必要のある項目（逆転項目）であることを示すもので，そのマークも外す。

一般的には尺度項目の並び順は本書に示されているとおりの順番で使う。ただし，ランダマイズしたほうがよいと指示のある尺度については，項目の並び順はランダムにする。「ランダムにする」というのは，測定者の意思とは無関係に無作為に項目の順番を決めることである。正式には乱数表を用いて決定するが，簡便にするなら，項目に番号をふりその番号を記入したカードを枚数だけ作り，よくかき混ぜて，番号が見えないようにしてカードをひいて順番を決めればよい。

なお，採点の仕方は各尺度の項に詳しく説明されているので，それに従ってほしい。

読者へのお願い

本書に掲載されている尺度を使って調査をする方に3つお願いしたいことがある。

まずお願いしたいのは，本書に掲載された尺度を用いて測定した結果を研究論文等として公刊する場合には必ず，尺度の出典を明記していただきたいということである。各尺度の題名に示してあるのが，出典論文であり，その詳しい紹介は，各尺度の紹介の最後の出典論文・関連論文の項に示してある。尺度の題名に示してある著者名，公刊年号と一致しているものが尺度

の出典であるので，それを明記していただきたい。不慣れな読者の中に，本書の書名を出典文献として記述しようとする人がいるかもしれないが，これは間違った記述である。

さて次にお願いしたいのは，営利目的で本書の尺度を利用される場合には必ず，著作権者の許可を得ていただきたいという点である。営利目的での尺度の利用というのは，掲載されている尺度を用いたテストなどを作成し販売したり，掲載尺度を使って収入を得る行為などをすることを指す。本書では，各尺度の版権保有者に転載許可を得ているが，これはあくまでも本書への転載許可であるので，このような場合は，改めて版権保有者に許可を求めてほしい。なお，研究活動の一環として掲載の尺度を使用するときは，改めて著作権者の許可を受ける必要はなく，前述したとおり，尺度の出典を論文内に記述するだけで十分である。

最後にお願いしたいのは，巻頭の「監修のことば」にもあるとおり，尺度を利用する際に背景となる理論や概念について理解が不十分なときは，まず，各尺度の紹介の後に一覧されている出典論文に目を通していただきたいということである。多くの場合，出典論文を確認すれば疑問の答えは得られるはずである。安易に原著者に問合せをすることは遠慮していただきたい。

しかし，上記のお願いとは逆になるような印象をもたれるかもしれないが，本書の尺度を用いて調査をしたときには，調査の結果を著作権者にできればお知らせいただきたい。本書のひそかな主旨の一つは研究成果の情報交換であり，多くの研究成果が著作権者に集められることにより，尺度の洗練化が進み，それが新たな研究成果として蓄積されて，社会心理学の研究全体が発展していく力となることを期待するからである。

その際，調査対象者およびその抽出方法，調査時期・実施方法，全体の尺度得点および各下位尺度ごとの平均値，分散，最大・最小値の範囲，得点分布のパターンなどの結果が示されているとよい。また，男女，年齢などによって，いくつかのグループに分けて整理した場合は，それらの詳しい結果も含まれているとよい。また，他の心理的傾向との関連を取り上げている場合には，それらの結果もあるとよい。

なお，いずれの場合の連絡先も，著作権者名として各尺度の説明の最後に示してある。

人名索引

ア　行

相川　充　226
東　清和　138, 139, 142, 144
安達圭一郎　139, 142
石田英子　139, 172
伊藤美奈子　112, 129
伊藤裕子　138, 139, 148, 150, 158, 160
岩淵千明　48, 256, 271
ウイックランド (Wicklund, R. A.)　44, 58, 177, 208
上野行良　266
エリクソン (Erikson, E. H.)　66〜69, 72, 74, 76, 86, 88, 95
遠藤公久　256, 258
押見輝男　48
オズグッド (Osgood, C. E.)　23
織田揮準　111
落合良行　217

カ　行

カーヴァー (Carver, C. S.)　44, 58, 177
カシオッポ (Cacioppo, J. T.)　176, 203
柏木繁男　111
加藤隆勝　2
上瀬由美子　45, 52
神山　進　280, 284, 297
木内亜紀　3, 10
北山　忍　3, 10
クーパースミス (Coopersmith, S.)　29
クーン (Kuhn, M. H.)　2
グリーンバーグ (Greenberg, J.)　58
小出　寧　139
国生理枝子　111

サ　行

坂野雄二　249
坂本真士　45, 58
桜井茂男　230
桜井登世子　232
沢崎達夫　26, 32

シェラー (Sherer, M.)　27, 37
シェルン (Chelune, G. J.)　258
下條英子　172
シャイアー (Scheier, M. F.)　44, 58, 177
ジャニス (Janis, I. L.)　29
シュナイダー (Snyder, M.)　257, 271
ジュラード (Jourard, S. M.)　256, 258, 276
ジョーンズ (Jones, W. H.)　230, 262
菅原健介　45, 47
鈴木淳子　138, 139, 153, 154, 160
鈴木真雄　111
鈴木裕子　235
スペンス (Spence, J. T.)　138, 139
スミス (Smith, T. W.)　58
セリグマン (Seligman, M. E. P.)　58
ゼレン (Zelen, S. L.)　2

タ　行

高木利武　12
高木秀明　2
谷　冬彦　86
続　有恒　111
デュヴァル (Duval, S.)　44, 58, 177, 208
寺崎正治　242
土肥伊都子　139, 158, 163, 164
ドレイヤー (Dreyer, N. A.)　139

ナ　行

長島貞夫　2, 23
永野光朗　291
中村陽吉　177, 208, 256
成田健一　27
西藤栄子　303
沼崎　誠　256, 262
根建金男　235
ノートン (Norton, R. W.)　176, 199

ハ　行

ピーターソン (Peterson, C.)　58

人名索引

平石賢二　2, 16
フィールド (Field, P. B.)　29
ブーゲンサール (Bugenthal, J. F. T.)　2
フェニングスタイン (Feningstein, A.)　44, 47
藤原康晴　282
ペティ (Petty, R. E.)　176, 203
ベム (Bem, S. L.)　138, 139, 142, 144, 158, 163, 172

マ　行

マーカス (Markus, H.)　3, 10
マーシャ (Marcia, J. E.)　67〜69, 95, 96
松井　豊　2, 5
マッパートランド (Mcpartland, T. S.)　2
宮戸美紀　256, 266
諸井克英　222

ヤ　行

柳井晴夫　111
山成由紀子　2, 5
山本真理子　2, 5, 29

ラ　行

ラッセル (Russell, D.)　224
ローゼンバーグ (Rosenberg, M.)　18, 26, 29, 88
ロジャーズ (Rogers, C. R.)　2
ロッター (Rotter, J. B.)　174, 180

ワ　行

和田さゆり　111, 123

事項索引

ア 行

アイデンティティ　66
アイデンティティ・ステイタス　67, 97
曖昧さ耐性　176, 199
アンドロジニー　142, 144, 163, 164
生き方　6
異性との親密性　163, 164
依存的妥当性　88
衣服　280
衣服の廃棄選択における評価基準項目　282, 309

カ 行

外見　280
開示状況質問紙　258
改訂版 UCLA 孤独感尺度日本語版　222
学校の評判　6
帰属スタイル　174
気分　240
気分調査票　249
基本的信頼　67, 72
客体的自覚状態　208
客体的自己意識　44
虚構尺度　102
経済力　6
原因帰属　174
現実自己　208
攻撃的ユーモア　266
公的自意識　44, 47
個人志向性　129
個人志向性・社会志向性 PN 尺度　112
孤独感　214, 222
孤独感の類型判別尺度　217

サ 行

再検査法　76
三角形仮説　148, 150
自意識尺度　47
自意識特性　47
ジェンダー　138, 160
ジェンダー・アイデンティティ　139, 163, 164
ジェンダー・アイデンティティ尺度　139, 163
ジェンダー・スキーマ　139, 158, 163, 172
ジェンダー・スキーマ理論　172
ジェンダー・パーソナリティ・スケール　139
支援的ユーモア　266
自覚状態　44
自我同一性　66
自我同一性の拡散　67
自我同一性の混乱　67
時間的展望　175, 190
自己安定性尺度　18
自己開示　256
自己概念　2, 5, 26, 52
自己概念測定尺度　23
自己肯定意識尺度　3, 16
自己効力感　27
自己実現的態度　16
自己受容　16, 26, 32
自己制御理論　44
自己知識　2
自己呈示　256
自己認識欲求　45, 52
自己認知　32
自己認知の側面　2, 5
自己の性の受容　163, 164, 170
自己評価　5
自己表明・対人的積極性　16
自己閉鎖性・人間不信　16
自己報告式質問紙　110
自己没入　58
自尊感情　26, 29
私的自意識　44, 47
私的発話　185
シャイネス　214, 228
シャイネス尺度日本語版　230
社会志向性　129
社交　6
シャピロ・ウィルク　37
充実感　16
収束的妥当性　88

趣味や特技　6
状況別自己開示傾向尺度　256
女性性　139, 142, 144, 148, 163
女性の就業　170
新性格検査　111
スチューデント・アパシー　98
スポーツ能力　6
性　6
性格　110
性格検査　110
性格特性5因子モデル　111
性格特性論　111
性差観　158, 160
性差観スケール　139, 160
精緻化見込みモデル　176, 203
性別アイデンティティ　172
性別アイデンティティ尺度　139, 172
性役割　138, 139, 142, 148, 154
性役割観　139
性役割ステレオタイプ　160
性役割態度　139, 153
性役割パーソナリティ　138, 142, 150
セックス　138
セルフ・ハンディキャッピング尺度　256, 262
セルフ・モニタリング尺度　256, 273
相互協調的自己観　3, 10
相互独立的自己観　3, 10

タ　行

対人認知次元　134
対人不安　235
多次元自我同一性尺度　86
多面的感情状態尺度　242
男性性　139, 142, 144, 148, 163
知覚されたファッション・リスク評定尺度　281, 297
知性　6
伝統主義的　154
同一性地位　67, 97
統制の所在　174
特性的自己効力感　37

ナ　行

内容的妥当性　72
20答法　2

日本版BSRI　138
人間性　148
認知的虚構　134
認知的熟慮性―衝動性　175, 197
認知欲求　176, 203
ネガティブ情報回避欲求　52

ハ　行

発達漸成理論図式　72, 76
ピア評定　134
悲観主義傾向　177, 208
悲観的自己感情　208
被評価意識・対人緊張　16
被服　280
被服関心度質問表　280, 284
被服行動　280
被服行動尺度　280, 291
平等主義　153
平等主義的　154
平等主義的性役割態度スケール　153
平等主義的性役割態度スケール短縮版　139, 160
服装　280
服装によって生起する多面的感情状態尺度　281, 303
父母との同一化　163, 164
弁別的妥当性　88
没入尺度　45

マ　行

まじめさ　6

ヤ　行

優しさ　6
矢田部・ギルフォード性格検査　111
遊戯的ユーモア　266
ユーモア態度尺度　256, 266
容貌　6

ラ　行

楽観主義傾向　177, 208
楽観的自己感情　208
理想自己　208
ローカス・オブ・コントロール　174, 180

ワ　行

早稲田シャイネス尺度　　235

英　字

Attitudes towards Women Scale　　139
AWS　　139
Bem Sex Role Inventory　　142
Big Five　　123
Big Five 尺度　　111
BSRI　　138, 142, 144, 150
BSRI 日本語版　　138, 139, 142
Femininity　　148, 150
Humanity　　148, 150
I-E 尺度　　174, 180
Index of Sex Role Orientation　　139
ISRO　　139
JSDQ　　256, 258
Life Orientation Test　　177, 208
Masculinity　　148, 150
M-H-F scale　　139, 148, 150
Q-sort 法　　2
SDSS　　258
SESRA　　153
SESRA-S　　139, 153, 154, 160
Who Are You? (WAY) test　　2
Who am I? test　　2
Y-G 検査　　111

監修者略歴

堀　洋道
ほり　　ひろみち

1960年　東京教育大学教育学部卒業
1966年　東京教育大学大学院教育学研究科
　　　　単位取得退学
1989年　筑波大学心理学系教授
2001年　大妻女子大学人間関係学部教授
現　在　筑波大学・大妻女子大学名誉教授

主要編著書
『創造性研究ハンドブック』(共著)(誠信書房,1968)
『個人と社会理解のための心理学』(共編著)
(小林出版,1979)
『新編 社会心理学 改訂版』(監修)(福村出版,2009)

編者略歴

山本眞理子
やまもと　まりこ

1970年　東京都立大学文学部卒業
1978年　東京都立大学大学院人文科学研究科
　　　　博士課程単位取得退学
　　　　元筑波大学心理学系教授　文学博士
2005年　逝去

主要編著書
『他者を知る』(共著)(サイエンス社,2006)
『社会的認知(対人行動学研究シリーズ8)』(共編著)
(誠信書房,1998)
『新編 社会心理学』(共編著)(福村出版,1997)
『ソーシャルステイタスの社会心理学』(編)
(サイエンス社,1994)

執筆者（50音順）

岩男征樹 いわお せいき	東京工業大学大学院社会理工学研究科助教	菅原健介 すがわら けんすけ	聖心女子大学現代教養学部教授
宇井美代子 うい みよこ	玉川大学リベラルアーツ学部教授	田中　優 たなか まさし	大妻女子大学人間関係学部教授
上瀬由美子 かみせ ゆみこ	立正大学心理学部教授	泊　真児 とまり しんじ	琉球大学人文社会学部教授
佐藤有耕 さとう ゆうこう	筑波大学人間系教授	原　奈津子 はら なつこ	就実大学教育学部教授
清水　裕 しみず ゆたか	昭和女子大学人間社会学部教授	宮本聡介 みやもと そうすけ	明治学院大学心理学部教授

心理測定尺度集 I
──人間の内面を探る〈自己・個人内過程〉──

2001年6月10日　ⓒ　　　　　初　版　発　行
2022年1月25日　　　　　　初版第19刷発行

監修者　堀　洋道　　　　発行者　森平敏孝
編　者　山本眞理子　　　印刷者　篠倉奈緒美
　　　　　　　　　　　　製本者　小西惠介

発行所　**株式会社　サイエンス社**
〒151-0051　東京都渋谷区千駄ヶ谷1丁目3番25号
〔営業〕☎(03)5474-8500(代)　振替 00170-7-2387
〔編集〕☎(03)5474-8700(代)
FAX　☎(03)5474-8900

印刷　株式会社ディグ　　製本　ブックアート
≪検印省略≫
本書の内容を無断で複写複製することは，著作者および出版者の権利を侵害することがありますので，その場合にはあらかじめ小社あて許諾をお求め下さい。

ISBN4-7819-0987-6

PRINTED IN JAPAN

＊本書の内容の問い合わせに関しては，書名・担当執筆者名（目次を参照下さい），書籍の刷り数（右を参照下さい）を明記の上，必ず電子メールか書面にて御連絡を頂けますようお願い致します。
なお書籍を御購入されていない場合には対応致しかねますので御了承下さい。

サイエンス社のホームページのご案内
http://www.saiensu.co.jp
ご意見・ご要望は
jinbun@saiensu.co.jp　まで．

心理・教育のための
分散分析と多重比較
エクセル・SPSS解説付き

山内光哉 著

B5判／304頁／本体 3,300円（税抜き）

本書は，定評の『心理・教育のための統計法』の著者による分散分析・多重比較解説書の決定版です．分かりやすさに努め，初等数学のみによる解説を心がけました．また，エクセルとSPSSでの入・出力方法を多数紹介しました．見やすいB5判・2色刷です．

【主要目次】

1章　序論―基本的統計量と分散分析の意味とその種類
2章　1要因の被験者間分散分析
3章　多重比較
4章　2要因被験者間分散分析
5章　3要因被験者間分散分析
6章　1要因被験者内分散分析
7章　2要因被験者内分散分析
8章　3要因被験者内分散分析
9章　1要因が被験者間，他の1要因が被験者内の分散分析―（混合 $a \cdot b$ 計画）
10章　2要因が被験者間，他の1要因が被験者内の分散分析―（混合 $ab \cdot c$ 計画）
11章　1要因が被験者間，他の2要因が被験者内の分散分析―（混合 $a \cdot bc$ 計画）
12章　傾向分析

サイエンス社

心理・教育のための
統計法〈第3版〉

山内光哉 著

A5判・288ページ・本体2,550円（税抜き）

本書は，初学者に分かりやすいと定評のベストセラーテキストの第3版です．これまでやや詳しすぎた箇所を思い切って割愛し，中・後章部分に筆を加えました．とくに分散分析の部分は一層分かりやすいよう稿を改め，「2要因被験者内分散分析」を新たに加えました．また，多重比較もより分かりやすくし，他書ではあまりふれられていない「ノンパラメトリック法」も追加しました．各章末の練習問題も，これまで解答が省略されていたものについて解を与えました．同著者による『心理・教育のための分散分析と多重比較』と併せて学習することにより，統計法の初歩から実践までを習得できるよう工夫されています．

【主要目次】

1章　序論――統計法と測定値の取り扱い
2章　度数分布と統計図表
3章　中心傾向の測度
4章　得点の散布度
5章　正規分布と相対的位置の測度
6章　直線相関と直線回帰
7章　母集団と標本
8章　統計的仮説の検定と区間推定
　　　――理論と基本的な考え方
9章　2つの平均値の差の検定
10章　分散分析入門
　　　――1要因被験者間分散分析と多重比較
11章　もっとすすんだ分散分析
　　　――要因計画と被験者内分散分析
12章　カイ2乗検定
13章　順位による検定法
14章　ピアスンのrの検定と種々な相関係数

サイエンス社

心理測定尺度集　堀　洋道監修

第Ⅴ巻：個人から社会へ〈自己・対人関係・価値観〉
吉田富二雄・宮本聡介編　B5判／384頁／本体 3,150 円

第Ⅵ巻：現実社会とかかわる〈集団・組織・適応〉
松井　豊・宮本聡介編　B5判／344頁／本体 3,100 円

2007年までに刊行された第Ⅰ～Ⅳ巻は，現在まで版を重ね，心理学界にとどまらず，看護などの関連領域においても，一定の評価を得てきました．従来の巻では，社会心理学，臨床心理学，発達心理学を中心とする心理学の領域で，それぞれの発達段階の人を対象として作成された尺度を選定し，紹介してきました．第Ⅴ巻，第Ⅵ巻ではこれまでの4巻の編集方針を基本的に継承しながら，主に2000年以降に公刊された学会誌，学会発表論文集，紀要，単行本の中から尺度を収集し，紹介しています．

【第Ⅴ巻目次】自己・自我　認知・感情・欲求　対人認知・対人態度　親密な対人関係　対人行動　コミュニケーション　社会的態度・ジェンダー

【第Ⅵ巻目次】集団・リーダーシップ　学校・学習・進路選択　産業・組織ストレス　ストレス・コーピング　ソーシャルサポートと社会的スキル　適応・ライフイベント　不安・人格障害・問題行動　医療・看護・カウンセリング

～～～　好評既刊書　～～～

第Ⅰ巻：人間の内面を探る〈自己・個人内過程〉
山本眞理子編　B5判／336頁／本体 2,700 円

第Ⅱ巻：人間と社会のつながりをとらえる
〈対人関係・価値観〉
吉田富二雄編　B5判／480頁／本体 3,600 円

第Ⅲ巻：心の健康をはかる〈適応・臨床〉
松井　豊編　B5判／432頁／本体 3,400 円

第Ⅳ巻：子どもの発達を支える〈対人関係・適応〉
櫻井茂男・松井　豊編　B5判／432頁／本体 3,200 円

＊表示価格はすべて税抜きです．

サイエンス社